解答题：1.耗费支出的界限 （作业）
2.什么是成本还原,为什么要成本还原
3.作业成本法的使用范围
4. 、、、、 核算步骤
5. 完成成本法与变动成本法的格式内容（营业利润）.
☆

计算题：1. 计算~~蔬菜~~主产品副产品的成本
2. 计算固定制造费用的各项差异（三差）
3. 辅助生产成本的直接分配法（作业）
4. 平行结转分布法.
☆

"十四五"职业教育国家规划教材

icve 智慧职教　　高等职业教育在线开放课程新形态一体化教材

国家职业教育大数据与会计（会计）专业教学资源库升级改进配套教材

成本核算与管理

（第四版）

主　编　蒋小芸
副主编　韩海景　徐　洁　高瑾瑛

中国教育出版传媒集团
高等教育出版社·北京

内容提要

本书是"十四五"职业教育国家规划教材，也是国家职业教育大数据与会计（会计）专业教学资源库升级改进配套教材。

本书汲取了"双高"高职院校会计专业教学改革的成果，遵循"工学结合"的教育理念，以现实的成本会计岗位工作任务为起点，按照"注重基础、突出适用、精选内容、增加弹性"的要求，运用工作过程系统化的方法，对成本核算的"行动领域"进行了学习情境和典型案例的设计，形成了"导读篇""情境篇""案例篇"和"拓展篇"的教材架构。本书第四版还新增了"德技并修"等课程思政相关内容。

本书的"导读篇"，旨在使学生初步明确诸如"成本""成本核算"等基本概念，了解"成本核算的基本原则"和"成本核算的基本要求"等基本问题，实现与本课程相关内容和各专业课程之间的衔接。"情境篇"以掌握成本核算的品种法为基本目标，通过沃尔公司铸铁阀门生产环境下成本计算的典型工作场景，介绍各要素耗费的分配，辅助生产成本和制造费用的归集与分配，以及完工产品和在产品的计算与结转等基本技能。"案例篇"以掌握成本核算的分批法、分步法、分类法和定额法为目标，精选了部分典型业务案例，通过对相关案例重点、难点及学习方法的分析和描述，引导学生模仿案例进行成本核算业务的改造、拓展和自主性探究。"拓展篇"介绍了作业成本计算法标准成本法、变动成本法和目标成本法的相关内容，对接财务会计向管理会计转型的新需求。

为了方便教学和自学，本书配有课件、二维码资源等辅学辅教资源，同时配套出版了《成本核算与管理实训》（第四版），与本书配套的在线开放课程可通过登录"智慧职教"（www.icve.com.cn）平台进行在线学习，具体操作方法请见"智慧职教"服务指南。

本书可作为高等职业院校、职业本科院校、应用型本科院校财务会计类专业及其他管理类专业的教材，也可作为从业人员的业务参考用书。

图书在版编目（CIP）数据

成本核算与管理 / 蒋小芸主编 . --4 版 . -- 北京：
高等教育出版社，2021.11（2023.12重印）
ISBN 978-7-04-057306-0

Ⅰ.①成… Ⅱ.①蒋… Ⅲ.①成本计算 – 高等职业教育 – 教材 Ⅳ.①F231.2

中国版本图书馆 CIP 数据核字（2021）第 229168 号

成本核算与管理（第四版）
CHENGBEN HESUAN YU GUANLI

策划编辑	贾玉婷	责任编辑	贾玉婷	封面设计	张 志	版式设计 杜微言
插图绘制	杨伟露	责任校对	刁丽丽	责任印制	刁 毅	

出版发行	高等教育出版社	网　址	http://www.hep.edu.cn
社　址	北京市西城区德外大街 4 号		http://www.hep.com.cn
邮政编码	100120	网上订购	http://www.hepmall.com.cn
印　刷	天津嘉恒印务哟选公司		http://www.hepmall.com
开　本	787 mm×1092 mm　1/16		http://www.hepmall.cn
印　张	19.25		
字　数	370 千字	版　次	2011 年 8 月第 1 版
插　页	1		2021 年 11 月第 4 版
购书热线	010-58581118	印　次	2023 年 12 月第 4 次印刷
咨询电话	400-810-0598	定　价	48.80 元

"智慧职教"是由高等教育出版社建设和运营的职业教育数字教学资源共建共享平台和在线课程教学服务平台，包括职业教育数字化学习中心平台（www.icve.com.cn）、职教云（zjy2.icve.com.cn）和云课堂智慧职教 App。用户在以下任一平台注册账号，均可登录并使用各个平台。

● 职业教育数字化学习中心平台（www.icve.com.cn）：为学习者提供本教材配套课程及资源的浏览服务。

登录中心平台，在首页搜索框中搜索"成本核算与管控"，找到对应作者主持的课程，加入课程参加学习，即可浏览课程资源。

● 职教云（zjy2.icve.com.cn）：帮助任课教师对本教材配套课程进行引用、修改，再发布为个性化课程（SPOC）。

1. 登录职教云，在首页单击"申请教材配套课程服务"按钮，在弹出的申请页面填写相关真实信息，申请开通教材配套课程的调用权限。

2. 开通权限后，单击"新增课程"按钮，根据提示设置要构建的个性化课程的基本信息。

3. 进入个性化课程编辑页面，在"课程设计"中"导入"教材配套课程，并根据教学需要进行修改，再发布为个性化课程。

● 云课堂智慧职教 App：帮助任课教师和学生基于新构建的个性化课程开展线上线下混合式、智能化教与学。

1. 在安卓或苹果应用市场，搜索"云课堂智慧职教"App，下载安装。

2. 登录 App，任课教师指导学生加入个性化课程，并利用 App 提供的各类功能，开展课前、课中、课后的教学互动，构建智慧课堂。

"智慧职教"使用帮助及常见问题解答请访问 help.icve.com.cn。

国家职业教育会计专业教学资源库建设了在线开放课程，涵盖视频、动画、文本、图表、课件、音频等丰富的教学资源，学习者可在相应在线开放课程中获取相关资源。此外，教材边白处配有二维码资源，学习者可随时使用移动终端扫描学习。

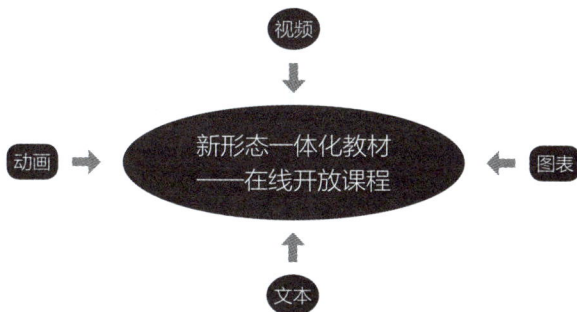

视频
↓
动画 → 新形态—体化教材——在线开放课程 ← 图表
↑
文本

国家职业教育大数据与会计（会计）专业教学资源库项目（以下简称会计专业资源库）于 2008 年筹建，2010 年获教育部正式立项，2013 年顺利通过验收。2014 年会计专业资源库建设成果获国家级教学成果一等奖。2016 年会计专业资源库升级改进项目获教育部立项，并于 2019 年验收。2008 年至 2021 年，是会计专业资源库建设与会计行业发展不断融合的 13 年，经历了与全国高职会计专业改革和建设相互借鉴、相互促进的 13 年，见证并参与了"互联网＋"职业教育的高速发展，并将继续与这个变革的时代同步前进。随着《职业教育专业目录（2021 年）》《职业教育专业简介》（2022 年修订）的发布，会计专业更名为大数据与会计专业，专业数字化转型的要求对资源库的持续建设和更新提出了更高的要求。

会计专业资源库建设主要分为基本建设和升级改进两个阶段。基本建设阶段为 2008 年至 2013 年，建成了由"专业中心""课程中心"（含 12 门核心课程）、"应用中心"（含能力测试系统、虚拟仿真实训系统）、"素材中心"四个中心组成的一整套普适与特色相结合、元素资源与成型资源相配套的高职会计专业标志性教学资源，为"教学做一体化"教学模式的开展提供了互动、开放、可持续的平台，为会计专业人才培养、培训及自主成长提供了解决方案。升级改进阶段为 2013 年至 2019 年，以会计行业由财务会计向管理会计转型、国家"营改增"等财税政策和会计政策重大变化、"互联网＋教育"模式变革为背景，按照"一体化设计、结构化课程、颗粒化资源"的建设思路，在原已验收的会计专业资源库的基础上开展了下列建设工作：一是进行资源库一体化设计，明确了"大智移云"时代会计职业岗位能力要求及其所需的知识点和技能点，建立了"会计职业岗位知识技能树"。二是重构课程体系。按照管理会计转型要求，新增了"管理会计基础"等课程，并对成本核算、税费计算与申报等传统课程进行了"管理会计方向"的改建，形成了"以财务会计为基础、以管理会计为重心"的全新课程体系。三是完善颗粒化资源建设。会计专业资源库项目以各课程的"知识点、技能点"为载体，并以最新财税政策和会计准则为依据进行了颗粒化资源建设，使颗粒化资源由原来的 3 300 余条增加为 10 000 余条。四是注重贯彻立德树人根本任务，德技并修，新增了"中国会计文化"课程，并通过制订课程标准、制作微课、开展会计职业岗位测评等多种渠道进行会计文化、会计职业道德培育。五是开展"互联网 + 教育"模式的探索实践和推广应用，形成了适合我国高职会计专业应用的"线上线下混合教学""翻转课堂""自主学习""在线实训"等在线教学模式的典型经验。经过升级改进后的会计专业资源库由"专业中心""课程中心""素材中心""微课中心""培训中心"和"典型应用中心"组成，用户数量已达到了 5 万余人，为全国高职会计专业教育教学、社会学习者自主学习以及员工培训提供了全面的资源支持。

大数据技术与会计专业的结合，不仅体现了会计行业信息化、智能化、数字化的变迁，更推动了课程体系的改变和课程内涵的改革。为此，会计专业资源库将新增大数据技术基础、财务大数据分析、财务机器人开发与应用、大数据技术在财务中的应用等大数据及其在财务工作中应用的课程，并将传统的财务会计、成本会计、税费计算与申报等课程与财务信息系统、云财务平台、智慧税务系统等结合起来，升级为智能化、信息化、数字化课程。本套教材是会计专业资源库建设项目的重要成果之一，也是资源库课程开发成果和资源整合应用的重要载体。十余年来，它伴随着资源库的建设和会计行业的变迁而几经修订，汲取着高职会计专业建设和课程改革的成果而不断完善，更依托现代信息化技术而日益丰满，形成了以下几点鲜明特色。

第一，课程体系内容创新。2021 年，项目组在持续进行调研分析的基础上，重新定位了高职会计专业的就业领域、就业岗位，将"财务共享中心""代理记账公司"等新型财务组织的相关岗位任务纳入教学体系，根据会计行业的信息化、智能化、数字化发展特点重新开发一系列基于"大智移云"时代会计岗位群变化的创新教材。本套教材根据高等职业教育大数据与会计专业最新的专业教学标准设计，无论是课程体系还是教学内容，均体现了专业升级所带来的创新。同时，各课程之间按照会计工作总体过程关联化、顺序化，做到逻辑一致，内容相谐，实现了顶层设计下会计职业能力培养的递进衔接。

第二，教材内容相对独立。2011 年第一版教材出版时，项目组在顶层设计上要求各课程组"尽量避免不同课程内容之间的重复"，以保证专业教学的体系化。然而在十余年的教材编写和应用实践中，我们发现由于各学校专业人才培养方案不同，其课程内容组合也有所不同。为此，资源库构建了以会计岗位任务为载体，以各"知识点、技能点"为内容的"会计职业知识树"，倡议和鼓励各资源库应用院校根据各自人才培养的需要构建内容不尽相同的"个性化课程"，实现了资源库"一体化设计、结构化课程"的建设思路。为此，教材在编写中采用了"结构化课程"的编写思路，每门课程的教学内容相对独立，允许一些边界重叠的课程内容有所重复，如"管理会计基础"课程中的"预算管理""投融资管理""风险管理"等内容与"企业财务管理"课程中的相关内容有一定的重复。从教材使用者的角度来看，教材内容的独立性更有利于组织"个性化"教学。同时，我们也在进一步设想从教材形式创新上来解决这些问题，如探索开发以"知识点、技能点"命名的活页式教材等。

第三，教材体系针对性强。本套教材立足高职"教学做"一体化教学特色，设计三位一体的教材组成。从"教什么，怎么教""学什么，怎么学""做什么，怎么做"三个问题出发，每门课程均编写了"主体教材""教师手册"（放入资源库平台）、"习题与实训用书"。其中，"主体教材"以"学习者用书"为主要定位，立足"学什么，怎么学"进行编写，是课程教学内容的载体；"教师手册"以"教师用书"为主要定位，立足"教什么，怎么教"进行编写，既是教师进行教学组织实施的载体，也是学生参与课堂活动设计的载体；"习题与实训用书"以"能力训练与测试"为主要定位，立足"做什么，怎么做"，通过职业判断能力训练、职业实践能力训练、职业拓展能力训练三部分训练全面提高学生的职业能力。

第四，配套资源立体化。资源库升级改进配套教材的最大竞争力在于其丰富、立体的配套资源。按照资源库建设的顶层设计要求，在教材编写的同时，各门课程开发了涵盖课程标准、教学实施方案、电子课件、岗位介绍、操作演示、虚拟互动、典型案例、习题试题、票证账表、图片素材、法规政策、教学视频等在内的丰富的教学资源。这些教学资源的建设与教材编写同步而行，相携而成。为了引导学习者充分使用配套资源，打造真正的"自主学习型"教材，本套教材通过在正文中标注二维码的形式，将各项典型资源与教学内容紧密地结合起来，使之浑然一体。学习者还可通过登录"智慧职教"平台，加入相应资源库课程进行学习。如果说资源库数以万计的教学资源是一颗颗散落的明珠，那么本套教材就是将它们有序串接的珠链。我们有理由相信，这套嵌合着数以万计的优质资源的教材将会成为高职大数据与会计专业教学真正意义的数字化、自主学习型的创新教材。

第五，教材教改一体化。作为资源库项目的配套教材，本套教材的编写理念、编写体例、内容框架等均来源于资源库的顶层设计，并与资源库"标准化课程"的建设相配套，因而，本套教材不仅是传统意义上的"教材"，更是以教材为载体，反映了资源库课程建设和教学改革的内涵，教材与教改的一体化设计使本套教材发挥了更大的教学价值。

第六，教材体例职业化。遵循工作过程系统化课程开发理论，教材中的大部分课程采用学习情境式教学单元，体现高职教育职业化、实践化特色。本套教材不再使用传统的章节式体例，而是采用职业含义更加丰富的"学习情境"或"项目任务"搭建教学单元。与传统的章节式体例相比，学习情境式或项目任务式教学单元融合了岗位任务完成所需的"职业环境、岗位要求、典型任务、职业工具和职业资料"，立体化地描述了完成一项典型工作任务的工作过程和工作情境，再现了大量真实的会计职业的票、账、证、表，满足了高等职业教育职业性、实践性要求。

第七，教材装帧精美。本套教材大多数采用四色、双色印刷，并以不同的色块，突出重点概念与技能，通过视觉搭建知识技能结构，给人耳目一新的感觉。同时，还原了会计凭证、账簿、报表的本来面目，增强了教材的真实感、职业感。

本套教材的编写团队即为会计专业资源库项目建设团队。会计专业资源库项目由山西省财政税务专科学校原校长赵丽生教授、山东商业职业技术学院原校长钱乃余教授担任项目负责人，山西省财政税务专科学校赵丽生教授、高翠莲教授、蒋小芸副教授、董京原副教授，江苏财经职业技术学院程淮中教授、浙江金融职业学院孔德兰教授、无锡商业职业技术学院马元兴教授、丽水职业技术学院梁伟样教授、北京财贸职业学院孙万军教授、山东商业职业技术学院张洪波教授、江苏经贸职业技术学院王生根教授、淄博职业学院高丽萍教授、天津职业大学曹军教授、长沙民政职业技术学院张流柱教授等分别担任"中国会计文化""出纳业务操作""成本核算与管理""管理会计基础""会计职业基础""企业财务会计""企业财务管理""税费计算与申报""会计综合实训""会计信息化""审计实务""企业会计制度设计""财务报表分析""行业会计比较"等课程配套教材主编，并不断修订再版，使其与时俱进，日臻完善。更加可贵的是，十余年的磨砺，培育了这支全国高职大数据与会计专业教育的核心团队，他们是本套教材质量的最重要的保障。在这支团队中，走出了3名高职财经名校的校长、3位国家"万人计划"教学名师，产生了一批高职大数据与会计专业教学改革的行家能手。他们活跃在全国高职院校中，以爱岗敬业的情操、为人师表的修养、创新进取的精神、严谨治学的风格取得了一系列的国家级、省级教学成果，引领并推动着高职大数据与会计专业教育教学改革。

千锤百炼出真知。本套教材的编写伴随着资源库建设历程，历时 13 年已再版至第四版、第五版，本套教材中多部教材相继入选"十二五""十三五""十四五"职业教育国家规划教材。依据《国家教材委员会关于首届全国教材建设奖奖励的决定》（国教材〔2021〕6 号），《中国会计文化》《会计综合实训（第四版）》《出纳业务操作（第三版）》《会计职业基础（第四版）》《企业财务会计（第四版）》《企业财务管理（第三版）》《审计实务（第三版）》共七部教材被评为首届全国教材建设奖全国优秀教材，是教材建设服务为党育人、为国育才的典范。它是资源库建设者的心血与智慧的结晶，也是资源库建设成果的集中体现，既具积累之深厚，又具改革之创新。我们衷心地希望它的出版能够为中国高职大数据与会计专业教学改革探索出一条特色之路，一条成功之路，一条未来之路！

国家职业教育大数据与会计（会计）专业教学资源库项目组

本书是"十四五"职业教育国家规划教材，也是国家职业教育大数据与会计（会计）专业教学资源库升级改进配套教材。本书自首版以来，受到广大读者的厚爱与支持。为贯彻落实党的二十大及教育部《高等学校课程思政建设指导纲要》精神，本着为党育人、为国育才、培根铸魂、启智润心的理念，把立德树人真正融入"成本核算与管理"课程具体教学过程中，我们对《成本核算与管理》（第三版）进行了修订。

党的二十大报告明确"以中国式现代化全面推进中华民族伟大复兴"，指出我国要加快建成现代化经济体系，着力提高全要素生产率，推进新型工业化，加快建设制造强国。因此，企业科学实施成本核算和管控，为经营决策提供有用的信息成为企业经营管理的重要内容，以更好地服务于实体经济发展。基于上述理念，编者对《成本核算与管理》（第三版）进行了全面修订。修订后的教材仍然按导读篇、情境篇、案例篇和拓展篇进行篇章构架。

导读篇介绍了有关成本核算的基础知识、基本概念和基本理论。包括成本核算的内容、基本要求等一般问题，以及成本会计人员应该具备的职业素养。通过本篇的学习，对成本核算有一个基本了解。生产特点以及管理要求对成本计算方法的影响，需要一定知识的积累与铺垫，放在情境篇之后的案例篇之前讲解。

情境篇按照认识的直观原理，在成本计算品种法的编写上，有目的地引入了在制造业具有典型代表意义的沃尔公司铸铁阀门生产环境下成本计算的全部过程；在要素耗费的分配、辅助生产成本的归集和分配、制造费用的归集和分配、完工产品和在产品的分配和结转，以及期间费用的归集和结转上，用语言描述情境，用实物演示情境，以图形再现情境，将学生带入成本会计人员的典型工作场景。这样一是为激发学生的学习情绪和学习兴趣，使学习活动成为学生主动、自觉的活动，并在成本核算处理中学会必须坚持会计职业道德操守，严格遵守《中华人民共和国会计法》《会计人员职业道德规范》等法律法规；二是为学生提供良好的暗示或启迪，使学生从形象的感知达到抽象的理性顿悟，锻炼学生的创造性思维，培养学生的适应能力。需要指出的是，情境篇还以品种法为载体介绍了成本核算的基本职业判断和基本技能，这是本篇的学习重点之一。

案例篇在成本计算的分批法和分步法的编写上，从服装、纺织等企业中精选了嘉尚服装厂、苏城纺织厂、津门泵业有限公司、红星灯泡厂和苏旭照明器材公司作为典型业务案例，在其特定的生产组织和工艺过程下，从中采集了成本计算的资源，形成了分批法、分步法、分类法和定额法的典型案例。教材以具有客观真实性和较强综合性的典型案例，通过对学习资源中相关案例重点、难点及学习方法的分析和描述，充分发挥学生在教学过程中的主体性作用，引导学生模仿案例进行成本计算业务的改造和拓展，组织学生开展自主性探究。采用典型案例法、组织分批法、分步法和部分辅助法的教学内容，并通过教学过程中动态性的双向交流，强调会计人员在工作过程中要有服务意识，爱岗敬业并不断提高自身职业素养，鼓励学生独立思考，引导学生变注重知识为注重能力，发展学生的创新精神和实际解决问题的能力和品质。

拓展篇是传统成本会计内容的延申，在数字经济和高新技术发展的今天，技术创新应用于产业活动，既导致了生产技术体系的变化，也引起了生产组织与管理的变革，从而对会计信息提出新的要求，其首先冲击的就是成本会计。成本会计体系必须提供与管理需求具有高度相关性和充分可靠性的信息，改变成本信息与企业管理需求相脱节的情况。因此，本篇强调企业在追求经济效益的同时，应兼顾社会效益，强调人的主观能动性。作业成本法、标准成本法、变动成本法和目标成本法的学习有助于拓宽学生的视野，有助于其将来更好地发展。

本书由山西省财政税务专科学校蒋小芸任主编，并负责修改总纂定稿，由韩海景、徐洁、高瑾瑛任副主编。各篇章的编写分工如下：导读篇由山西省财政税务专科学校蒋小芸编写；情境篇学习情境一至学习情境十二由蒋小芸编写；学习情境十三由山西省财政税务专科学校杨金莲编写；案例篇 Ⅰ 由四川财经职业学院马会起、陈娟共同编写，案例篇 Ⅱ 由山西省财政税务专科学校胡中芰、蒋小芸和江苏财经职业技术学院沈艾林、笪建军共同编写，案例篇 Ⅲ 由浙江工商职业技术学院许娟编写，案例篇 Ⅳ 由山西省财政税务专科学校杨兰花编写；拓展篇 Ⅰ 由山西省财政税务专科学校高瑾瑛和山西广播电视大学姚莉玲共同编写，拓展篇 Ⅱ 和拓展篇 Ⅲ 由山西省财政税务专科学校韩海景编写，拓展篇 Ⅳ 由山西省财政税务专科学校徐洁编写。

在本书编写过程中，阳泉市阀门有限公司、嘉尚服装厂等企业提供了大量案例素材，高等教育出版社、山西省财税部门以及项目组学校的同仁给予了大力支持，在此深表谢意！

　　由于编者水平及时间有限，书中难免存在疏漏及不足之处，恳请广大读者继续批评指正，以使本书日臻完善。

编者

2023 年 6 月

2010 年 6 月，教育部和财政部批准高等职业教育会计专业教学资源库建设项目正式立项，标志着高职高专会计教育教学改革从"观念认同"走向了"深层开发"的内涵发展之路。受项目组重托，我们联合山西省财政税务专科学校、四川财经职业学院、江苏财经职业技术学院、浙江工商职业技术学院等高职高专院校，集团队智慧，采众家之长，树自身一帜，倾身心之力，精心编写了本书。

本书按"导读篇""情境篇——品种法及其应用""典型案例篇Ⅰ——分批法及其应用""典型案例篇Ⅱ——分步法及其应用""典型案例篇Ⅲ——分类法及其应用"和"典型案例篇Ⅳ——定额法及其应用"进行篇章构架。

本书按照认识的直观原理，在成本计算品种法的编写上，有目的地引入了在制造业具有典型代表意义的沃尔公司铸铁阀门生产环境下成本计算的全部过程，在要素费用的分配、辅助生产成本的归集和分配、制造费用的归集和分配、完工产品和在产品的分配与结转，以及期间费用的归集和结转上，用语言描述情境，用实物演示情境，以图形再现情境，将学生带入成本会计人员的典型工作场景。这样做的目的，一则为调动学生的学习情绪和激发其学习兴趣，使学习活动成为学生主动的、自觉的活动；二则为学生提供良好的暗示或启迪，使学生从形象的感知达到抽象的理性的顿悟，锻炼学生的创造性思维，培养学生的适应能力。

在典型案例篇成本计算方法的编写上，本书精选了嘉尚服装厂、苏城纺织厂、津门泵业有限公司、红星灯泡厂和苏旭照明器材有限公司作为典型业务案例，在其特定的生产组织和工艺过程下，从中采集了成本计算的全部资源，形成了分批法、分步法、分类法和定额法的典型案例。本书以具有客观真实性和较强综合性的典型案例，通过对相关案例重点、难点及学习方法的分析和描述，充分发挥学生在教学过程中的主体性作用，引导学生模仿案例进行成本核算业务的改造、拓展和自主性探究。本书采用典型案例法组织分批法、分步法和部分辅助方法的教学内容，并通过教学过程中动态性的双向交流，鼓励学生独立思考，引导学生变注重知识为注重能力，培养学生的创新精神和实际解决问题的能力。

本书由山西省财政税务专科学校胡中艾、蒋小芸任主编。

目前，我们正处在中国高等职业教育发展的大好时机，教育教学改革如火如荼。我们渴望编写一本适应职业教育特点的教材，以期在改革的大潮中有所作为。本书全体编著人员期待着读者的批评指正！

编　者

2011 年 12 月

导读篇　　1

情境篇——品种法及其应用　　9

　学习情境一　成本费用账户的设置　　13

　　情境导入　　13

　　职业判断与基本技能　　14

　　情境小结　　29

　学习情境二　材料耗费的分配　　30

　　情境导入　　30

　　职业判断与基本技能　　32

　　业务操作　　37

　　情境小结　　40

　学习情境三　燃料耗费的分配　　41

　　情境导入　　41

　　职业判断与基本技能　　41

　　业务操作　　42

　　情境小结　　44

　学习情境四　外购动力耗费的分配　　45

　　情境导入　　45

　　职业判断与基本技能　　45

　　业务操作　　47

　　情境小结　　49

学习情境五　职工薪酬耗费的分配　　50

　　情境导入　　50

　　职业判断与基本技能　　52

　　业务操作　　54

　　情境小结　　57

学习情境六　固定资产折旧费的分配　　57

　　情境导入　　58

　　职业判断与基本技能　　59

　　业务操作　　60

　　情境小结　　62

学习情境七　利息及其他支出的分配　　62

　　情境导入　　63

　　职业判断与基本技能　　63

　　业务操作　　64

　　情境小结　　66

学习情境八　跨期耗费的分配　　67

　　情境导入　　67

　　职业判断与基本技能　　67

　　业务操作　　69

　　情境小结　　71

学习情境九　辅助生产成本的归集与分配　　71

　　情境导入　　72

　　职业判断与基本技能　　72

　　业务操作　　83

　　情境小结　　86

学习情境十　制造费用的归集与分配　　87

情境导入　　87

职业判断与基本技能　　87

业务操作　　91

情境小结　　93

学习情境十一　废品损失的归集与分配　　94

情境导入　　94

职业判断与基本技能　　95

业务操作　　98

情境小结　　101

学习情境十二　完工产品成本的计算与结转　　101

情境导入　　101

职业判断与基本技能　　102

业务操作　　116

情境小结　　119

学习情境十三　成本报表的编制与分析　　120

情境导入　　120

职业判断与基本技能　　120

情境小结　　140

案例篇　　141

案例篇Ⅰ——分批法及其应用　　142

案例导入　　144

业务操作　　145

案例小结　　181

案例篇Ⅱ——分步法及其应用   181

案例 A 导入   182

职业判断与基本技能   183

业务操作   184

案例 B 导入   190

职业判断与基本技能   191

业务操作   192

案例小结   198

案例篇Ⅲ——分类法及其应用   199

案例导入   200

业务操作   200

案例小结   205

案例篇Ⅳ——定额法及其应用   205

案例导入   207

业务操作   207

案例小结   217

拓展篇   219

拓展篇Ⅰ——作业成本计算法及其应用   221

理论概述   222

案例导入   227

业务操作   231

拓展小结   234

拓展篇Ⅱ——标准成本法及其应用   234

理论概述   235

案例导入   236

　　业务操作　　236

　　拓展小结　　252

拓展篇Ⅲ——变动成本法及其应用　　253

　　理论概述　　253

　　案例导入　　254

　　业务操作　　255

　　拓展小结　　265

拓展篇Ⅳ——目标成本法及其应用　　265

　　理论概述　　266

　　案例导入　　268

　　业务操作　　268

　　拓展小结　　279

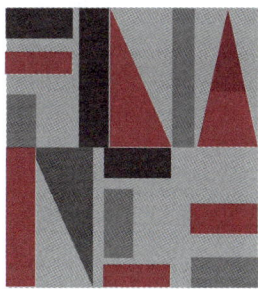

导读篇

一、成本的含义

物质生产是人类生存和发展的必要条件，社会再生产能够连续不断进行的前提是生产过程中的所有耗费都必须对应于其所得，并从其所得中得到补偿。这样便产生了一个用价值表现生产耗费的概念——成本。

成本是生产过程中的耗费，是为了保证企业再生产而应从销售收入中得到补偿的那部分价值。为了保证企业生产的持续进行，一个基本条件就是通过销售使生产中的耗费得到补偿。在市场经济条件下，在生产中消耗的需要补偿的价值未必能够在流通中得到相应的补偿。比如质次价高的产品，不被消费者认可，这样生产过程中的消耗就无法补偿。因此，市场这只看不见的手将迫使商品生产者不得不重视成本，加强管理，力求以较少的耗费生产较多、较好的商品，从而获得较高的收益。由此使得成本与管理之间形成了必然联系，确定了成本核算在管理中的重要地位。

成本与管理密切联系，成本的内容应服从于管理的需要，并随着管理的发展而发展。在不同国家的不同发展时期，由于经济环境和管理要求的不同，对于成本的列支范围都有着不同的规定。比如，20世纪90年代前，我国制造业采用完全成本法计算产品成本，而目前则采用制造成本法计算产品成本。

产品成本，是指企业在生产产品过程中所发生的材料、职工薪酬等直接耗费，以及不能直接计入而按一定标准分配计入的各种间接耗费。产品成本核算是对生产经营过程中实际发生的成本、费用进行计算与归集，并进行相应的账务处理。成本核算通常是对成本计划执行的结果进行事后反映。企业通过成本核算，一是审核和记录各项耗费支出，分析和考核产品成本计划的执行情况，促使企业降低成本和费用；二是为计算利润，进行成本和利润预测提供数据，有助于提高企业的生产技术和管理水平。

二、成本核算的要求

成本核算的进化，从20世纪初期泰勒制度下的"标准成本"和"预算控制"到20世纪中期以来突飞猛进。以管理为主的成本会计的衍生，无不说明一个道理：生产过程越是复杂化，企业的现代化水平越高，对成本核算的要求也就越高。为了充分发挥成本核算的作用，在工业企业的成本核算中，应该贯彻并努力实现以下各项要求：

（一）做好成本核算的基础工作

为了保证成本核算的可靠性，企业必须建立健全有关成本核算的原始记录，做好材料物资的计量、验收、领发、盘点工作，确定固定资产的折旧方法、使用年限，以及无形资产的摊销方法和摊销期限，制定并及时修订各种定额，制定内部结算价格和结算方法。

1. 建立健全成本核算的原始记录

进行成本核算与管理，必须以数据真实、内容齐全的原始凭证为依据。企业工时消耗、动力消耗、耗费开支、废品发生等原始记录不健全，数据失真，其结果必然是"假账真算"，成本核算资料就不能作为成本分析和成本管理的可靠依据。

2. 建立健全材料物资的计量、验收、领发和盘点制度

对材料物资的收发、领退和结存进行计量，定期清查盘点，填制相应的凭证，办理审批手续等工作规程，是正确计算成本的必要条件，也是完善内部控制、强化企业管理、保护资产及物资安全完整的有效措施。

3. 确定折旧方法和摊销方法

确定固定资产的折旧方法、使用年限、残值，确定无形资产的摊销方法和摊销期限。各种方法一经确定，应保持相对稳定，不能随意变更，以保证成本信息的可比性。

4. 制定修订消耗定额

产品消耗定额是编制成本计划、分析和考核成本水平的依据，也是审核和控制耗费的标准。企业应该根据自身当前的设备条件和技术水平，制定或修订先进、可行的各项消耗定额，并据以审核各项耗费是否合理，是否节约。另外，有关定额资料也是进行成本计算的分配标准。因此制定修订消耗定额，是做好生产管理、成本管理和成本核算工作的基本前提。

5. 制定内部结算价格和结算方法

内部结算价格一般按照标准单位成本确定，也可以将标准单位成本加上一定的利润作为内部结算价格。原材料、燃料、在产品、半成品等资产物资采用内部结算价格，在企业内部各部门、车间之间进行转移，有利于明确经济责任，简化和减少核算工作，也便于考核企业内部各责任部门成本计划的完成情况。

（二）正确划分各种耗费支出的界限

1. 划清收益性支出和资本性支出的界限

凡支出的效益与一个会计年度相关的，应当作为收益性支出；凡支出的效益与几个会计年度相关的，应当作为资本性支出。如果将资本性支出列为收益性支出，就会少列资产而多计成本或费用，从而少计当期利润；反之，则必然虚增资产而少列成本费用，导致利润虚增。成本会计岗位的核算内容是收益性支出，资本性支出由其他会计岗位核算。正确划分收益性支出与资本性支出的界限，对于正确反映企业财务状况和计算当期利润来说是至关重要的。

2. 划清产品成本、期间费用和营业外支出的界限

成本核算岗位的核算内容并不是所有的收益性支出。企业各个会计期间发生的收益性支出，大部分属于正常的生产经营活动耗费，有时可能发生一些非正常的损失，如固定资产盘亏损失、自然灾害损失等，这些损失都不是企业正常生产经营活动发生的耗损，它既不增加新的经济资源，也没有为创造收益作出任何贡献。因此，这些耗损既不能列报为增加资产的成本，也不能列报为当期正常生产经营活动的耗费，作为营业外支出从总收益中扣减，以弥补企业的损失。成本会计岗位的核算内容是正常生产经营活动的耗费，即产品成本和期间费用（简称"成本""费用"）；营业外支出由其他会计岗位核算。进行成本核算时，要注意将这类非正常耗损与正常的生产经营活动耗费区分开来，防止非正常耗损混杂于正常耗费中，造成产品成本和费用虚增，妨碍对企业各个部门业绩评价的公正性。

按照制造成本法的基本原理，企业在生产经营过程中发生的各项耗费，要根据用途确定其列支的项目。凡为生产一定数量和种类的产品而发生的直接材料、直接人工、其他直接耗费和制造费用等生产耗费，应计入产品的生产成本；企业为销售产品发生的销售费用，为管理和组织生产经营活动发生的管理费用，以及为筹集资金发生的财务费用，均是在经营过程中发生的、与产品生产无直接关系的耗费支出，因而作为期间费用直接计入当期损益。企业必须正确划分产品生产成本和期间费用的界限，不得在产品成本和期间费用之间任意调节、转移耗费，以保证成本费用核算的真实性及利润计算的正确性。

3. 正确划分本期耗费和以后会计期间耗费的界限

为了按期分析考核成本计划的执行情况，正确计算各期损益，还必须正确划分应由本期产品成本、期间费用负担和应由其他会计期间产品成本、期间费用负担的耗费界限。按照权责发生制的要求，凡应由本期成本、费用负担的耗费，应全部计入本期成本、费用；不应由本期负担的成本、费用，则不应计入本期成本、费用。企业不得人为调节各期的成本、费用。

4. 正确划分各种产品成本的界限

为了便于分析和考核不同产品成本计划的执行情况，对于计入产品成本的生产

动画：耗费界限划分

耗费，必须划清不同产品之间所应负担的生产耗费的界限。凡能直接确定应由哪种产品负担的耗费，应直接计入该种产品的成本；凡应由几种产品共同负担的耗费，应采用合理的方法计算分配，分别计入各种产品的成本。要如实反映各种产品的生产耗费，不能人为地在不同产品之间任意转移。

5. 正确划分本期完工产品成本和月末在产品成本的界限

月末计算产品成本时，如果某种产品都已完工，那么该产品月初在产品及本月发生的各项成本之和，就是其完工产品成本。如果企业于月末时既有完工产品，又有在产品，那么该种产品的月初在产品成本与该种产品本月发生的成本之和，就需要在本月完工产品与月末在产品之间进行分配，分别计算出本月完工产品成本和月末在产品成本。企业应当防止任意提高或降低月末在产品成本，人为调节完工产品成本的错误做法。

上述五个耗费界限的划分应当遵循受益原则，谁受益谁负担、何时受益、何时负担、负担耗费多少应与受益程度大小成正比。耗费界限的划分过程，也是成本计算的过程。

（三）根据生产特点和管理要求选择适当的成本计算方法

为了正确计算产品成本，完成成本核算任务，发挥成本核算的作用，还应该根据企业生产特点和管理要求，选择适当的成本计算方法。

1. 按照生产工艺过程的特点不同分类

按照生产工艺过程的特点不同，生产可分为单步骤生产和多步骤生产。

（1）单步骤生产，也称简单生产，是指生产工艺过程不能间断，产品的生产技术过程不能从技术上分为几个步骤的生产，如发电、采掘等企业。车间是封闭的，即从材料的投入到产品产出的全部生产过程都是在一个车间进行的，也被认为是单步骤生产。

（2）多步骤生产，也称复杂生产，是指生产工艺过程可以间断、分散在不同地点、不同时间进行的生产步骤组成的生产。多步骤生产按照加工方式不同，又可以分为连续式多步骤生产和装配式多步骤生产。连续式多步骤生产是指从原材料投入至产品完工，需经过若干加工步骤，而且前一步骤形成的半成品需下一步骤继续加工，依序转移，直至形成产成品，如纺织、冶金等企业。装配式多步骤生产是指各生产步骤可同时投入材料平行加工，制成不同的零部件，零部件经组装后形成产成品，如机床、汽车、电器、仪表、船舶、飞机等制造业。

2. 按照生产组织的特点分类

按照生产组织的特点不同，生产可分为大量生产、单件生产和介于两者之间的批量（成批）生产三种类型。

（1）大量生产，是不断重复生产一种或几种规格相同产品的一种生产组织类型，如纺织、冶金、采掘、发电等。

（2）单件生产，是根据不同购买单位的订单所提出的特定规格和技术要求进行的生产。其特点是企业生产一件或几件后，通常不重复生产。如重型机械制造、造船等。

（3）批量生产是按照预先规定的产品批别和数量进行的生产。其中批量生产又可分为大批生产和小批生产两种。

① 大批生产是指产品批量大，每隔一定时期都会轮番重复生产一种或几种产品，比如车床、铣床，以及电机等产品的生产。大批生产的重复性使其接近于大量生产。

② 小批生产是指产品批量小，而且生产的产品通常不重复或极少重复，即使重复也不规律，比如，时装的生产。小批生产的不重复性使其接近于单件生产。

生产按照产品生产是否重复又可划分为大量大批生产和小批单件生产，如图0-1所示。

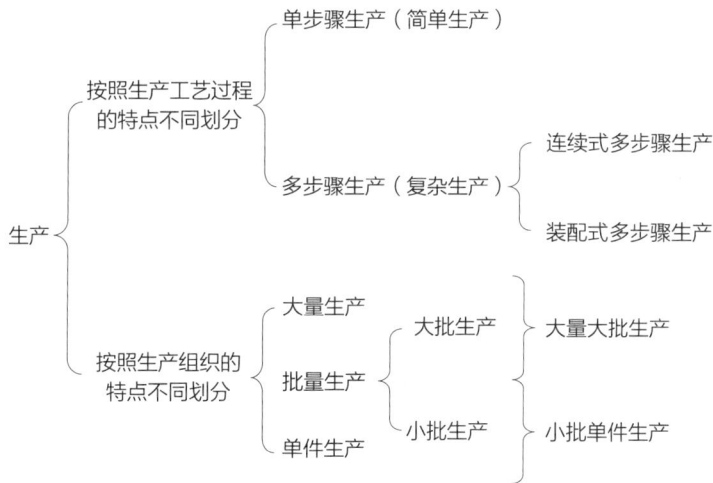

图 0-1　生产分类

3. 生产特点和管理要求对成本计算方法的影响

生产特点和管理要求对产品成本计算方法的影响主要表现在：对成本计算对象的影响、对成本计算期的影响、对完工产品与在产品之间成本分配的影响三个方面。

（1）对成本计算对象的影响。成本计算对象，是指确定归集和分配生产耗费的具体对象，即生产耗费的承担者。简单地说，计算的是谁的成本，谁就是成本计算对象。成本计算对象是设置生产成本明细账、归集生产耗费、计算产品成本的前提，是构成成本计算方法的主要标志，各种成本计算方法最根本的区别就在于成本计算对象的不同。确定成本计算对象，也就确定了成本计算方法。

① 单步骤大量大批组织产品生产的企业，由于工艺技术的连续性，使产品生产在时间上不能间断；受工作场地在空间上不可分割的制约，使产品的生产过程不可能清楚地划分为若干生产步骤。由于大量大批生产，原材料不断投入，产品不断产出，很难也没必要分清产品的生产批次。因此，对于单步骤、大量大批生产企业，计算成本时既不分步也不分批，只能以产品品种作为成本计算对象。以产品品种作为成本计算对象的成本计算方法，即为品种法。

② 多步骤大量大批组织产品生产的企业，如果管理上不要求提供相应步骤的成本信息，计算成本时就无须分步；而大量大批又不用分批，同样只需以产品品种作为成本计算对象，采用品种法计算产品成本。

③ 多步骤大量大批组织产品生产的企业，如果管理上要求提供相应步骤的成本信息，就应该分步骤计算成本，而大量大批不用分批。此时分步而不分批，需以产品的生产步骤作为成本计算对象。以产品的生产步骤作为成本计算对象的成本计算方法，即为分步法。

④ 单步骤小批单件组织产品生产的企业，单步骤生产无须分步；而小批单件生产是根据不同购买单位的订单所提出的特定规格和技术要求进行产品设计、加工和销售，管理上要求按订单考核业务成果，这就需要分批提供产品成本。因此，对于单步骤小批单件生产企业，计算成本时分批而不分步，应以产品批别作为成本计算对象。以产品批别作为成本计算对象的成本计算方法，即为分批法。

⑤ 多步骤小批单件组织产品生产的企业，如果管理上不要求提供相应步骤的成本信息，计算成本时无须分步；而小批单件生产应该分批提供产品成本。以产品批别作为成本计算对象，采用分批法计算成本。

（2）对成本计算期的影响。成本计算期是归集耗费、计算成本所规定的起讫日期，即每次计算成本的期间。不同的生产类型成本计算期也不尽相同，成本计算期的确定，主要取决于生产组织的特点。

① 大量大批的生产，生产活动连续不断地进行，各月大都有部分产品完工以供销售，这就要求按月计算成本并定期在月末进行。成本计算期与会计报告期一致，与生产周期不一致。

② 小批单件的生产，各张订单或各批产品的生产周期各不相同，加之生产周期有时比较长，月末可能没有完工产品，要等到一张订单各批产品完工之后才计算其成本，这样往往以产品的生产周期为成本计算期，成本计算不定期。

（3）对完工产品与在产品之间成本分配的影响。单步骤生产，生产周期往往比较短且生产过程不能间断，月末产品大都完工没有在产品，归集的生产耗费就是完工产品的成本。大量大批多步骤生产，由于多步骤生产周期较长，加之生产不断地进行，往往存在跨月陆续完工的情况，这就需要采用一定的方法将生产耗费在完工产品与在产品之间进行分配。小批单件生产，产品生产按订单加工、按订单交货，要么没完工，要么全部完工，因而无须将生产耗费在完工产品与月末在产品之间分配。

三、成本会计人员的职业素养

诚信为本、业务精湛、客观公正、保守秘密、谨慎勤勉，应当作为成本会计人员的基本职业素养目标。

（1）诚信为本。习近平总书记 2016 年 3 月 4 日看望出席全国政协十二届四次会议的民建和工商联委员并参加联组讨论时发表重要讲话，指出："公有制企业也好，非公有制企业也好，各类企业都要把守法诚信作为安身立命之本，依法经营、依法治企、依法维权。"党的二十大报告指出"弘扬诚信文化，健全诚信建设长效机制。"2023 年 2 月 1 日，财政部制定印发《会计人员职业道德规范》，将"坚持诚信，守法奉公"作为新时代会计人员职业道德要求之一。成本会计人员的主要工作是生成和提供产品成本信息，信息质量的高低影响着企业决策的正确性和利益分配的格局。为确保高质量的成本会计信息，会计人员不仅需要制度的规范，而且需要诚信的品质。诚信是会计人员对社会的一种基本承诺，是会计人员的立身之本，也是践行社会主义核心价值观的要求。

（2）业务精湛。成本会计工作具有极强的专业性，只有受过专业训练，且具有相当业务水平和能力的人才能胜任这项工作。这就要求成本会计人员应做到：承担与自己专业水平相适应的工作；通晓并严格遵守国家、专业团体及本单位的有关规定，及时熟悉掌握最新的法律、法规、制度；要有不断学习的能力，及时更新知识，以保持和发展自己的专业技能，适应业务发展的需要；具有较高的职业判断能力等。

（3）客观公正。在市场经济条件下，成本信息是多元化利益主体进行利益分配的基础，成本会计人员肩负着客观、公正处理各方利益的重任。因此，会计人员必须保持客观、公正、中立的态度，客观、真实、充分地反映经济活动中的成本信息，不能为满足特定个人和集团的需要或因偏见的影响而扭曲成本信息，避免各种可能影响其履行职能的利益冲突。

（4）保守秘密。成本会计人员处于单位商业秘密的中心，掌握着大量的商业秘密，因此除法定或专业的披露权利和义务之外，成本会计人员不得任意泄漏工作中的秘密资料，不得使用工作中掌握的秘密资料为个人或他人谋取利益，也不得以不道德的手段获取他人的秘密资料。

（5）谨慎勤勉。会计活动中存在许多不确定因素，存在各种各样的职业风险，这就要求会计人员在职业活动中需保持谨慎和勤勉的职业作风，对会计活动中的不确定性进行恰当的职业判断，以确保所提供会计信息的质量。

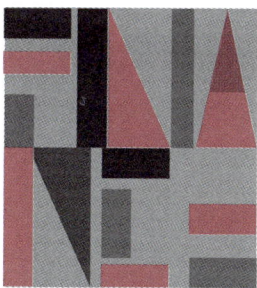

情境篇

——品种法及其应用

知识目标：

1. 了解品种法特点与适用范围。
2. 熟悉要素耗费、跨期耗费的概念和种类。
3. 熟悉辅助生产成本和制造费用的概念和种类。
4. 熟悉成本报表的概念和种类。

能力目标：

1. 能够确定各项耗费的分配去向，即确定发生的耗费应记入的账户，具备成本核算基本的职业判断能力。
2. 能够采用间接计入成本基本的分配方法进行耗费的分配。
3. 能够采用直接分配、交互分配、计划成本分配及代数分配等方法分配辅助生产成本。
4. 能够采用约当产量法、定额成本法、定额比例分配法等方法分配完工产品成本与月末在产品成本。
5. 能够按照品种法成本计算程序，计算各种产品的成本。
6. 能够按照成本管理的要求，编制成本报表。并运用对比分析法、因素分析法、相关分析法等成本分析方法，进行成本分析。

素养目标：

1. 培养学生节约资源的意识和精益求精核算成本的工匠精神。
2. 同学们在仿真模拟实习进行角色扮演时，要善于与人沟通与交流，有意识地培养自己的团队精神。
3. 培养学生高尚的职业道德情操，坚持依法治国的理念和价值观。

■【德技并修】■

甲公司因新产品设计存在缺陷，虽然耗费巨资进行广告宣传，但销售不佳。20××年11月财务部预测公司当年将发生1 000万元左右的亏损，当年上任的公司总经理责成财务部部长无论如何要落实自己任职时的盈利承诺，暗示财务部部长在做账时进行技术处理。财务部部长明知当年亏损已成定局，迫于压力指使成本会计人员虚构业务，将1 600万元的广告费列为固定资产成本，致使"销售费用明细表"反映的期间费用虚减1 600万元，实现了当年的"盈利"。

要求：

请同学们谈谈对上述行为的看法。

分析与启示：

这样做①违反了《中华人民共和国会计法》的规定：单位负责人对本单位的会计工作和会计资料的真实性、完整性负责。会计机构、会计人员依照本法规定进行会计核算，实行会计监督。任何单位或者个人不得以任何方式授意、指使、强令会计机构、会计人员伪造、变造会计凭证、会计账簿和其他会计资料，提供虚假财务会计报告。②违反了《会计人员职业道德规范》提出的"三坚三守"要求，即：坚持诚信，守法奉公；坚持准则，守责敬业；坚持学习，守正创新。③没有按照成本核算基本要求的第二条，正确划分资本性支出和收益性支出两者的界限。

■【情境引例】■

沃尔公司是一家从事阀门生产的企业，设有铸造、机加工、装配三个基本生产车间。铸造车间将铸铁等原材料熔炼成符合一定要求的金属液并浇进铸型里，经冷却凝固、落砂清理后得到有预定形状、尺寸的阀门部件的毛坯。机加工车间采用机床、工具、专业设备，按照设计图纸的要求，以切削、研磨、镗铣、连接、组合等手段，改变阀门部件毛坯的几何形状、尺寸和表面质量，加工成满足图纸要求的各种阀门零部件。装配车间将零部件按规定的技术要求组装起来，并经过调试、检验使之成为合格的阀门产品。沃尔公司还设有供电、供水两个辅助生产车间，为企业内部相关部门提供水电服务。此外，沃尔公司为推销产品、拓展市场专设了销售机构——销售部。在厂部设立了生产计划部、计划采购部、仓管部、生产研发部、质量检验部、财务部、人力资源部和总经理办公室等职能部门。

沃尔公司生产组织及工艺流程如图1-1所示。

视频：铸铁阀门生产工艺与组织管理

动画：阀门生产流程

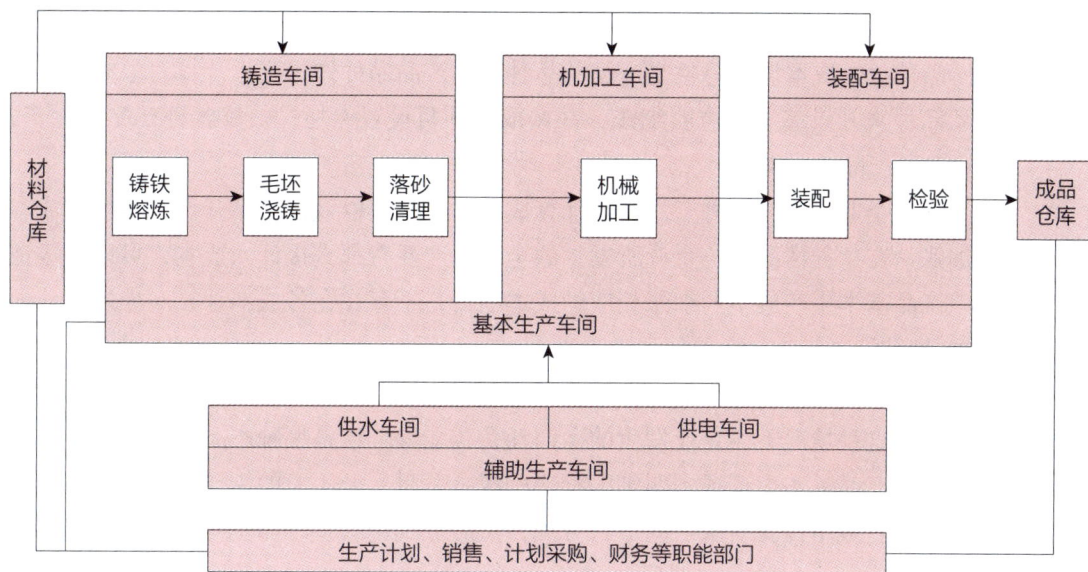

图 1-1　沃尔公司生产组织及工艺流程图

　　沃尔公司根据市场需求，大批量生产各类阀门。阀门属于多步骤生产，由于不存在半成品对外销售的情况，管理上不要求提供步骤成本信息。为了加强废品的控制和管理，单独核算废品损失，辅助生产不单独核算制造费用。

　　2021 年 3 月，沃尔公司生产 Φ400 闸阀和 Φ400 止回阀两种产品。产品产量、材料消耗定额、产品的工时定额、实际生产工时、机器工时等相关资料见表 1-15。

　　Φ400 闸阀月初在产品成本已记入 Φ400 闸阀基本生产成本明细账，见表 1-1。本月发生的各种耗费及相关资料，随各学习情境陆续给出。

　　沃尔公司根据其生产特点和管理要求确定采用品种法计算成本。

【知识准备】

一、品种法的概念

　　品种法是以产品品种作为成本计算对象，归集和分配生产成本，计算产品成本的一种方法。品种法是最基本的成本计算方法。

二、品种法的适用范围

　　品种法适用于单步骤大批量组织产品生产的企业，如发电、供水、采掘等企业；也适用于在管理上不要求分步骤提供产品成本信息的多步骤大批量产品生产企业，例如沃尔公司阀门的成本计算。

三、品种法的特点

　　品种法的特点，主要体现在成本计算对象、成本计算期和生产成本在完工产品与月末在产品之间的分配等几个方面。

（一）成本计算对象

品种法的成本计算对象是产品的品种。以产品品种作为成本计算对象时，应以产品品种来开设基本生产明细账，并按成本项目设置专栏，归集各种产品的耗费，计算各种产品的成本。

如果企业只生产一种产品，在计算成本时，只需以该种产品开设基本生产成本明细账。在这种情况下，企业所发生的全部生产耗费都直接计入成本，可以直接记入该产品基本生产成本明细账相应的成本项目，不存在在各成本计算对象之间分配成本的问题。

如果企业生产多种产品，在计算成本时，应该以每种产品开设基本生产成本明细账。在这种情况下，企业发生的生产耗费，能够分清是哪种产品耗用的，可以直接记入该产品基本生产成本明细账相应的成本项目；分不清的则要采用适当的分配方法，在各成本计算对象之间进行分配，然后分别记入各产品基本生产明细账相应的成本项目。

（二）成本计算期

品种法生产组织是大量大批生产。这样应该定期（每月月末）计算产品成本，成本计算期与会计报告期一致，与生产周期不一致。

（三）生产成本在完工产品与月末在产品之间的分配

大量大批单步骤生产采用品种法计算成本时，产品生产周期短，一般没有在产品或在产品数量很少，因而一般不需要将生产成本在完工产品与在产品之间分配；大量大批多步骤生产采用品种法计算成本时，由于其生产工艺过程是由若干个生产步骤所组成的，产品生产周期较长，月末可能出现跨月陆续完工情况，这就需要选择适当的分配方法，将产品成本明细账中归集的生产费用在完工产品与在产品之间进行分配，以便计算确定在产品成本和完工产品成本。

四、品种法的成本计算程序

运用品种法计算产品成本，一般按如下三个步骤进行。

步骤一，以产品品种设置基本生产成本明细账，以直接材料、直接人工、制造费用等成本项目设置专栏（或专行），归集各种产品的生产耗费；同时设置其他成本费用明细账。（学习情境一。）

步骤二，编制各种耗费分配表（学习情境二至学习情境十一），将本月发生的生产耗费分配计入各种产品成本，即分配记入按品种开设的各基本生产成本明细账。将发生的期间费用分别分配记入"销售费用""管理费用"和"财务费用"明细账。

具体依次包括：

（1）分配要素耗费（学习情境二至学习情境七）。将发生的外购材料耗费、外购燃料耗费、外购动力耗费、职工薪酬耗费、折旧费、利息及其他支出等要素耗费进行分配，根据各项生产经营耗费的原始凭证或汇总原始凭证编制各要素耗费分配表，分配各项要素耗费，并登记"基本生产成本""辅助生产成本""制造费用""销售费用""管理费用"及"财务费用"等明细账。

（2）归集分配跨期耗费（学习情境八）。将发生的跨期耗费按照权责发生制编制待摊费用和预提费用分配表，分配计入相应受益期的产品成本，并登记"辅助生产成本""制造费用""销售费用""管理费用"等明细账。

（3）归集与分配辅助生产成本（学习情境九）。首先归集辅助生产车间为生产辅助产品或提供辅助劳务发生的各种耗费，按受益原则将"辅助生产成本"明细账归集的成本，编制辅助生产成本分配表，采用适当的方法，将辅助生产成本在各受益部门之间分配，并登记"基本生产成本""制造费用""废品损失""销售费用""管理费用"等明细账。

（4）归集与分配制造费用（学习情境十）。首先归集生产车间发生的各项间接成本，然后根据"制造费用明细账"归集的耗费，编制制造费用分配表，采用适当的方法，将制造费用进行分配，并登记"基本生产成本""废品损失"等明细账。

（5）归集与分配废品损失（学习情境十一）。首先归集发生的废品损失，再根据"废品损失"明细账归集确认的废品净损失，编制废品损失分配表，将发生的废品净损失分配计入合格品的成本，并登记"基本生产成本明细账"。

步骤三，归集分配生产耗费，计算并结转完工产品成本（学习情境十二）。生产成本在完工产品和月末在产品之间分配，是将各产品"基本生产成本明细账"归集的生产成本，分别采用一定的方法，在完工产品和月末在产品之间分配，计算出各种完工产品的总成本和单位成本。再根据所计算出的完工产品总成本和单位成本，汇总编制"完工产品成本汇总表"，结转完工产品成本。

▌▌学习情境一　成本费用账户的设置

▌【情境导入】▌

如前所述，沃尔公司为实现 Φ400 闸阀和 Φ400 止回阀的生产，除了设立铸造、机加工、装配三个基本生产车间，以及供电、供水两个辅助生产车间外，还设立了生产计划、销售、仓管、计划采购、财务、人力资源和总经理办公室等职能部门，作为现代企业各个部门必须共同协作才能完成生产经营目标。为此各个部门在履行各自职责、完成各自任务时，必然会发生一系列的耗费，这些耗费或者计入产品成本或者计入期间费用，都是成本会计岗位的核算内容，都要进行确认、计量、记录，为此财务部门设置了成本费用的总分类账户。成本核算岗位还应根据生产特点和管理要求确定成本计算方法，进而设置相应的成本费用明细账。

【职业判断与基本技能】

　　沃尔公司财务部会同有关部门，根据公司的生产特点和管理要求，设置了如下成本费用核算账户：

一、"基本生产成本"账户

　　基本生产是指为完成企业的主要生产目的而进行的对外销售的商品产品生产。为了归集基本生产所发生的各种生产耗费，计算基本生产产品成本，应设置"基本生产成本"账户。账户的借方登记企业为进行基本生产而发生的直接及间接成本，贷方登记转出的完工入库产品成本，账户余额在借方，表示基本生产的在产品成本。

　　"基本生产成本"账户按产品品种（在分批法或分步法下，按产品批别或生产步骤）设置明细账，账内按产品成本项目分设专栏进行明细登记。本情境中沃尔公司生产的阀门采用品种法计算成本，按产品品种闸阀和止回阀分别开设"基本生产成本"明细账，其格式详见表1-1和表1-2。

　　成本项目是计入产品成本的生产耗费按照经济用途所做的分类。根据各生产耗费在生产过程中对产品形成所产生的不同作用，一般可以将产品成本划分为"直接材料""燃料及动力""直接人工"和"制造费用"四个成本项目。

提示窗

二、"辅助生产成本"账户

　　辅助生产是指为企业内部基本生产和其他部门服务而进行的产品生产或劳务供应。为了归集辅助生产车间所发生的各种生产耗费，计算辅助生产成本，应设置"辅助生产成本"账户。账户的借方登记为进行辅助生产而发生的各种耗费，贷方登记完工入库产品的成本或分配转出的劳务成本，如果有余额在借方，表示辅助生产车间在产品的成本。

　　"辅助生产成本"账户应按辅助生产车间或生产的产品、劳务设置明细分类账，账中按辅助生产的成本项目分设专栏。辅助生产成本明细账格式详见表1-3和表1-4。

简化的账户设置…

　　如果企业基本生产车间和辅助生产车间的会计业务都比较少，为了简化核算，可以将"基本生产成本"和"辅助生产成本"账户合并为"生产成本"账户。"生产成本"账户可根据需要下设"基本生产成本"和"辅助生产成本"二级明细分类账，进行明细分类核算。

提示窗

三、"制造费用"账户

　　为了核算企业生产车间为生产产品和提供劳务而发生的各项间接成本，应设置"制造费用"账户。账户的借方登记生产车间实际发生的各项间接成本，贷方登记分配转出的制造费用，账户通常月末无余额。

　　"制造费用"账户一般按车间设置明细分类账，账内按耗费项目设立专栏进行明细登记。制造费用明细账格式详见表1-5至表1-7。

四、"废品损失"账户

需要单独核算废品损失的企业，应设置"废品损失"账户。账户的借方登记不可修复废品的生产成本和可修复废品的修复成本，贷方登记废品残料回收的价值、应收的赔款，以及转出的废品净损失，账户月末无余额。

"废品损失"账户一般按产品品种等设置明细账，并按成本项目设置专栏进行明细登记。废品损失明细账格式详见表1-8。

五、"销售费用"账户

"销售费用"账户核算企业产品销售过程中发生的各项费用以及为销售本企业产品而专设的销售机构发生的各项费用。账户的借方登记实际发生的各项销售费用，贷方登记期末转入"本年利润"账户的销售费用，账户月末无余额。

"销售费用"账户一般按费用项目设置专栏进行明细登记。销售费用明细账格式详见表1-9。

六、"管理费用"账户

"管理费用"账户核算企业行政管理部门为组织和管理生产经营活动发生的各项费用。账户的借方登记本月发生的各项管理费用，贷方登记月末转入"本年利润"账户的管理费用，本账户月末无余额。

"管理费用"账户一般按费用项目设置专栏进行明细登记。管理费用明细账格式详见表1-10。

七、"财务费用"账户

"财务费用"账户核算企业为筹集生产经营所需资金而发生的筹资费用，包括利息支出（减利息收入）、汇兑损益以及相关手续费、企业发生的现金折扣或收到的现金折扣等。账户的借方登记本月发生的各项财务费用，贷方登记应冲减财务费用的利息收入、汇兑收益，以及月末转入"本年利润"账户的财务费用，本账户月末应无余额。

"财务费用"账户应按费用项目设置专栏进行明细登记。财务费用明细账格式详见表1-11。

八、"待摊费用"账户

为了核算企业已经支付，但应由本期和以后各期成本共同负担、分摊期在一年以内的各项耗费，应设置"待摊费用"账户。账户的借方登记实际支付的各项待摊费用，贷方登记分期摊销的待摊费用，账户余额在借方，表示已经支付但尚未摊销的费用。

"待摊费用"账户按耗费种类设置明细分类账进行明细核算。待摊费用明细账格式详见表1-12。

表1-1

一级科目：基本生产成本

二级科目：_____

基本生产成本明细账

产品名称：Φ400 闸阀

第 × 页

2021年 月	日	凭证字号	摘要	直接材料	燃料及动力	直接人工	制造费用	废品损失	合计
3	1		月初余额	77,400.00	11,700.00	8,640.00	9,320.00		107,060.00
	31	51	材料耗费	1,354,131.97					1,354,131.97
	31	52	燃料耗费		118,768.36				118,768.36
	31	53	外购动力		149,338.03				149,338.03
	31	54	薪酬耗费			155,999.11			155,999.11
	31	60	自制动力		87,640.56				87,640.56
	31	61	自制水	8,788.59					8,788.59
	31	62	制造费用				42,506.33		42,506.33
	31	63	制造费用				39,736.20		39,736.20
	31	64	制造费用				38,149.62		38,149.62
	31	65	转出废品	15,044.00		1,120.00	1,400.00		17,564.00
	31	67	转入废品					6,788.06	6,788.06
	31		本月合计	1,347,876.56	355,746.95	154,879.11	118,992.15	6,788.06	1,984,282.83
	31		成本累计	1,425,276.56	367,446.95	163,519.11	128,312.15	6,788.06	2,091,342.83
	31	68	转出完工	1,336,196.78	348,842.18	155,239.57	121,815.34	6,788.06	1,968,881.93
	31		月末余额	89,079.78	18,604.77	8,279.54	6,496.81		122,460.90

表 1-2

一级科目：**基本生产成本**

二级科目：_____

基本生产成本明细账

产品名称：**Φ400 止回阀**

第 __×__ 页

2021年 月	日	凭证字号	摘要	直接材料	燃料及动力	直接人工	制造费用	废品损失	合计
3	31	51	材料耗费	919 178.03					919 178.03
	31	52	燃料耗费		98 973.64				98 973.64
	31	53	外购动力		122 661.97				122 661.97
	31	54	薪酬耗费			111 291.64			111 291.64
	31	60	自制动力		52 167.30				52 167.30
	31	61	自制水	7 323.81					7 323.81
	31	62	制造费用				24 156.60		24 156.60
	31	63	制造费用				33 113.80		33 113.80
	31	64	制造费用				29 845.38		29 845.38
	31		本月合计	926 501.84	273 802.91	111 291.64	87 115.78		1 398 712.17
	31		成本累计	926 501.84	273 802.91	111 291.64	87 115.78		1 398 712.17
	31	68	转出完工	926 501.84	273 802.91	111 291.64	87 115.78		1 398 712.17

辅助生产成本明细账

表1-3

一级科目：辅助生产成本
二级科目：
产品（劳务）名称：电力　　　生产车间　供电车间　　第　×　页

2021年		凭证字号	摘要	原材料	燃料	薪酬费	折旧费	邮电费	劳保费	办公费	其他	合计
月	日											
3	31	51	材料耗费	88000								88000
	31	52	燃料耗费		700000							700000
	31	54	职工薪酬耗费			5390600						5390600
	31	55	折旧费				697000					697000
	31	56	其他支出					8000	430000	365000	112000	915000
	31		本月小计	88000	700000	5390600	697000	8000	430000	365000	112000	14090600
	31	59	交互分配转出								1855580	1855580
	31	59	交互分配转入								1386600	1386600
	31		本月合计	88000	700000	5390600	697000	8000	430000	365000	652000	14043620
	31	60	对外分配转出	88000	700000	5390600	697000	8000	430000	365000	652000	14043620

表 1-4

辅助生产成本明细账

一级科目：辅助生产成本
二级科目：

生产车间 供水车间
第 × 页

产品（劳务）名称：水

2021年 月	日	凭证字号	摘要	耗费项目 原材料	燃料	薪酬费	折旧费	邮电费	劳保费	办公费	其他	合计
3	31	51	材料耗费	440.00								440.00
	31	54	职工薪酬耗费			10830.00						10830.00
	31	55	折旧费				1300.00					1300.00
	31	56	其他支出					60.00	990.00	890.00	1154.00	3094.00
	31		本月小计	440.00		10830.00	1300.00	60.00	990.00	890.00	1154.00	15664.00
	31	59	交互分配转出								1386.00	1386.00
	31	59	交互分配转入								1855.80	1855.80
	31		本月合计	440.00		10830.00	1300.00	60.00	990.00	890.00	1623.80	16133.80
	31	61	对外分配转出	440.00		10830.00	1300.00	60.00	990.00	890.00	1623.80	16133.80

（各金额栏均按"万千百十元角分"分列填列）

表 1-5

制造费用明细账

一级科目：制造费用　　　　　二级科目：　　　　　　　　　　　　　第 × 页

生产车间　铸造车间

（各金额栏目均按"万 千 百 十 元 角 分"分列）

2021年 月	日	凭证字号	摘要	消耗材料	低值易耗品	薪酬费	折旧费	劳保费	水电费	办公费	其他	合计
3	31	51	材料	900000								900000
	31	54	职工薪酬			3864000						3864000
	31	55	折旧费				1281000					1281000
	31	56	其他支出					580000		650000	192000	1422000
	31	60	供电车间转入						628834			628834
	31	61	供水车间转入						2140			2140
	31		本月合计	900000		3864000	1281000	580000	649774	650000	192000	6721974
	31	62	分配转出	900000		3864000	1281000	580000	649774	650000	192000	6721974

表 1-6

一级科目：制造费用
二级科目：

制造费用明细账

生产车间　机加工车间　　　　第 × 页

2021年 月/日	凭证字号	摘要	消耗材料	低值易耗品	薪酬费	折旧费	劳保费	水电费	办公费	其他	合计
3/31	51	材料耗费	880000								880000
31	53	外购动力						120000			120000
31	54	薪酬耗费			3260000						3260000
31	55	折旧费				1590000					1590000
31	56	其他支出					510000		650000	175000	1335000
31	58	预提设备租金								100000	100000
31		本月合计	880000		3260000	1590000	510000	120000	650000	275000	7285000
31	63	分配转出	880000		3260000	1590000	510000	120000	650000	275000	7285000

（金额栏次均为"万千百十元角分"）

制造费用明细账

表 1-7

一级科目：制造费用　　　　　　　　　　　　　　　　　　　　　第 × 页

二级科目：_____　　　　　　　　　　　　　　　　生产车间 装配车间

2021年 月	日	凭证字号	摘要	耗费项目								合计
				消耗材料	低值易耗品	薪酬费	折旧费	劳保费	水电费	办公费	其他	
3	31	51	材料耗费	110000								110000
	31	53	外购动力耗费						160000			160000
	31	54	薪酬耗费			399400						399400
	31	55	折旧费				710000					710000
	31	56	其他支出					560000		720000	145500	1425500
	31	57	摊销厂房租金								4000000	4000000
	31		本月合计	110000		399400	710000	560000	160000	720000	545500	6799500
	31	64	分配转出	110000		399400	710000	560000	160000	720000	545500	6799500

表 1-8

一级科目：**废品损失**
二级科目：

废品损失明细账

产品名称：**Φ400 闸阀**　　第 × 页

2021年 月	日	凭证字号	摘要	直接材料							直接人工							制造费用							合计						
				万	千	百	十	元	角	分	万	千	百	十	元	角	分	万	千	百	十	元	角	分	万	千	百	十	元	角	分
3	31	51	修复材料耗费			2	8	8	0	0																	2	8	8	0	0
	31	54	修复薪酬耗费										8	0	9	2	5										8	0	9	2	5
	31	62	修复制造费用																	5	5	6	8	1			5	5	6	8	1
	31	65	转入报废成本	1	5	0	4	4	0	0		1	1	2	0	0	0		1	4	0	0	0	0	1	7	5	6	4	0	0
	31	66	结转残料及赔偿	1	1	7	3	0	0	0										7	0	0	0	0	1	2	4	3	0	0	0
	31		废品净损失		3	6	0	2	0	0		1	9	2	9	2	5		1	2	5	6	8	1		6	7	8	8	0	6
	31	67	转出废品净损失		3	6	0	2	0	0		1	9	2	9	2	5		1	2	5	6	8	1		6	7	8	8	0	6

注：沃尔公司的废品损失只计发生的直接材料、直接人工、制造费用；不计燃料及动力，燃料及动力全部由合格品承担。

表 1-9

销售费用明细账

一级科目：销售费用
二级科目：

第 × 页

2021年 月	日	凭证字号	摘要	运输费	包装费	广告费	薪酬费	差旅费	折旧费	水电费	办公费	其他	合计
3	31	51	材料耗费			640000							640000
	31	53	外购动力耗费							1600000			1600000
	31	54	薪酬耗费				3431000						3431000
	31	55	折旧费						136000				136000
	31	56	其他支出					636000			460000	169600	1265600
	31		本月合计			640000	3431000	636000	136000	1600000	460000	169600	5632600
	31	69	结转当期损益			640000	3431000	636000	136000	1600000	460000	169600	5632600

表 1—10

管理费用明细账

一级科目：**管理费用**　　二级科目：_____　　　　　　　　　　　　　　　　第 × 页

2021年		凭证字号	摘要	耗 费 项 目									合计
月	日			材料费 万千百十元角分	薪酬费 万千百十元角分	折旧费 万千百十元角分	修理费 万千百十元角分	水电费 万千百十元角分	办公费 万千百十元角分	差旅费 万千百十元角分	招待费 万千百十元角分	其他 万千百十元角分	万千百十元角分
3	31	51	材料	15000000									15000000
	31	53	外购动力					4000000					4000000
	31	54	薪酬		6788000								6788000
	31	55	折旧费			1396000							1396000
	31	56	其他支出				1113000		1265000	1636000	986800	980000	5980800
	31		本月合计	15000000	6788000	1396000	1113000	4000000	1265000	1636000	986800	980000	16064800
	31	69	结转当期损益	15000000	6788000	1396000	1113000	4000000	1265000	1636000	986800	980000	16064800

表 1-11

财务费用明细账

第 x 页

一级科目：**财务费用**

二级科目：＿＿＿＿＿

2021年		凭证字号	摘要	耗费项目																										合计						
				利息费用								汇兑损失								手续费								其他											
月	日			十	万	千	百	十	元	角	分	十	万	千	百	十	元	角	分	十	万	千	百	十	元	角	分	十	万	千	百	十	元	角	分	十	万	千	百	十	元	角	分
3	31	56	支付利息		1	2	0	0	0	0	0																										1	2	0	0	0	0	0
	31	69	结转当期损益		1	2	0	0	0	0	0																										1	2	0	0	0	0	0

表 1-12

待摊费用明细账

一级科目：待摊费用
二级科目：固定资产租金

第 × 页

2021年		凭证字号	摘要	借方金额							贷方金额							借或贷	余额						
月	日			万	千	百	十	元	角	分	万	千	百	十	元	角	分		万	千	百	十	元	角	分
1	4	略	支付厂房租金	4	8	0	0	0	0	0								借	4	8	0	0	0	0	0
1	31	略	摊销厂房租金									4	0	0	0	0	0	借	4	4	0	0	0	0	0
2	28	略	摊销厂房租金									4	0	0	0	0	0	借	4	0	0	0	0	0	0
3	31	57	摊销厂房租金									4	0	0	0	0	0	借	3	6	0	0	0	0	0

九、"预提费用"账户

为了核算企业按照规定预提计入成本，但尚未支付的支出，应设置"预提费用"账户。账户的贷方登记预先确认计入有关成本的预提费用，借方登记实际支付的耗费。月末时，本账户若为贷方余额，则表示已经预提但尚未实际支付的耗费；月末若为借方余额，则表示实际支付的耗费数额大于已预提数额的差额，这时，本账户视之为待摊费用。

"预提费用"账户按费用种类设置明细账进行明细核算。预提费用明细账格式详见表 1–13。

表 1–13　　　　　　　　　　　　预提费用明细账

一级科目：　预提费用　　　　　　　　　　　　　　　　　　　　第 x 页
二级科目：　固定资产租金

2021年		凭证字号	摘要	借方金额								贷方金额								借或贷	余额								
月	日			万	千	百	十	元	角	分		万	千	百	十	元	角	分			万	千	百	十	元	角	分		
1	31	略	预提设备租金										1	0	0	0	0	0		贷		1	0	0	0	0	0	
2	28	略	预提设备租金										1	0	0	0	0	0		贷		2	0	0	0	0	0	
3	31	58	预提设备租金										1	0	0	0	0	0		贷		3	0	0	0	0	0	

■ 【情境小结】 ■

成本会计账户关联如图 1-2 所示。

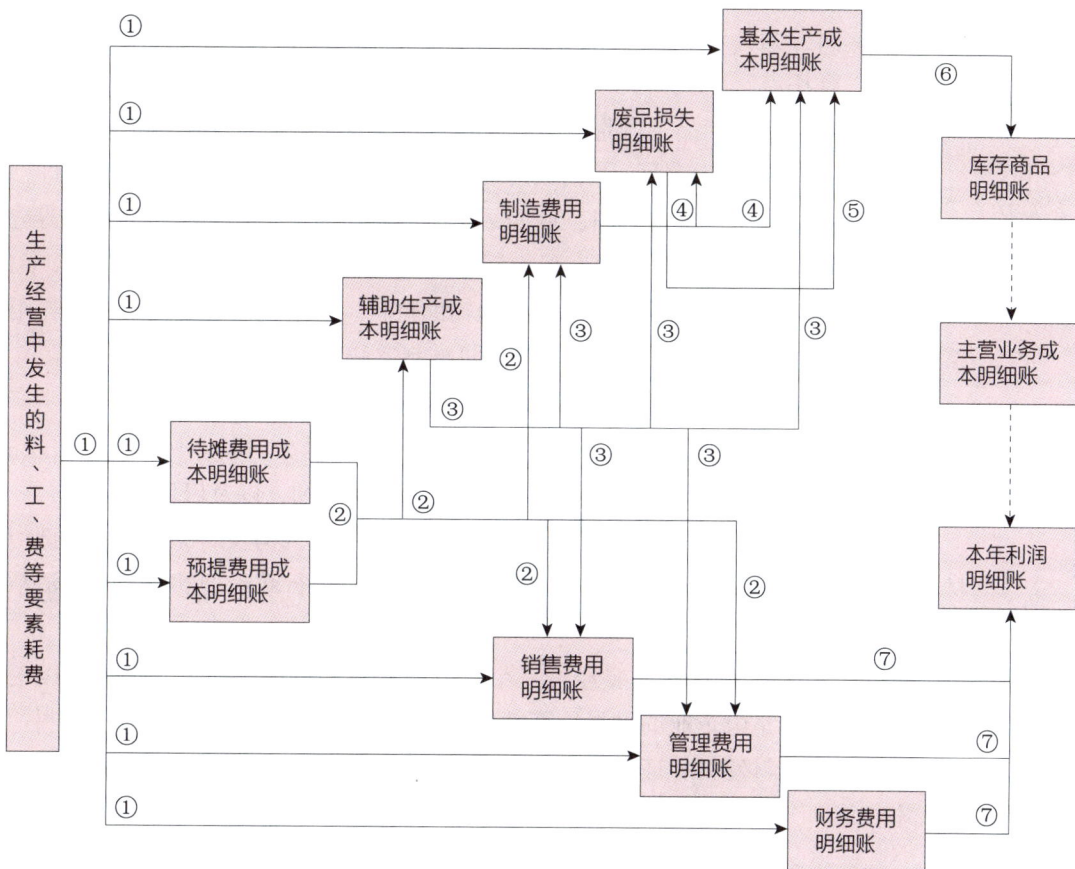

图 1-2　成本会计账户关联图

注：① 根据料、工、费等要素耗费原始凭证及其他有关资料登记各成本费用明细账；

　　② 根据受益期将跨期耗费通过待摊、预提计入相应期间的辅助生产成本、制造费用、销售费用和管理费用等明细账；

　　③ 根据辅助生产成本明细账及有关资料登记基本生产成本、制造费用、废品损失、销售费用、管理费用等明细账；

　　④ 根据制造费用明细账及有关资料登记基本生产成本明细账、废品损失明细账；

　　⑤ 根据废品损失明细账及有关资料登记基本生产成本明细账；

　　⑥ 完工产品成本结转库存商品明细账；

　　⑦ 根据销售费用、财务费用、管理费用明细账及有关资料结转本年利润明细账。

成本核算账户与其他相关账户之间形成的有序关联，构成了成本会计的循环流程，反映了生产耗费计入产品成本的全部过程。

▌▌▌学习情境二　材料耗费的分配

企业在生产经营过程中会耗用各种材料，这些材料按照用途不同可分为：产品生产直接材料、产品生产间接材料耗用以及经营管理材料耗用。

（1）产品生产直接材料耗用，是指发生在生产车间直接形成产品的材料耗用。包括：①构成产品实体的原料及主要材料、外购零部件、自制半成品及辅助材料。例如，纺织厂耗用的原棉、棉花、化纤，铸造企业耗用的矿石、生铁，机械制造企业耗用的铸件、型钢和外购件。②虽然不构成产品实体，但有助于产品形成的辅助材料。例如，冶炼、化工企业耗用的添加剂、催化剂，纺织企业耗用的颜料，机械制造和家具生产企业耗用的油漆。

（2）产品生产间接材料耗用，亦称一般性材料耗用或机物料耗用，是指生产车间为组织与管理生产，保证生产正常进行而耗用的那部分材料。例如：办公用品、清洁工具，为了保证设备正常运转耗用的润滑油、防锈剂，以及修理用备件等。

（3）经营管理材料耗用，是指生产车间以外的销售机构及厂部行政管理部门的材料耗用。例如，销售部门制作广告牌耗用角铁，厂部行政管理部门领用的清洁工具、办公用品等。

材料进入生产经营过程要经过三个环节：材料的取得、储存、领用。以上三个环节日常核算是由企业的材料核算员负责的，根据各种领退料凭证登记材料明细账，月末编制材料发料凭证汇总表，将这些证表提供给财务部门成本会计岗位，进行成本核算。

▌【情境导入】▌▌

表 1–14 为沃尔公司材料核算员转至成本会计岗位的材料发料凭证汇总表。

表 1–14

材料发料凭证汇总表

2021 年 3 月

金额单位：元

领料单位	材料名称	用途	数量单位	数量	单价	金额
铸造车间	铸铁	闸阀、止回阀用	吨	475	3 033.00	1 440 675.00
铸造车间	型砂	闸阀、止回阀用	吨	15	280.00	4 200.00
铸造车间	木模	闸阀木模	个	5	2 800.00	14 000.00
铸造车间	木模	止回阀木模	个	5	2 800.00	14 000.00
铸造车间	填补剂	修复闸阀用	千克	3.6	80.00	288.00

续表

领料单位	材料名称	用途	数量单位	数量	单价	金额
铸造车间	打印纸	办公用	盒	3	300.00	900.00
机加工车间	碳结钢	闸阀用	吨	1.2	6 000.00	7 200.00
机加工车间	碳结钢	止回阀用	吨	1.0	6 200.00	6 200.00
机加工车间	无缝钢管	闸阀用	吨	4	9 800.00	39 200.00
机加工车间	无缝钢管	止回阀用	吨	3	9 800.00	29 400.00
机加工车间	不锈钢圆钢	闸阀用	吨	8.2	40 000.00	328 000.00
机加工车间	不锈钢圆钢	止回阀用	吨	6.8	40 000.00	272 000.00
机加工车间	机油	设备用	桶	80	110.00	8 800.00
装配车间	法兰垫片	闸阀用	个	130	5.80	754.00
装配车间	法兰垫片	止回阀用	个	110	6.00	660.00
装配车间	阀底盖垫片	闸阀用	个	130	38.00	4 940.00
装配车间	阀底盖垫片	止回阀用	个	110	40.00	4 400.00
装配车间	阀螺塞垫片	闸阀用	个	140	1.00	140.00
装配车间	阀螺塞垫片	止回阀用	个	120	1.10	132.00
装配车间	螺栓	闸阀用	条	9 160	3.00	27 480.00
装配车间	螺栓	止回阀用	条	7 360	3.10	22 816.00
装配车间	双头螺栓	闸阀用	条	2 670	1.40	3 738.00
装配车间	双头螺栓	止回阀用	条	2 214	1.50	3 321.00
装配车间	螺母	闸阀用	个	15 100	1.50	22 650.00
装配车间	螺母	止回阀用	个	12 500	1.60	20 000.00
装配车间	锤纹漆	闸阀、止回阀用	千克	330	22.00	7 260.00
装配车间	标牌	闸阀用	个	130	0.60	78.00
装配车间	标牌	止回阀用	个	110	0.60	66.00
装配车间	机油	设备用	桶	10	110.00	1 100.00
供电车间	机油	设备用	桶	8	110.00	880.00
供水车间	机油	设备用	桶	4	110.00	440.00
销售部	打印纸	办公用	盒	8	300.00	2 400.00
销售部	角铁	广告用	吨	0.50	8 000.00	4 000.00
厂　部	打印纸	办公用	盒	50	300.00	15 000.00
合　　计						2 307 118.00

仓库主管:王敬忠　　　材料主管:曹一平　　　材料保管:王培利　　　填制:冯永浩

表 1–15 为沃尔公司产量记录、实际生产工时、机器工时及定额等相关资料。

表 1–15　　　　　　　　　　　沃尔公司相关资料

2021 年 3 月

闸阀 Φ400 cm			止回阀 Φ400 cm		
月初在产品	10 件 *		月初在产品	0 件	
本月投产数量	120 件		本月投产数量	100 件	
月末在产品	8 件,投料率 100%,加工率 80%		月末无在产品	0 件	
定额重量	1 800 千克		定额重量	1 300 千克	
工时定额	铸造车间	70 小时	工时定额	铸造车间	50 小时
	机加工车间	35 小时		机加工车间	35 小时
	装配车间	32 小时		装配车间	30 小时
生产工时 / 件	铸造车间	76.25 小时	生产工时 / 件	铸造车间	52 小时
		修复废品 20 小时		机加工车间	34.8 小时
	机加工车间	35 小时			
	装配车间	32.5 小时		装配车间	35 小时
机器工时 / 件	机加工车间	33 小时	机器工时 / 件	机加工车间	34 小时
	装配车间	25 小时		装配车间	24 小时
铸铁消耗定额	2 480 千克		铸铁消耗定额	1 790 千克	
锤纹漆成本定额	32 元		锤纹漆成本定额	30 元	
大碳消耗定额	790 千克		大碳消耗定额	510 千克	
焦炭消耗定额	330 千克		焦炭消耗定额	225 千克	
炉材消耗定额	180 千克		炉材消耗定额	130 千克	

* 已接近完工、投料及加工程度均按 100% 计。

▌【职业判断与基本技能】▐

一、审核领退料凭证和发料凭证汇总表

成本核算岗位首先对由材料核算员传递来的各领退料凭证和发料凭证汇总表进行审核,监督材料支出的合法性,检查是否符合国家的有关法律、制度,有无违法乱纪、违反会计制度的现象。监督材料支出的合理性,检查是否符合企业目标和成本计划;检查有无铺张、浪费的行为发生;对成本管理中存在的问题和管理制度中存在的漏洞,及时加以制止和纠正,以改善经营管理,降低消耗,提高经济效益。

对审核无误的发料凭证汇总表所列的各项支出,应分配计入产品成本或期间费用。

二、确定材料耗费的分配去向

材料耗费的分配去向是根据材料耗用部门或耗用地点，并结合材料的具体用途加以确定的。

（一）基本生产车间耗用的材料

基本生产车间耗用的材料主要包括：

（1）产品生产直接材料耗用，即直接被产品生产耗用的材料。例如，沃尔公司铸造车间的铸铁、型砂、木模，机加工车间的碳结钢、无缝钢管、圆钢，装配车间的垫片、螺母、螺栓和油漆，都直接被闸阀或止回阀产品耗用，属于直接材料耗费。这些直接材料耗费记入基本生产成本明细账的"直接材料"成本项目。

（2）修复废品材料耗用，即废品修复过程中耗用的材料。例如，沃尔公司铸造车间修复闸阀领用的填补剂属于废品损失，记入废品损失明细账的"直接材料"成本项目。

（3）基本生产车间一般耗用的材料，即生产车间为组织与管理生产和保证生产正常进行而耗用的那部分材料。例如，沃尔公司铸造车间的打印纸，机加工、装配车间的机油，这些材料间接服务于产品生产，属于间接成本，记入"制造费用明细账"。

（二）辅助生产车间耗用的材料

对于辅助生产车间耗用的材料，也可以按用途不同分为直接用于辅助产品生产（或劳务提供）的材料和一般耗用材料两部分。处理方法如下：

（1）直接用于辅助产品生产（或劳务提供）的材料，应记入辅助生产成本明细账的"直接材料"成本项目。用于辅助生产车间一般耗用材料先记入制造费用明细账进行归集，月末分配记入辅助生产成本明细账的"制造费用"成本项目，这种处理方法与基本生产车间类似。

（2）如果辅助生产不对外提供产品，而且辅助生产车间规模较小、辅助产品或劳务单一时，为了简化核算工作，可不设"制造费用"账户，辅助生产车间耗用的材料直接、全部记入辅助生产成本明细账。沃尔公司就是采用此法，供电车间和供水车间耗用的材料全部记入"辅助生产成本明细账"。

（三）销售机构以及销售过程中耗用的材料

销售机构以及销售过程中耗用的材料不计入产品成本，而是记入"销售费用明细账"，作为期间费用转入"本年利润"账户，冲减当期损益，例如，沃尔公司销售部耗用的角铁、打印纸等材料。

（四）厂部行政管理部门耗用的材料

厂部行政管理部门耗用的材料，不计入产品成本，记入"管理费用明细账"，作为期间费用转入"本年利润"账户，冲减当期损益。

材料耗费的分配去向……

提示窗

视频：材料耗费分配

三、材料耗费分配方法的选择与应用

用于产品生产的材料，其中构成产品实体的原料及主要材料，往往是分产品领用，属于直接计入成本；有助于产品形成的辅助材料，例如电镀材料、油漆等又常常是几种产品共同领用，属于间接计入成本。无论原料及主要材料，还是辅助材料，只要是几种产品共同领用就是间接计入成本。直接计入成本是可以直接计入相应产品的产品成本（即记入相应产品的基本生产成本明细账），间接计入成本需要计算分配才能计入相应产品成本（即记入相应产品的基本生产成本明细账）。

直接计入成本是指根据原始凭证即可确认归属于具体产品的生产耗费。如按产品领用的材料、采用计件工资计算的职工薪酬，这些耗费可根据原始凭证确认应计入相应产品的成本。

间接计入成本是指无法根据原始凭证确认归属于具体产品的生产耗费。如几种产品共同领用的材料、采用计时工资计算的职工薪酬，这些耗费需要计算才能分配计入相应产品的成本，也称为分配计入成本。

（一）间接计入成本分配的基本方法

间接计入成本的分配，首先需要选用适当的分配标准。适当的分配标准，是指分配所依据的标准与所分配耗费的多少有较密切的联系，而且分配标准的资料应容易取得，计算比较简便。常见的分配标准主要有三类：①成果类标准，如产品的重量、体积、面积、产量、产值等。②消耗类标准，如生产工时、机器工时、原材料的消耗量、原材料成本等。③定额类标准，如消耗定额、成本定额、工时定额等。沃尔公司的分配标准参见表1-15。

分配标准确定后，计算分配率。

耗费分配率的计算公式如下：

$$耗费分配率 = 待分配的间接计入成本 \div 分配标准合计$$

耗费分配额的计算公式如下：

$$某分配对象应承担的耗费 = 该分配对象的分配标准 \times 耗费分配率$$

（二）间接计入成本分配基本方法的运用

1. 定额耗用量比例分配法

定额耗用量比例分配法，就是以原材料定额耗用量为分配标准，分配原材料耗费的一种方法。通常企业对产品都要制定各种定额，因此采用定额耗用量比例进行材料耗费的分配是常用的分配方法。其计算程序是：

（1）计算各种产品直接材料的定额耗用量。

（2）以直接材料定额耗用量为分配标准，计算直接材料耗费分配率。

（3）计算各种产品应分配的直接材料耗费。

计算公式如下：

$$\frac{某产品直接材}{料定额耗用量} = \frac{该种产品}{实际产量} \times \frac{单位产品直接材}{料消耗定额}$$

$$\frac{直接材料耗费}{分配率} = \frac{待分配的直接材料耗费总额}{各种产品直接材料定额耗用量总和}$$

$$\frac{某种产品应分配}{的直接材料耗费} = \frac{该种产品直接材}{料定额耗用量} \times \frac{直接材料耗费}{分配率}$$

根据表 1—14 的资料，沃尔公司生产闸阀和止回阀，共同消耗铸铁 475 吨，每吨 3 033 元，计 1 440 675 元。这些耗费无法根据材料发料凭证汇总表确认归属闸阀还是止回阀，属于间接计入成本。需要计算才能确认闸阀、止回阀两种产品各应承担的铸铁耗费。闸阀铸铁消耗定额为 2 480 千克，本月投产 120 件；止回阀铸铁消耗定额为 1 790 千克，本月投产 100 件。采用定额耗用量比例分配法进行计算。

定额耗用量比例分配法……

情境展示

（1）计算闸阀、止回阀铸铁的定额耗用量。

$$\frac{闸阀铸铁}{定额耗用量} = 120 \times 2\,480 = 297\,600（千克）$$

$$\frac{止回阀铸铁}{定额耗用量} = 100 \times 1\,790 = 179\,000（千克）$$

（2）计算铸铁耗费分配率。

$$\frac{铸铁耗费}{分配率} = \frac{1\,440\,675}{297\,600 + 179\,000} = 3.022\,8$$

（3）计算闸阀、止回阀应承担的铸铁耗费。

$$\frac{闸阀应承担}{铸铁耗费} = 297\,600 \times 3.022\,8 = 899\,585.28（元）$$

$$\frac{止回阀应承}{担铸铁耗费} = 1\,440\,675 - 899\,585.28 = 541\,089.72（元）$$

在实际工作中，分配率应该保留 4 位小数，分配额保留 2 位小数。

为了便于考核材料消耗定额的执行情况，加强直接材料消耗的实物管理，还可以按定额耗用量的比例，分配计算各种产品实际消耗直接材料的数量，然后根据直接材料的单价，计算各种产品应分配的直接材料耗费。计算公式如下：

提示窗

$$\frac{直接材料耗用}{量分配率} = \frac{直接材料实际耗用总量}{各种产品直接材料定额耗用量总和}$$

$$\begin{array}{c}\text{某种产品应分配的}\\\text{直接材料耗用量}\end{array} = \begin{array}{c}\text{该种产品直接材料}\\\text{定额耗用量}\end{array} \times \begin{array}{c}\text{直接材料耗用量}\\\text{分配率}\end{array}$$

$$\begin{array}{c}\text{某种产品应分配}\\\text{的直接材料耗费}\end{array} = \begin{array}{c}\text{该种产品直接}\\\text{材料耗用量}\end{array} \times \begin{array}{c}\text{直接材料}\\\text{单价}\end{array}$$

根据表 1-14 的资料，按照直接材料的单价计算各种产品应分配的直接材料，然后与定额耗用量比例分配法的计算结果相比较，可以一并说明两种计算方法的优缺点。

2. 定额成本比例分配法

定额成本比例分配法，就是以直接材料定额成本为标准分配直接材料的一种方法。其计算程序是：

（1）计算各种产品直接材料的定额成本。

（2）以直接材料定额成本为分配标准，计算直接材料分配率。

（3）计算各种产品应分配的直接材料。

计算公式如下：

$$\begin{array}{c}\text{某种产品直接}\\\text{材料定额成本}\end{array} = \begin{array}{c}\text{该种产品}\\\text{实际产量}\end{array} \times \begin{array}{c}\text{单位产品直接}\\\text{材料成本定额}\end{array}$$

$$\begin{array}{c}\text{直接材料}\\\text{分配率}\end{array} = \frac{\text{待分配的直接材料总额}}{\text{各种产品直接材料定额成本总额}}$$

$$\begin{array}{c}\text{某种产品应分配}\\\text{的直接材料}\end{array} = \begin{array}{c}\text{该种产品直接}\\\text{材料定额成本}\end{array} \times \begin{array}{c}\text{直接材料}\\\text{分配率}\end{array}$$

根据表 1-14 的资料，沃尔公司生产闸阀、止回阀，共同领用锤纹漆 330 千克，每千克 22 元，共计 7 260 元。这些耗费无法根据材料发料凭证汇总表确认归属闸阀还是止回阀，属于间接计入成本。采用定额成本比例分配法，计算闸阀、止回阀两种产品各应承担的锤纹漆成本。

（1）计算闸阀、止回阀锤纹漆的定额成本。

$$\text{闸阀：}\begin{array}{c}\text{锤纹漆}\\\text{定额成本}\end{array} = 120 \times 32 = 3\ 840\text{（元）}$$

$$\text{止回阀：}\begin{array}{c}\text{锤纹漆}\\\text{定额成本}\end{array} = 100 \times 30 = 3\ 000\text{（元）}$$

（2）计算锤纹漆分配率。

$$\begin{array}{c}\text{锤纹漆}\\\text{分配率}\end{array} = \frac{7\ 260}{3\ 840 + 3\ 000} = 1.061\ 4$$

（3）计算闸阀、止回阀应承担的锤纹漆成本。

闸阀：3 840×1.061 4＝4 075.78（元）

止回阀：7 260－4 075.78＝3 184.22（元）

由于在实际工作中耗费分配率有小数取舍的问题，最后计算出耗费分配额的合计，可能与待分配的耗费不等。通常的做法是最后一个分配对象的分配额，采用"倒挤"的方法计算。

提示窗

3. 产品产量比例分配法

产品产量比例分配法，是以产品产量为分配标准，分配原材料耗费的一种方法。这种方法一般在产品所耗用材料的多少与产品产量有着密切关系的情况下采用。其计算程序是：

（1）计算直接材料耗费分配率。

（2）计算各种产品应分配的直接材料耗费。

计算公式如下：

$$直接材料耗费分配率 = \frac{待分配的直接材料耗费总额}{各种产品产量之和}$$

$$某种产品应分配的直接材料耗费 = 该种产品产量 × 直接材料耗费分配率$$

根据表 1-14 显示，沃尔公司生产闸阀、止回阀，共同领用型砂 15 吨，每吨 280 元，共计 4 200 元。这些耗费无法根据材料发料凭证汇总表确认归属闸阀还是止回阀，属于间接计入成本。采用产品产量比例分配法，计算闸阀、止回阀产品各应承担的型砂成本。

产品产量比例分配法……

（1）计算型砂耗费分配率。

$$型砂分配率 = \frac{4\ 200}{120 + 100} = 19.090\ 9$$

情境展示

（2）计算闸阀、止回阀应承担的型砂。

闸阀：120×19.090 9＝2 290.91（元）

止回阀：4 200－2 290.91＝1 909.09（元）

【业务操作】

一、编制材料耗费分配表

成本核算组根据审核后的退料凭证及材料发料凭证汇总表，编制材料耗费分配表，见表 1-16。

表 1-16

材料耗费分配表

2021 年 3 月

金额单位：元

应借科目		成本或费用项目	原材料										周转材料	合计
			直接计入	分配计入（铸铁）			分配计入（型砂）			分配计入（锤纹漆）			直接计入	
				定额耗用量	分配率	分配金额	产量	分配率	分配金额	定额成本	分配率	分配金额		
基本生产成本	闸阀	直接材料	434 180	297 600	3.022 8	899 585.28	120	19.090 9	2 290.91	3 840	1.061 4	4 075.78	14 000	1 354 131.97
	止回阀	直接材料	358 995	179 000		541 089.72	100		1 909.09	3 000		3 184.22	14 000	919 178.03
	小计	直接材料	793 175	476 600		1 440 675	220		4 200	6 840		7 260	28 000	2 273 310
	废品损失——闸阀	直接材料	288											288
制造费用	铸造车间	消耗材料	900											900
	机加工车间	消耗材料	8 800											8 800
	装配车间	消耗材料	1 100											1 100
	小计		10 800											10 800
辅助生产成本	供电车间	材料	880											880
	供水车间	材料	440											440
	小计		1 320											1 320
销售费用		广告费等	6 400											6 400
管理费用		材料费	15 000											15 000
合计			826 983			1 440 675			4 200			7 260	28 000	2 307 118

财务主管：乔宏　　　　记账：赵建业　　　　审核：魏传杰　　　　填制：王雅斌

　　材料耗费分配表属于企业内部证表，具体格式可自行设置，但作为分配表必须明确材料耗费的分配去向，并列示分配金额。

　　材料耗费分配表的"应借科目"及"成本或费用项目"栏，需根据耗费发生的部门（或地点）结合用途确定耗费的分配去向，即发生耗费应记入的账户。

　　分配表的"直接计入"栏，是指通过简单累计即可记入相应明细账的材料耗费分配金额，包括：直接材料中的直接计入成本，基本生产车间一般耗用的材料，辅助生产车间耗用的材料以及销售、行政管理等部门耗用的材料耗费分配额。

　　分配表的"分配计入"栏，是指需要通过间接计入成本的基本分配方法，计算后才能记入各品种基本生产成本明细账的分配金额。主要是直接材料中的间接计入成本，即几种产品共同消耗的材料。

　　分配表的"合计"栏，就是各成本费用明细账应承担的材料耗费总额，分别将"直接计入"金额和"分配计入"金额进行合计。

二、编制记账凭证

　　成本核算岗位根据材料耗费分配表（见表 1-16）编制材料分配的记账凭证，见表 1-17 和表 1-18。

表 1-17

记 账 凭 证

2021 年 3 月 31 日　　　　　　第 51 $\frac{1}{2}$ 号

摘要	总账科目	明细科目	借方金额									贷方金额								
			百	十	万	千	百	十	元	角	分	百	十	万	千	百	十	元	角	分
分配材料耗费	基本生产成本	闸阀		1	3	5	4	1	3	1	9	7									
	基本生产成本	止回阀			9	1	9	1	7	8	0	3									
	废品损失	闸阀					2	8	8	0	0										
	制造费用	铸造车间					9	0	0	0	0										
	制造费用	机加工车间				8	8	0	0	0	0										
	制造费用	装配车间				1	1	0	0	0	0										
合计																					

财务主管：乔宏　　　记账：赵明州　　　审核：王晓山　　　制单：王小钧

附单据　张

表 1–18

记 账 凭 证

2021 年 3 月 31 日 　　　　　　　　　　　　　第 51 $\frac{2}{2}$ 号

摘要	总账科目	明细科目	借方金额									贷方金额									
			百	十	万	千	百	十	元	角	分	百	十	万	千	百	十	元	角	分
分配材料耗费	辅助生产成本	供电车间				8	8	0	0	0	0									
	辅助生产成本	供水车间				4	4	0	0	0	0									
	销售费用					6	4	0	0	0	0									
	管理费用				1	5	0	0	0	0	0									
	原材料											2	2	7	9	1	1	8	0	0
	周转材料	木模												2	8	0	0	0	0	0
合计			2	3	0	7	1	1	8	0	0	2	3	0	7	1	1	8	0	0

附单据 张

财务主管：乔宏　　　　　记账：赵明州　　　　　审核：王晓山　　　　　制单：王小钧

三、登记各成本费用明细账

企业会计稽核人员对上述单证进行审核后，成本核算组据以登记相应成本费用明细账，如表 1–1 至表 1–10 所示。

四、传递至总账会计

成本核算组将有关凭证和材料耗费分配表传递至总账会计。

【情境小结】

材料耗费分配的工作流程如图 1–3 所示。

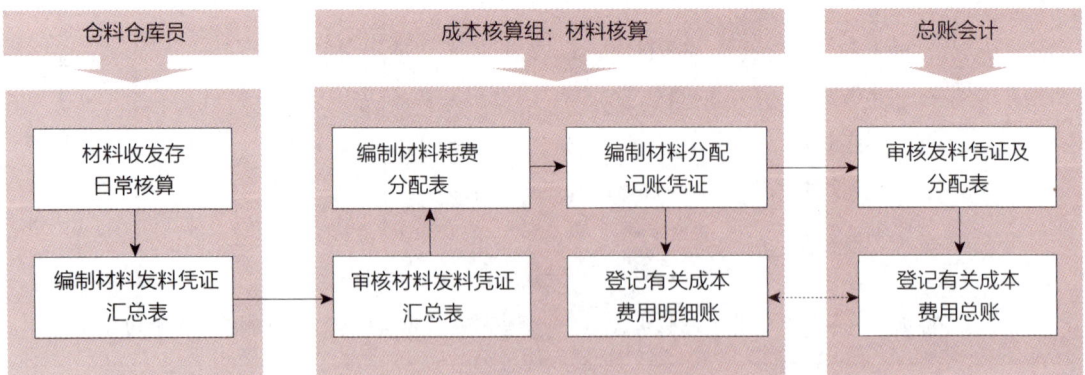

图 1–3　材料耗费分配的工作流程

学习情境三　燃料耗费的分配

　　燃料实质也是一种材料，在企业燃料消耗不多的情况下，会计人员可按"学习情境二"，将燃料列入原材料和其他材料，一并进行核算。如果燃料耗费比重大，为了加强能源的控制与管理，应增设"燃料"账户进行单独核算。月末时，编制燃料发出凭证汇总表，并将这些证表提供给成本会计岗位，进行成本核算。成本会计岗位在设置基本生产成本明细账时，可增设"直接燃料及动力"（或称"燃料及动力"）成本项目，单独反映燃料和动力耗费。

视频：燃料耗费分配

【情境导入】

　　表1–19为沃尔公司材料核算员转至成本会计岗位的燃料发料凭证汇总表。

表1–19　　　　　　　　　　燃料发料凭证汇总表

2021年3月

领料单位	材料名称	用途	单位	数量	单价/元	金额/元
铸造车间	大碳	生产闸阀、止回阀	吨	138	700	96 600
铸造车间	焦炭	生产闸阀、止回阀	吨	65	1 720	111 800
铸造车间	炉材	生产闸阀、止回阀	吨	34.6	270	9 342
供电车间	大碳	发电	吨	100	700	70 000
合　　　计						287 742

仓库主管：王敬忠　　　　材料主管：曹一平　　　　材料保管：王培利　　　　填制：冯永浩

【职业判断与基本技能】

　　审核领退料凭证和燃料发料凭证汇总表，确定燃料耗费的分配去向并计算燃料耗费分配金额。这些燃料耗费分配的职业判断与技能可比照"学习情境二——材料耗费的分配"进行。

　　根据表1–19资料，沃尔公司铸造车间生产闸阀和止回阀，消耗大碳138吨，每吨700元，计96 600元；消耗焦炭65吨，每吨1 720元，计111 800元；消耗炉材34.6吨，每吨270元，计9 342元。这些耗费无法根据燃料发料凭证汇总表确认归属闸阀还是止回阀，属于间接计入成本。需要计算才能确认闸阀、止回阀两种产品各应承担的大碳、焦炭和炉材耗费。采用产品产量比例分配法进行计算。

燃料耗费如何进行分配……

情境展示

（1）计算大碳耗费分配率及分配额。

$$\frac{大碳耗费}{分配率} = \frac{96\,600}{120 + 100} = 439.090\,9$$

$$\frac{闸阀应承担}{的大碳耗费} = 120 \times 439.090\,9 = 52\,690.91（元）$$

$$\frac{止回阀应承担}{的大碳耗费} = 96\,600 - 52\,690.91 = 43\,909.09（元）$$

（2）计算焦炭耗费分配率及分配额。

$$\frac{焦炭耗费}{分配率} = \frac{111\,800}{120 + 100} = 508.181\,8$$

$$\frac{闸阀应承担}{的焦炭耗费} = 120 \times 508.181\,8 = 60\,981.82（元）$$

$$\frac{止回阀应承担}{的焦炭耗费} = 111\,800 - 60\,981.82 = 50\,818.18（元）$$

（3）计算炉材耗费分配率及分配额。

$$\frac{炉材耗费}{分配率} = \frac{9\,342}{120 + 100} = 42.463\,6$$

$$\frac{闸阀应承担}{的炉材耗费} = 120 \times 42.463\,6 = 5\,095.63（元）$$

$$\frac{止回阀应承担}{的炉材耗费} = 9\,342 - 5\,095.63 = 4\,246.37（元）$$

■【业务操作】■

一、编制燃料耗费分配表

成本核算组根据审核后的退料凭证及燃料发料凭证汇总表，编制燃料耗费分配表，见表1-20。

二、编制记账凭证

成本核算组根据燃料耗费分配表（见表1-20）编制相应的记账凭证，见表1-21。

表 1-20

燃料耗费分配表

2021 年 3 月

金额单位：元

应借科目	成本或费用项目	直接计入金额	分配计入金额（大碳）			分配计入金额（焦炭）			分配计入金额（炉材）			合计
			产品产量/件	分配率	分配金额	产品产量	分配率	分配金额	产品产量	分配率	分配金额	
基本生产成本 闸阀	燃料及动力		120		52 690.91	120		60 981.82	120		5 095.63	118 768.36
止回阀	燃料及动力		100		43 909.09	100		50 818.18	100		4 246.37	98 973.64
小计			220	439.090 9	96 600.00	220	508.181 8	111 800.00	220	42.463 6	9 342.00	217 742.00
辅助生产成本 供电车间	燃料	70 000.00										70 000.00
小计												
合计		70 000.00			96 600.00			111 800.00			9 342.00	287 742.00

财务主管：乔宏　　记账：赵建业　　审核：魏佳杰　　填制：王雅斌

表 1-21

记 账 凭 证

2021 年 3 月 31 日   第 52 号

摘要	总账科目	明细科目	借方金额									贷方金额									
			百	十	万	千	百	十	元	角	分	百	十	万	千	百	十	元	角	分
分配燃料耗费	基本生产成本	闸阀		1	1	8	7	6	8	3	6									
	基本生产成本	止回阀			9	8	9	7	3	6	4									
	辅助生产成本	供电车间			7	0	0	0	0	0	0									
	燃料												2	8	7	7	4	2	0	0
合计			¥	2	8	7	7	4	2	0	0	¥	2	8	7	7	4	2	0	0

附单据一张

财务主管：乔宏   记账：赵明州   审核：王晓山   制单：王小钧

三、登记各成本费用明细账

企业会计稽核人员对上述单证进行审核后，成本核算组据以登记相应成本费用明细账，如表 1-1 至表 1-10 所示。

四、传递至总账会计

成本核算组将有关凭证和材料耗费分配表传递至总账会计。

■【情境小结】■

燃料耗费分配的工作流程如图 1-4 所示。

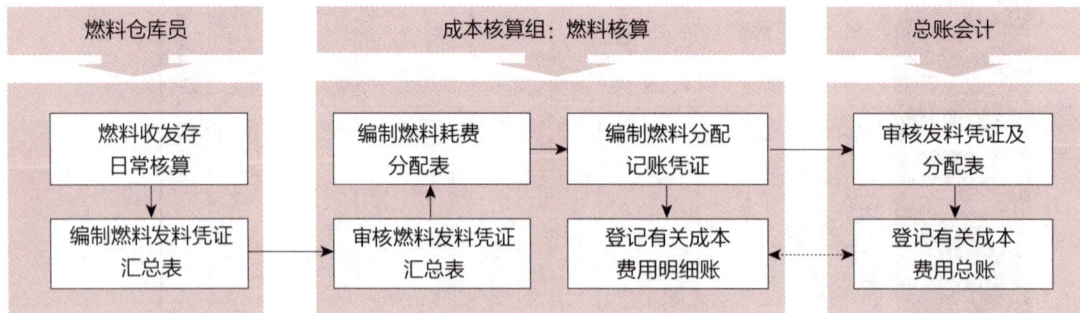

图 1-4 燃料耗费分配的工作流程

学习情境四　外购动力耗费的分配

外购动力是指企业向外单位购买的电力、蒸汽、热力等。外购动力有的直接用于产品生产，如生产工艺动力用电；有的间接用于产品生产，如生产车间照明用电；有的则用于经营管理，如企业行政管理部门照明以及办公设备用电等。本企业自产的动力不包括在内，自制动力的核算将在辅助生产成本的归集与分配中介绍。

企业动力管理部门根据查阅电表记录编制各部门用电清单，月末将用电清单传递至成本核算岗位，进行成本核算。

【情境导入】

表 1-22 为沃尔公司配电室人员传递至成本会计岗位的各部门用电清单。

表 1-22　　　　　　　　　　各部门用电清单

2021 年 3 月

用电单位	用途	用电量/千瓦时	单价/元	金额/元
机加工车间	生产用	180 000	0.8	144 000
机加工车间	照明与办公用	1 500	0.8	1 200
装配车间	生产用	160 000	0.8	128 000
装配车间	照明与办公用	2 000	0.8	1 600
销售部	业务用	2 000	0.8	1 600
财会部	办公用	1 800	0.8	1 440
厂办	办公用	2 000	0.8	1 600
开发部	办公用	1 200	0.8	960
合　计		350 500	0.8	280 400

配电室主管：许冬生　　　　查表员：芦贵成　　　　审核：马建宁　　　　填制：杨计会

【职业判断与基本技能】

一、审核外购动力耗用清单

成本核算岗位首先对配电室人员传递来的用电清单进行审核，除了审核计算结果是否正确之外，还要检查是否符合企业目标和成本计划；检查有无铺张浪费行为的发生；对存在的问题和管理制度中存在的漏洞，及时加以制止和纠正，以改善经营管理，降低消耗，提高经济效益。

二、确定外购动力的分配去向

与材料、燃料耗费一样，企业对外购动力耗费也应按照发生的部门（或地点）和用途进行分配。

（一）基本生产车间耗用的外购动力

基本生产车间耗用的外购动力按照用途不同，可分为直接用于产品生产工艺动力用电和基本生产车间照明、办公等用电。

（1）直接用于产品生产工艺动力用电，属于直接燃料及动力。例如，沃尔公司机加工车间和装配车间生产用电，应记入相应产品基本生产成本明细账的"燃料及动力"成本项目。

（2）基本生产车间照明、办公等用电，则记入制造费用明细账进行归集。月末分配记入相应产品基本生产成本明细账的"制造费用"成本项目。

（二）辅助生产车间耗用的外购动力

辅助生产部门耗用的外购动力（注：沃尔公司辅助生产车间未耗用外购电力），可按用途不同分为直接用于辅助产品生产（或劳务提供）的生产工艺动力用电和照明用电两部分。对辅助生产有以下两种处理方法。

（1）直接用于辅助产品生产工艺动力用电，应记入辅助生产成本明细账的"直接燃料及动力"成本项目。用于辅助生产车间照明用电先记入制造费用明细账进行归集。月末分配记入辅助生产成本明细账的"制造费用"成本项目。这种处理方法与基本生产类似。

（2）如果辅助生产不对外提供产品，而且辅助生产车间规模较小或辅助产品及劳务单一时，为了简化核算工作，可不设辅助生产的"制造费用"账户，辅助生产车间耗用所有电力直接全部记入辅助生产成本明细账。

（三）销售机构、行政管理部门耗用的外购电力

销售机构、行政管理部门耗用的外购电力不计入产品成本，而应分别记入"销售费用""管理费用"明细账，作为期间费用转入"本年利润"账户，冲减当期损益。

三、计算外购动力分配额

企业各车间、部门通常都按动力用电和照明用电分别装有电表，在有仪表记录的情况下，应根据仪表所示耗电量及电费单价计算应分配的外购动力耗费；但车间内的生产工艺动力用电，在生产多种产品的企业，一般无法按产品分别安装电表，因而生产工艺动力用电耗费属于间接计入成本，需要采用间接计入成本的基本分配方法在各种产品之间进行分配。分配动力耗费的标准通常有：生产工时、机器工时、机器功率时数和定额耗电量等。

表1-22显示，2021年3月，沃尔公司机加工车间生产闸阀、止回阀，共耗用外购电力180 000千瓦时，单价0.8元，计144 000元。采用机器工时比例分配法计

算闸阀、止回阀两种产品各应承担的外购电力。

机器工时比例分配法……

情境展示

（1）根据表 1-15 资料，计算机加工车间闸阀、止回阀机器工时。

闸阀：机器工时 = 33 × 120 = 3 960（小时）

止回阀：机器工时 = 34 × 100 = 3 400（小时）

（2）计算外购动力耗费分配率。

$$外购动力耗费分配率 = \frac{144\ 000}{3\ 960 + 3\ 400} = 19.565\ 2$$

（3）计算闸阀、止回阀应承担的外购动力。

闸阀：外购动力 = 3 960 × 19.565 2 = 77 478.19（元）

止回阀：外购动力 = 144 000 − 77 478.19 = 66 521.81（元）

表 1-22 显示，2021 年 3 月，沃尔公司装配车间生产闸阀、止回阀，共耗用外购电力 160 000 千瓦时，单价 0.8 元，计 128 000 元。采用定额工时比例分配法计算闸阀、止回阀两种产品各应承担的外购电力。

定额工时比例分配法……

情境展示

（1）根据表 1-15 资料，计算装配车间闸阀、止回阀定额工时。

闸阀：定额工时 = 32 × 120 = 3 840（小时）

止回阀：定额工时 = 30 × 100 = 3 000（小时）

（2）计算外购动力耗费分配率。

$$外购动力耗费分配率 = \frac{128\ 000}{3\ 840 + 3\ 000} = 18.713\ 5$$

（3）计算闸阀、止回阀应承担的外购动力。

闸阀：外购动力 = 3 840 × 18.713 5 = 71 859.84（元）

止回阀：外购动力 = 128 000 − 71 859.84 = 56 140.16（元）

【业务操作】

一、编制外购动力耗费分配表

成本核算组根据审核后的各部门用电清单，编制外购动力耗费分配表，见表 1-23。

二、编制记账凭证

成本核算组根据外购动力耗费分配表（见表 1-23）编制相应记账凭证，如表 1-24 和表 1-25 所示。

三、登记各成本费用明细账

企业会计稽核人员对上述单证进行审核后，成本核算据以登记各成本费用明细账，见表 1-1 至表 1-10。

表 1-23   外购动力耗费分配表

2021 年 3 月   金额单位：元

应借科目		成本或费用项目	直接计入	分配计入（机加工车间）			分配计入（装配车间）			合计
				机器工时/小时	分配率	分配金额	定额工时/小时	分配率	分配金额	
基本生产成本	闸阀	燃料及动力		3 960		77 478.19	3 840		71 859.84	149 338.03
	止回阀	燃料及动力		3 400		66 521.81	3 000		56 140.16	122 661.97
	小计			7 360	19.565 2	144 000.00	6 840	18.713 5	128 000.00	272 000.00
制造费用	机加工车间		1 200							1 200.00
	装配车间	水电费	1 600							1 600.00
销售费用		其他等	1 600							1 600.00
管理费用		水电费	4 000							4 000.00
合计			8 400			144 000.00			128 000.00	280 400.00

财务主管：乔宏   记账：赵明州   审核：王晓山   填制：赵建业

表 1-24

记 账 凭 证

2021 年 3 月 31 日   第 53 $\frac{1}{2}$ 号

摘要	总账科目	明细科目	借方金额								贷方金额							
			百	十	万	千	百	十	元	角	分	百	十	万	千	百	十	元	角	分
分配外购电力	基本生产成本	闸阀		1	4	9	3	3	8	0	3								
	基本生产成本	止回阀		1	2	2	6	6	1	9	7								
	制造费用	机加工车间				1	2	0	0	0	0								
	制造费用	装配车间				1	6	0	0	0	0								
	销售费用					1	6	0	0	0	0								
	管理费用					4	0	0	0	0	0								
合计																			

附单据张

财务主管：乔宏   记账：赵明州   审核：王晓山   制单：王小钧

表 1-25

记 账 凭 证

2021 年 3 月 31 日

第 53 $\frac{2}{2}$ 号

摘要	总账科目	明细科目	借方金额										贷方金额										
			百	十	万	千	百	十	元	角	分		百	十	万	千	百	十	元	角	分	
分配外购电力	应付账款														2	8	0	4	0	0	0	0	
合计			¥	2	8	0	4	0	0	0	0		¥	2	8	0	4	0	0	0	0	

附单据　张

财务主管：乔宏　　　记账：赵明州　　　审核：王晓山　　　制单：王小钧

四、传递至总账会计和往来会计

成本核算组将有关凭证和外购动力耗费分配表传递至总账会计和往来会计。

■【情境小结】■

外购动力耗费分配工作流程如图 1-5 所示。

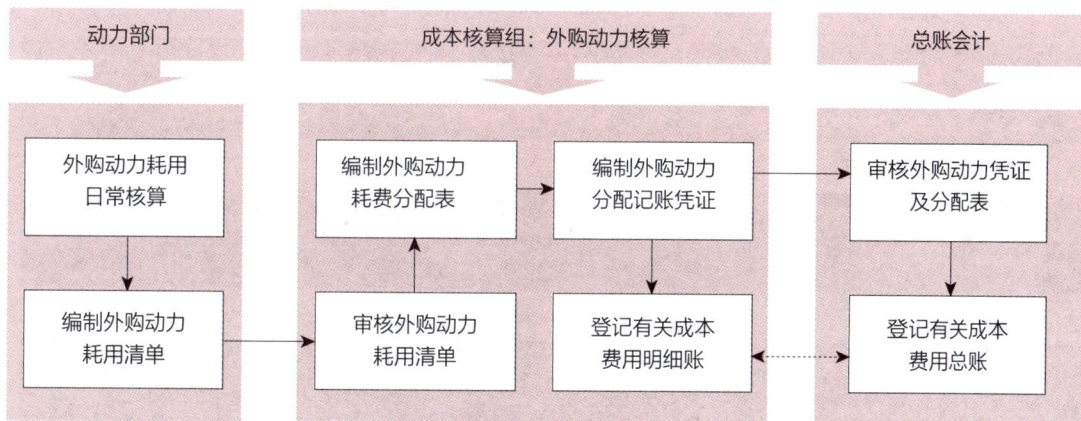

图 1-5　外购动力耗费分配工作流程

学习情境五　职工薪酬耗费的分配

视频：职工薪酬分配的核算

职工薪酬，是指企业为获得职工提供的劳务而给予各种形式的报酬以及其他相关支出。职工薪酬包括：①职工工资、奖金、津贴和补贴；②职工福利费；③医疗保险费、养老保险费、失业保险费、工伤保险费和生育保险费等社会保险费；④住房公积金；⑤工会经费和职工教育经费；⑥非货币性福利；⑦因解除与职工的劳动关系而给予的补偿；⑧其他与获得职工提供的服务相关的支出。

职工薪酬的核算包括结算和分配两个部分，企业劳资员进行职工薪酬的结算，他们根据职工考勤记录、工票、个人福利支出等原始单据，计算并编制职工薪酬结算单以及职工薪酬结算汇总表，月末将上述单证传递至成本核算岗位，进行职工薪酬的分配。

【情境导入】

表 1-26 和表 1-27 是企业劳资员传递至成本核算岗位的职工薪酬结算单及职工薪酬结算汇总表。

表 1-26　　　　　　　　　　　职工薪酬结算单

机加工车间　　　　　　　　　　2021 年 3 月　　　　　　　　　单位：元

姓名	基本工资	奖金	津贴和补贴		加班加点工资	应扣工资		其他薪酬	应付薪酬	各项扣款			实发薪酬
			夜班	误餐		病假	事假			电费	水费	小计	
芦贵成	1 200	2 000	30	60	300		200	300	3 690	168.24	88.60	256.84	3 433.16
杨计会	800	2 000	50	60	400		100	300	3 510	126.88	68.36	195.24	3 314.76
马建宁	800	2 000		60	400		100	300	3 460	200.56	78.22	278.78	3 181.22
张万河	1 000	2 000		60	400		100	300	3 660	230.56	81.22	311.78	3 348.22
合 计	42 000	60 000	3 200	6 000	11 000	300	7 200	8 000	122 700	5 100.28	2 610.82	7 711.10	114 988.90

②送财务部门

财务主管：乔宏　　　　　　　审核：王晓山　　　　　　　填制：赵建业

表 1-27

职工薪酬结算汇总表

2021 年 3 月

单位：元

部门名称	人员类别	人数	基本工资	奖金	津贴和补贴		加班加点工资	应扣工资		其他薪酬	应付薪酬	各项扣款			实发薪酬	部门工资核算员签章
					夜班	误餐		病假	事假			电费	水费	小计		
铸造车间	生产工人		32 000	51 000	2 080	2 000	9 800	280	6 000	7 000	97 600	4 800.22	2 060.68	6 860.90	90 739.10	李翠萍
	管理人员		11 000	19 500	1 020	4 000	2 300	80	2 300	3 200	38 640	1 200.65	650.55	1 851.20	36 788.80	
机加工车间	生产工人		31 200	43 200	2 100	3 000	7 000		2 000	5 600	90 100	3 100.20	1 800.20	4 900.40	85 199.60	朱建平
	管理人员		10 800	16 800	1 100	3 000	4 000	300	5 200	2 400	32 600	2 000.08	810.62	2 810.70	29 789.30	
装配车间	生产工人		21 200	36 320	3 200	5 000	10 200	120	2 000	6 600	80 400	2 315.88	1 360.36	3 676.24	76 723.76	王桂莲
	管理人员		12 400	16 200	1 300	4 500	3 500	200	860	3 100	39 940	863.22	863.27	1 726.49	38 213.51	
供电车间	生产工人		8 860	21 000	980	2 300	2 600	80	230	2 600	38 030	899.32	653.21	1 552.53	36 477.47	简平
	管理人员		3 200	8 640	1 260	960	986		60	890	15 876	265.87	165.33	431.20	15 444.80	
供水车间	生产工人		3 520	2 000	870	600	300	80		650	7 940	221.28	126.94	348.22	7 591.78	杜慧芬
	管理人员		1 650	200	430	250	180			260	2 890	85.69	53.55	139.24	2 750.76	
销售部人员			3 200	28 010	680	860	910			650	34 310	230.65	126.33	356.98	33 953.02	杨计会
厂部人员			12 500	43 200	1 600	3 600	4 600		260	2 640	67 880	680.56	432.61	1 113.17	66 766.83	
合　计			151 530	286 070	16 620	30 070	46 376	1 140	18 910	35 590	546 206	16 663.62	9 103.65	25 767.27	520 438.73	

财务主管：乔宏　　　　审核：王晓山　　　　填制：王虎龙

【职业判断与基本技能】

一、审核职工薪酬结算单及结算汇总表

成本核算岗位对职工薪酬结算单以及职工薪酬结算汇总表进行审核。监督薪酬支出的合法性，检查是否符合国家的有关法律、制度，限制企业高级管理人员薪酬过高的现象。监督薪酬支出的合理性，检查是否存在同工不同酬现象；对成本管理中存在的问题和管理制度中存在的漏洞及时加以制止和纠正。

二、确定职工薪酬耗费的分配去向

企业应按照职工薪酬耗费发生的部门（或地点）以及用途进行分配，计入产品成本或当期损益。

（一）基本生产车间人员的职工薪酬

基本生产车间人员的职工薪酬按照用途不同可分为：直接从事产品生产的生产工人职工薪酬属于直接人工，应记入基本生产成本明细账的"直接人工"成本项目；基本生产车间管理人员的职工薪酬（包括除了从事产品生产工人以外的其他人员的职工薪酬，如辅助工人），则记入"制造费用明细账"进行归集，月末分配记入基本生产成本明细账的"制造费用"成本项目。

（二）辅助生产车间人员的职工薪酬

对于辅助生产车间人员的职工薪酬，按照用途不同，也可分为直接从事产品生产的工人职工薪酬和车间管理人员的职工薪酬两部分。对辅助生产人员的职工薪酬有以下两种处理方法。

（1）直接从事产品生产的工人职工薪酬，应记入"辅助生产成本明细账"的"直接人工"成本项目。辅助生产车间管理人员的职工薪酬先记入"制造费用明细账"进行归集，月末分配记入辅助生产成本明细账的"制造费用"成本项目。这种处理方法与基本生产类似。

（2）如果辅助生产不对外提供产品，而且辅助生产车间规模较小、辅助产品或劳务单一时，为了简化核算工作，可不设辅助生产的"制造费用"账户，辅助生产车间所有人员的职工薪酬直接全部记入"辅助生产成本明细账"。

（三）销售机构、行政管理部门人员的职工薪酬

销售机构、行政管理部门人员的职工薪酬不计入产品成本，而应分别记入"销售费用""管理费用"明细账，作为期间费用转入"本年利润"账户，冲减当期损益。

三、确定直接人工耗费的分配方法

作为职工薪酬的组成内容中的计件工资是根据产量和工时记录中登记的每一生产工人（或某一生产班组）完成的工作量，按照事前规定的相应产品的单位工作量工资（或称计件单价）计算的。由于计件工资要分产品计算，可以直接分清耗费所归属的产品，所以生产工人的计件工资是直接计入产品成本的，可根据职工薪酬结

算汇总表直接计入基本生产成本明细账的"直接人工"项目。

职工薪酬的组成内容包括计时工资、奖金、津贴和补贴、职工福利费、医疗保险费、养老保险费、失业保险费、工伤保险费、生育保险费等社会保险费，住房公积金、工会经费、职工教育经费、非货币性福利，以及其他与获得职工提供服务相关的支出等。这些职工薪酬通常无法直接分清应归属的产品，因而通常间接计入成本。

以上职工薪酬，在生产多种产品时属于间接计入成本，因而应按产品的生产工时、机器工时、定额工时比例等分配标准，计算分配计入基本生产成本明细账的"直接人工"项目。其分配程序是：

首先，以实际工时、定额工时、机器工时等为分配标准，计算职工薪酬耗费分配率。

其次，计算各种产品应分配的职工薪酬耗费。

计算公式如下：

$$\frac{职工薪酬}{耗费分配率} = \frac{某车间生产工人职工薪酬总额}{该车间产品生产工时（实际、定额或机器）总数}$$

$$\frac{某种产品应负担}{的职工薪酬耗费} = \frac{该种产品}{生产工时} \times \frac{职工薪酬}{耗费分配率}$$

表1-27显示，2021年3月，沃尔公司铸造车间生产闸阀、止回阀以及修复废品发生直接人工费共计97 600元，生产工时等资料见表1-15。采用生产工时比例法分配计算闸阀、止回阀，以及修复废品各应承担的职工薪酬耗费（废品发生情况参见表1-62）。

（1）计算闸阀、止回阀及修复废品的实际生产工时。

闸阀的实际生产工时：$76.25 \times 120 = 9\ 150$（小时）

止回阀的实际生产工时：$52 \times 100 = 5\ 200$（小时）

修复废品的实际生产工时：$20 \times 6 = 120$（小时）

（2）计算职工薪酬耗费分配率。

$$\frac{职工薪酬}{耗费分配率} = \frac{97\ 600}{9\ 150 + 5\ 200 + 120} = 6.745$$

（3）计算闸阀、止回阀及修复废品应承担的职工薪酬耗费。

闸阀应承担的职工薪酬耗费：$9\ 150 \times 6.745 = 61\ 716.75$（元）

止回阀应承担的职工薪酬耗费：$5\ 200 \times 6.745 = 35\ 074$（元）

修复废品应承担的职工薪酬耗费：$97\ 600 - 61\ 716.75 - 35\ 074 = 809.25$（元）

铸造车间薪酬……

情境展示

机工车间薪酬……

情境展示

表1-27显示，2021年3月，沃尔公司机加工车间生产闸阀、止回阀共发生直接人工费共计90 100元，定额工时等资料见表1-15。采用定额工时比例法分配计算闸阀、止回阀各应承担的职工薪酬耗费。

（1）计算闸阀、止回阀的定额工时。

闸阀的定额工时：$35 \times 120 = 4\ 200$（小时）

止回阀的定额工时：$35 \times 100 = 3\ 500$（小时）

（2）计算职工薪酬耗费分配率。

$$职工薪酬耗费分配率 = \frac{90\ 100}{4\ 200 + 3\ 500} = 11.701\ 3$$

（3）计算闸阀、止回阀应承担的职工薪酬耗费。

闸阀的职工薪酬耗费：$4\ 200 \times 11.701\ 3 = 49\ 145.46$（元）

止回阀的职工薪酬耗费：$90\ 100 - 49\ 145.46 = 40\ 954.54$（元）

装配车间薪酬……

情境展示

表1-27显示，2021年3月，沃尔公司装配车间生产闸阀、止回阀共发生直接人工费共计80 400元，定额工时等资料见表1-15。采用定额工时比例法分配计算闸阀、止回阀各应承担的职工薪酬耗费。

（1）计算闸阀、止回阀的定额工时。

闸阀的定额工时：$32 \times 120 = 3\ 840$（小时）

止回阀的定额工时：$30 \times 100 = 3\ 000$（小时）

（2）计算职工薪酬耗费分配率。

$$职工薪酬耗费分配率 = \frac{80\ 400}{3\ 840 + 3\ 000} = 11.754\ 4$$

（3）计算闸阀、止回阀应承担的职工薪酬耗费。

闸阀应承担的职工薪酬耗费：$3\ 840 \times 11.754\ 4 = 45\ 136.90$（元）

止回阀应承担的职工薪酬耗费：$80\ 400 - 45\ 136.80 = 35\ 263.10$（元）

■【业务操作】■

一、编制职工薪酬耗费分配表

成本核算组根据审核后的职工薪酬结算汇总表，编制职工薪酬耗费分配表，如表1-28所示。

表 1-28

职工薪酬耗费分配表

2021 年 3 月

单位: 元

应借科目	成本或耗费项目	直接计入	分配计入(铸造车间)			分配计入(机加工车间)			分配计入(装配车间)			合 计
			生产工时	分配率	分配金额	定额工时	分配率	分配金额	定额工时	分配率	分配金额	
基本生产成本	闸阀 直接人工		9 150		61 716.75	4 200		49 145.46	3 840		45 136.90	155 999.11
	止回阀 直接人工		5 200		35 074.00	3 500		40 954.54	3 000		35 263.10	111 291.64
	小计		14 350		96 790.75	7 700		90 100.00	6 840		80 400.00	267 290.75
废品损失——闸阀			120		809.25							809.25
合计			14 470	6.745 0	97 600.00	7 700	11.701 3	90 100.00	6 840	11.754 4	80 400.00	268 100.00
制造费用	铸造车间 薪酬耗费	38 640										38 640.00
	机加工车间 薪酬耗费	32 600										32 600.00
	装配车间 薪酬耗费	39 940										39 940.00
	小计	111 180										111 180.00
辅助生产成本	供电车间 薪酬耗费	53 906										53 906.00
	供水车间 薪酬耗费	10 830										10 830.00
	小计	64 736										64 736.00
销售费用	薪酬耗费	34 310										34 310.00
管理费用	薪酬耗费	67 880										67 880.00
总计		278 106			97 600.00			90 100.00			80 400.00	546 206.00

财务主管:乔宏　　记账:赵明州　　审核:王晓山　　填制:王雅斌

二、编制记账凭证

成本核算组根据表1-28职工薪酬耗费分配表,编制相应记账凭证,如表1-29和表1-30所示。

表1-29

记 账 凭 证

2021 年 3 月 31 日　　　　　　　　　　　　　　　　　第 54 $\frac{1}{2}$ 号

摘要	总账科目	明细科目	借方金额									贷方金额									
			百	十	万	千	百	十	元	角	分	百	十	万	千	百	十	元	角	分
分配薪酬	基本生产成本	闸阀		1	5	5	9	9	9	1	1									
	基本生产成本	止回阀		1	1	1	2	9	1	6	4									
	废品损失	闸阀					8	0	9	2	5									
	制造费用	铸造车间			3	8	6	4	0	0	0									
	制造费用	机加工车间			3	2	6	0	0	0	0									
	制造费用	装配车间			3	9	9	4	0	0	0									
合计																					

财务主管:乔宏　　　　记账:赵明州　　　　审核:王晓山　　　　制单:王小钧

附单据　张

表1-30

记 账 凭 证

2021 年 3 月 31 日　　　　　　　　　　　　　　　　　第 54 $\frac{2}{2}$ 号

摘要	总账科目	明细科目	借方金额									贷方金额									
			百	十	万	千	百	十	元	角	分	百	十	万	千	百	十	元	角	分
	辅助生产成本	供电车间			5	3	9	0	6	0	0									
	辅助生产成本	供水车间			1	0	8	3	0	0	0									
	销售费用					3	4	3	1	0	0									
	管理费用					6	7	8	8	0	0									
	应付职工薪酬													5	4	6	2	0	6	0	0
合计			￥		5	4	6	2	0	6	0	0	￥		5	4	6	2	0	6	0	0

财务主管:乔宏　　　　记账:赵明州　　　　审核:王晓山　　　　制单:王小钧

附单据　张

三、登记各成本费用明细账

企业会计稽核人员对上述单证进行审核后，成本核算组据以登记各成本费用明细账，见表 1-1 至表 1-10。

四、传递至总账会计

成本核算组将有关凭证和职工薪酬耗费分配表传递至总账会计。

■■ 【情境小结】 ■■

职工薪酬耗费分配工作流程如图 1-6 所示。

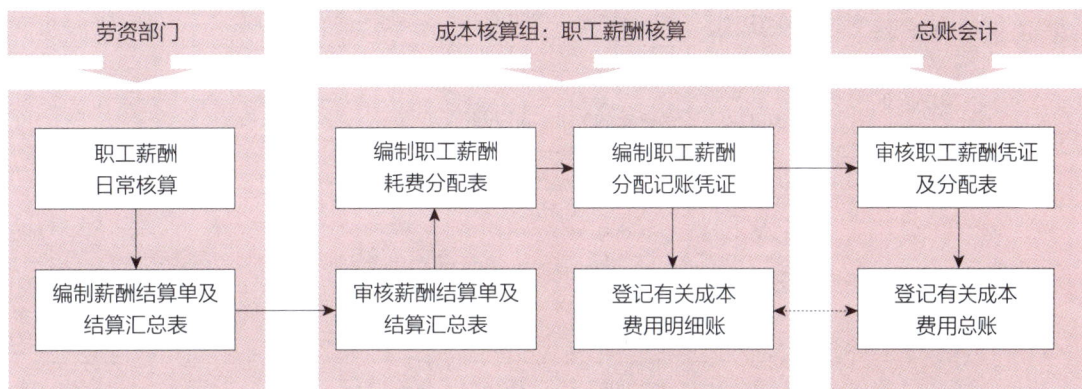

劳资部门	成本核算组：职工薪酬核算		总账会计
职工薪酬 日常核算	编制职工薪酬 耗费分配表	编制职工薪酬 分配记账凭证	审核职工薪酬凭证 及分配表
编制薪酬结算单及 结算汇总表	审核薪酬结算单及 结算汇总表	登记有关成本 费用明细账	登记有关成本 费用总账

图 1-6　职工薪酬分配工作流程

■■ 学习情境六　固定资产折旧费的分配

固定资产在长期使用过程中，虽然保持着原有的实物形态，但其价值会随着固定资产的损耗而逐渐减少。固定资产由于损耗而减少的价值就是固定资产折旧。折旧费按固定资产的使用部门结合不同用途进行汇总后，分配计入产品成本或期间费用。

企业固定资产核算员负责进行固定资产的取得、持有、处置等日常核算，并按使用情况编制固定资产折旧计算表，月末将折旧计算表传递至成本核算岗位，进行成本核算。

固定资产折旧……

视频：折旧
费的分配

■【情境导入】■

表 1-31 为企业固定资产核算员传递至成本核算岗位的固定资产折旧计算表。

表 1-31   固定资产折旧计算表

2021 年 3 月   单位：元

使用部门	固定资产项目	上月折旧额	上月增加固定资产		上月减少固定资产		本月折旧额
			原值	折旧额	原值	折旧额	
铸造车间	厂房	3 500	—	—	—	—	3 500
	机器设备	6 810	700 000	3 500	200 000	1 000	9 310
	小计	10 310	700 000	3 500	200 000	1 000	12 810
机加工车间	厂房	3 600	—	—	—	—	3 600
	机器设备	7 800	90 000	4 500			12 300
	小计	11 400	90 000	4 500			15 900
装配车间	厂房	3 600	—	—	—	—	3 600
	机器设备	3 500	—	—	—	—	3 500
	小计	7 100					7 100
供电车间	厂房	2 800	21 000	420	—	—	3 220
	机器设备	3 100	13 000	650			3 750
	小计	5 900	34 000	1 070			6 970
供水车间	厂房	500					500
	机器设备	800					800
	小计	1 300					1 300
销售部	房屋	650	—	—	—	—	650
	办公设备	450	5 200	260	—	—	710
	小计	1 100	5 200	260			1 360
厂部	房屋	4 600	24 500	490	—	—	5 090
	办公设备	3 600	17 400	870			4 470
	汽车	2 600	180 000	1 800			4 400
	小计	10 800	221 900	3 160			13 960
合计		47 910		12 490		1 000	59 400

财务主管：乔宏   记账：王雅斌   审核：赵建业   填制：魏传杰

【职业判断与基本技能】

一、审核固定资产折旧计算表

成本核算岗位首先对由固定资产核算员传递来的固定资产折旧计算表进行审核，监督固定资产使用的合法性，检查是否符合国家有关法律、制度，有无违法乱纪、违反会计制度的现象。监督固定资产使用的合理性，处置闲置设备；减少非生产用固定资产，对固定资产管理中存在的问题和管理制度中存在的漏洞，及时加以制止和纠正，以改善经营管理，降低消耗，提高经济效益。

二、确定折旧费的分配去向

（一）基本生产车间固定资产的折旧费

机器设备折旧费从性质上看是基本耗费，因此当折旧费在产品成本中占有较大比重时，应单独设置成本项目列示，特别是一些只为某一特定产品生产使用的专用设备，可以单独设置成本项目予以反映。但是由于一般企业固定资产折旧费在产品成本中所占比重不大，且大多数企业固定资产的使用与多种产品有关，一种产品往往需要用多台机床加工，一台机床又可能加工多种产品。因此，为了简化成本核算工作，机器设备的折旧费和房屋建筑物的折旧费一样作为间接成本先归集记入"制造费用明细账"，月末随同其他间接成本一起分配记入"基本生产成本明细账"。

（二）辅助生产部门固定资产的折旧费

辅助生产部门固定资产的折旧费同基本生产车间一样，也应计入辅助生产部门的制造费用，月末随同其他制造费用一起分配计入相应辅助生产成本。如果辅助生产部门不单独核算制造费用，则其固定资产折旧费直接记入"辅助生产成本明细账"。

（三）企业行政管理部门和专设销售机构固定资产的折旧费

企业行政管理部门所使用的固定资产，其折旧费记入"管理费用明细账"。专设销售机构所使用的固定资产，其折旧费记入"销售费用明细账"。

表1-31显示，2021年3月份，沃尔公司铸造车间造价70万元的炼铁高炉竣工并投入使用，同时废弃能耗高、污染严重、原价为20万元的小高炉。

折旧额的计算……

情境展示

企业会计准则关于"固定资产后续计量"的规定：当月增加的固定资产当月不计提折旧，从次月开始计提，当月减少的固定资产当月仍然提取折旧，下月起停止计提折旧。

据此，铸造车间3月份机器设备折旧额计算如下：

$$\text{铸造车间3月份机器设备折旧额} = \text{2月份折旧额} + \text{2月份增加的固定资产折旧额} - \text{2月份减少的固定资产折旧额}$$

$$= 6\,810 + 3\,500 - 1\,000$$

$$= 9\,310（元）$$

从空间范围看，除了已提足折旧仍继续使用的固定资产、单独计价入账的土地，以及经营性租入的固定资产（因不属于企业的资产）不计提折旧外，其他所有的固定资产均应计提折旧。

从时间范围看，当月增加的固定资产，当月不提折旧，从下月起计提折旧；当月减少的固定资产，当月仍计提折旧，从下月起不计提折旧。

提示窗
固定资产计提折旧的范围……

【业务操作】

一、编制折旧费分配表

成本核算组根据审核后的折旧计算表，编制折旧费分配表，见表 1-32。

表 1-32   折旧费分配表

2021 年 3 月

应借科目		成本或费用项目	金额 / 元
制造费用	铸造车间	折旧费	12 810
	机加工车间	折旧费	15 900
	装配车间	折旧费	7 100
	小计	折旧费	35 810
辅助生产成本	供电车间	折旧费	6 970
	供水车间	折旧费	1 300
	小计	折旧费	8 270
销售费用		折旧费	1 360
管理费用		折旧费	13 960
合计			59 400

财务主管：乔宏   记账：赵建业   审核：王晓山   填制：王小钧

二、编制记账凭证

成本核算组根据折旧费分配表编制相应记账凭证，见表 1-33 和表 1-34。

表 1-33

记 账 凭 证

2021 年 3 月 31 日　　　　　　　　第 55 $\frac{1}{2}$ 号

摘要	总账科目	明细科目	借方金额 百	十	万	千	百	十	元	角	分	贷方金额 百	十	万	千	百	十	元	角	分
计提折旧	制造费用	铸造车间		1	2	8	1	0	0	0	0									
	制造费用	机加工车间			1	5	9	0	0	0	0									
	制造费用	装配车间				7	1	0	0	0	0									
	辅助生产成本	供电车间				6	9	7	0	0	0									
	辅助生产成本	供水车间				1	3	0	0	0	0									
	销售费用					1	3	6	0	0	0									
合计																				

财务主管：乔宏　　　记账：赵建业　　　审核：王晓山　　　制单：王小钧

附单据　张

表 1-34

记 账 凭 证

2021 年 3 月 31 日　　　　　　　　第 55 $\frac{2}{2}$ 号

摘要	总账科目	明细科目	借方金额 百	十	万	千	百	十	元	角	分	贷方金额 百	十	万	千	百	十	元	角	分
	管理费用					1	3	9	6	0	0									
	累计折旧													5	9	4	0	0	0	0
合计					¥	5	9	4	0	0	0	0		¥	5	9	4	0	0	0	0

财务主管：乔宏　　　记账：赵建业　　　审核：王晓山　　　制单：王小钧

附单据　张

三、登记各成本费用明细账

企业会计稽核人员对上述单证进行审核后，成本核算组据以登记各成本费用明细账，见表1-3至表1-10。

四、传递至总账会计

成本核算组将有关凭证和折旧费分配表传递至总账会计。

【情境小结】

固定资产折旧费分配工作流程如图1-7所示。

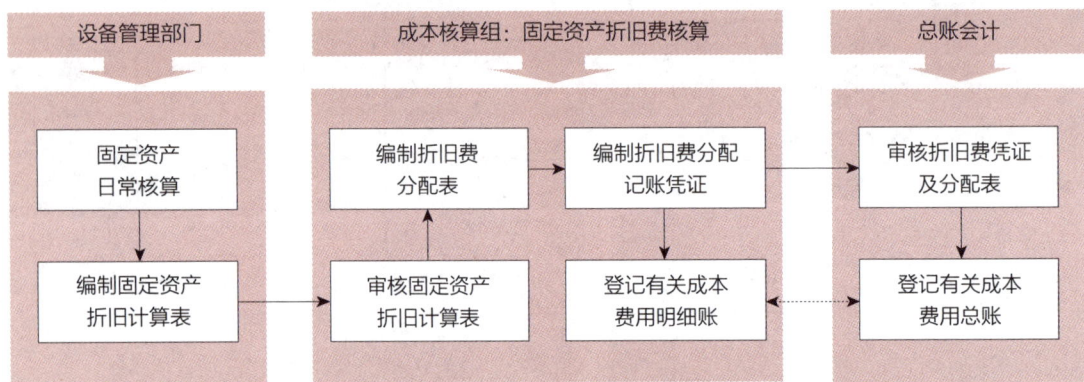

图1-7　固定资产折旧费分配工作流程

▌▌学习情境七　利息及其他支出的分配

利息及其他支出……

企业生产经营活动中发生的要素耗费，除了材料、燃料及动力、职工薪酬和固定资产折旧外，还包括部分利息和其他支出。

要素耗费中的利息费用是指借款费用中除了予以资本化以外的其他借款利息支出，包括短期借款利息、应付票据利息、票据贴现利息减去银行存款利息收入后的净额等。利息费用作为期间费用中财务费用的组成项目，不构成产品的生产成本。

要素耗费中的其他支出，包括固定资产修理费、差旅费、邮电费、保险费、劳动保护费（简称"劳保费"）、运输费、办公费、水电费、技术转让费、业务接待费、租赁费、印刷费、职工技术培训费及图书报刊资料、办公用品订购费等。这些支出有的计入产品成本，有的计入期间费用，企业应按照其发生的地点和用途进行分配。

　　企业财会部门出纳人员办理现金、银行存款的结算，登记现金日记账和银行存款日记账，定期填写利息及其他支出明细表，月末将其传递至成本核算岗位，进行成本核算。

【情境导入】

　　表1-35为沃尔公司出纳人员传递至成本核算岗位的利息及其他支出明细表。

表1-35　　　　　　　　　　　　利息及其他支出明细表

2021年3月　　　　　　　　　　　　　　　　　　　金额单位：元

部门或用途	利息	差旅费	劳保费	邮电费	招待费	修理费	办公费	其他	合计
铸造车间	—		5 800	120	—	120	6 500	1 800	14 340
机加工车间	—		5 100	100	—	260	6 500	1 650	13 610
装配车间	—		5 600	90	—	9 800	7 200	1 365	24 055
供电车间	—		4 300	80	—	200	3 650	1 120	9 350
供水车间	—		990	60	—	100	890	1 154	3 194
销售部		6 360		560	—		4 600	1 136	12 656
厂部	—	16 360		1 200	9 868	650	12 650	8 600	49 328
筹资	12 000	—	—	—	—	—	—		12 000
合计	12 000	22 720	21 790	2 210	9 868	11 130	41 990	16 825	138 533

财务主管：乔宏　　　　　记账：赵建业　　　　　审核：王晓山　　　　　填制：王虎龙

【职业判断与基本技能】

一、审核货币支出明细表

　　成本核算岗位首先对由出纳传递来的利息及其他支出明细表进行审核，检查有无存在收支业务不符合相关法律、法规及内部规定的行为，如货币支出未得到适当授权批准，虚假的付款申请被执行等；监督有关支出的合理性，看是否符合企业目标和成本计划；检查有无铺张、浪费的行为发生。经审核，要对货币资金管理中存在的问题和管理制度中存在的漏洞，及时加以制止和纠正。

二、确定利息以及其他支出的分配去向

　　（1）利息费用一般按季支付，季末结算或到期还本时付息。实际支付利息时应借记"财务费用"账户，贷记"银行存款"账户；当跨年度支付利息费用时，应在年末将属于本年度负担的利息，借记"财务费用"账户，贷记"应付利息"账户。

（2）要素耗费中的其他支出，包括固定资产修理费、差旅费、邮电费、保险费、劳动保护费、运输费、办公费、水电费、技术转让费、业务接待费、租赁费、印刷费、职工技术培训费及图书报刊资料、办公用品订购费等，其分配去向应按照其发生的地点和用途，借记"管理费用""制造费用"等账户，贷记"库存现金""银行存款"等账户。凡属于基本生产车间发生的，如基本生产车间的订阅报刊费、差旅费等，应作为车间发生的间接成本，记入"制造费用明细账"的有关项目。凡属于辅助生产车间发生的单独核算辅助生产的制造费用时，记入"制造费用明细账"；不单独核算制造费用时，则记入"辅助生产成本明细账"的有关项目。凡属于行政管理部门发生的，应记入"管理费用明细账"的有关项目。属于销售过程及销售机构发生的，应记入"销售费用明细账"的有关项目。对跨期生产耗费，如车间预付的财产保险费、年终支付当年的固定资产租赁费等，应根据权责发生制的原则记入"待摊费用"或"预提费用"账户。

表 1-35 显示，铸造车间、机加工车间及装配车间，发生劳保费、办公费、修理费等支出分别为 14 340 元、13 610 元和 24 055 元。

劳保费……
办公费……
修理费……

情境展示

发生在基本生产车间的固定资产修理费，是为确保生产车间的正常工作状态而对固定资产进行的必要维护，该项支出并不产生未来的经济利益，不符合资产的确认条件，既不能计入产品成本，又不能计入固定资产的价值，属于费用化支出，应直接计入当期损益。因此，在对上述发生在基本生产车间的支出进行分配时，应将其中的修理费进行剥离记入"管理费用"账户，其余支出记入"制造费用"账户。

铸造车间制造费用 = 14 340 - 120 = 14 220（元）

机加工车间制造费用 = 13 610 - 260 = 13 350（元）

装配车间制造费用 = 24 055 - 9 800 = 14 255（元）

同样，供电车间、供水车间发生的固定资产修理费也不计入水电成本，而是记入"管理费用"账户。

STOP GO

修理费用的账务处理……

提示窗

2017 年颁布的《企业会计准则》规定，除了销售机构的固定资产修理费用计入销售费用外，其他所有部门（包括生产车间）发生的固定资产修理费用均计入管理费用。

■【业务操作】■

一、编制利息及其他支出分配表

成本核算组根据审核后的利息及其他支出明细表，编制利息及其他支出分配表，如表 1-36 所示。

表 1-36   利息及其他支出分配表

2021 年 3 月   单位：元

应借科目		成本或费用项目	金额
制造 费用	铸造车间	劳保费、办公费、其他	14 220
	机加工车间	劳保费、办公费、其他	13 350
	装配车间	劳保费、办公费、其他	14 255
	小计		41 825
辅助 生产 成本	供电车间	劳保费、办公费、其他	9 150
	供水车间	劳保费、办公费、其他	3 094
	小计		12 244
销售费用		差旅费、其他	12 656
管理费用		差旅费、办公费、招待费、其他	59 808
财务费用		利息费用	12 000
合计			138 533

财务主管：乔宏   记账：赵建业   审核：王晓山   填制：赵建业

二、编制记账凭证

成本核算组根据利息和其他支出分配表编制相应记账凭证，如表 1-37 和表 1-38 所示。

表 1-37

记 账 凭 证

2021 年 3 月 31 日   第 56 $\frac{1}{2}$ 号

摘要	总账科目	明细科目	借方金额									贷方金额									
			百	十	万	千	百	十	元	角	分	百	十	万	千	百	十	元	角	分
分配货币支出	制造费用	铸造车间			1	4	2	2	0	0	0									
	制造费用	机加工车间			1	3	3	5	0	0	0									
	制造费用	装配车间			1	4	2	5	5	0	0									
	辅助生产成本	供电车间				9	1	5	0	0	0									
	辅助生产成本	供水车间				3	0	9	4	0	0									
	销售费用				1	2	6	5	6	0	0									
合计																				

附单据 张

财务主管：乔宏   记账：赵建业   审核：王晓山   制单：王小钧

表 1-38

记 账 凭 证

2021 年 3 月 31 日　　　　　　　　　　　　第 56 $\frac{2}{2}$ 号

摘要	总账科目	明细科目	借方金额									贷方金额									
			百	十	万	千	百	十	元	角	分	百	十	万	千	百	十	元	角	分
	管理费用				5	9	8	0	8	0	0									
	财务费用				1	2	0	0	0	0	0									
	银行存款												1	3	8	5	3	3	0	0
合计			¥	1	3	8	5	3	3	0	0	¥	1	3	8	5	3	3	0	0

附单据张

财务主管：乔宏　　　　记账：赵建业　　　　审核：王晓山　　　　制单：王小钧

三、登记各成本费用明细账

经企业会计稽核人员对上述单证进行审核后，成本核算组据以登记各成本费用明细账，见表 1-3 至表 1-11。

四、传递至总账会计

成本核算组将有关凭证和利息及其他支出分配表传递至总账会计。

■【情境小结】■

利息及其他支出分配工作流程如图 1-8 所示。

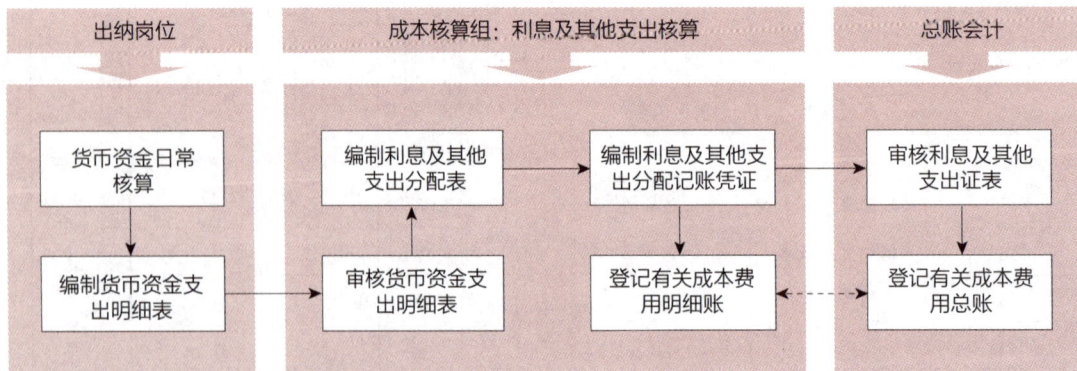

图 1-8　利息及其他支出分配工作流程

学习情境八　跨期耗费的分配

企业在生产经营过程中发生的耗费，从受益期和支付期来看，有的两者是一致的，比如企业支付本月的邮电费、水电费等；有的两者是不一致的，如年初一次预付全年的设备租金，受益期是全年，而支付期是当年的1月份。凡受益期和支付期不一致的耗费，就是跨期耗费，应该按权责发生制将其合理地分摊在受益期内。

跨期耗费……

视频：跨期耗费的核算

经营租赁固定资产业务是典型的跨期耗费业务，企业固定资产管理部门对固定资产取得、持有、处置等进行日常核算，对经营租赁的固定资产进行备查登记，月末将租入固定资产使用状况传递至成本核算岗位，进行成本核算。

【情境导入】

表1–39为沃尔公司固定资产核算员传递至成本核算岗位的"租入固定资产使用清单"。

表1–39　　　　　　　　　　　　　租入固定资产使用清单

2021年3月

固定资产类别及名称	状况	使用单位	使用情况	租期	年租金	租金支付方式	备注
设备类：车床	正常	机加工车间	在用	2021年	12 000元	当年年末支付	
建筑物：厂房	正常	装配车间	在用	2021年、2022年	48 000元	每年年初支付	2021年租金1月3日已付

【职业判断与基本技能】

一、审核跨期耗费

成本核算岗位首先应对跨期耗费进行审核，要严格遵循权责发生制，正确划清各期的成本费用界限，防止人为地调整各期成本费用及各期损益。

二、期间费用中跨期耗费的处理

属于期间费用中的跨期耗费可按年作为会计期间，计入相应的受益年度期间费用。

（一）同年度跨月耗费

同年度跨月耗费，虽然会使几个月受益，由于期间费用中跨期耗费按年作为会计期间，这些受益期仍然在同一会计年度，在发生时直接计入发生月份相应的期间费用。比如：1 月份支付上半年厂部办公用房的租金，租金全额计入 1 月份管理费用；3 月底支付第一季度的短期借款利息，计入 3 月份财务费用。

（二）跨年度耗费

如果受益期跨年度，就应该按权责发生制原则将跨期费用分摊在相应的受益年度。比如：某企业 2021 年 10 月份取得一笔期限为半年的短期借款，利息为 6 000 元，到期还本付息，企业在年末时要确认本年度应负担的利息费用，借记"财务费用"3 000 元，贷记"应付利息"3 000 元。跨期的期间费用通常不通过"待摊费用"以及"预提费用"账户核算。

三、产品成本中跨期耗费的处理

生产车间发生的计入产品成本的跨期耗费，不能按年作为会计期间，否则会使各月的产品成本负担不合理、不均衡，出现成本忽高忽低的现象。不便于进行成本分析和成本管理。计入产品成本的跨期耗费，应通过摊提的方法，计入相应的受益月份产品成本。这是本学习情境的重点。

（一）待摊费用

待摊费用是指本月已经发生或支付，但应由本月和以后各月产品共同负担的、摊销期限在一年以内的耗费。待摊费用的特点是先发生或支付，后分期摊入产品成本。生产车间常见的主要有预付的保险费和预付的固定资产租金。

待摊费用的简化处理……

提 示 窗

受益期虽然超过一个月，但如果耗费不多，为了简化核算工作，也可以不作为跨期耗费处理，而直接计入支付月份的产品成本。

企业开设"待摊费用"账户进行待摊费用归集和分配的核算，"待摊费用"是用来核算待摊费用的发生和摊销的账户。发生待摊费用时，应借记"待摊费用"账户，贷记"银行存款"等账户；分月摊销时，应借记"制造费用""辅助生产成本"账户，贷记"待摊费用"账户。该账户月末如果有余额，一定在借方，表示已经发生、尚未摊销的待摊费用。待摊费用按费用种类开设明细账户。

表 1-39 显示，沃尔公司 2021 年 1 月 3 日用银行存款预付 2021 年全年装配车间生产用厂房的租金 48 000 元。

厂房租金……

情 境 展 示

1 月 3 日，支付 2021 年厂房租金 48 000 元。厂房租金 48 000 元不能一次性计入 1 月份的产品成本中，全年各月均受益的厂房租金应根据权责发生制的要求，平均分摊计入各月产品成本中。

1 月份入账会计处理时，借记"待摊费用"账户 48 000 元，贷记"银行存款"账户 48 000 元，年内各月分摊计入产品成本数额为 4 000 元（即 48 000÷12）。

（二）预提费用

预提费用是指预先分月计入产品成本，在以后月份才实际支付的耗费。预提费用的特点是先摊入产品成本，以后再支付。

预提费用的预提额可能与实际支付额有差额，最后一个月的预提额，通常根据预提费用实际支付额与已提总额的差额确定。

预提费用预提和支付的核算通过"预提费用"账户进行。预提时应按预提费用的车间和用途，分别记入"制造费用""辅助生产成本"账户的借方。实际支付时，应记入"预提费用"账户的借方和"银行存款"账户的贷方。预提费用的贷方余额，为已经预提而尚未支付的费用。

表1-39显示，沃尔公司2021年年底支付2021年全年机加工生产用设备租金12 000元。

设备租金12 000元虽然年底才支付，但从年初1月份开始各月都在使用该设备，每月都受益。按权责发生制的要求，每月都应承担相应的支出，各月月末，应预提计入产品成本中，预提租金额1 000元（即12 000÷12）。

> 生产用设备租金……
>
> **情境展示**

【业务操作】

一、编制待摊费用及预提费用分配表

成本会计组根据审核后的租入固定资产使用清单，编制待摊费用及预提费用分配表，如表1-40、表1-41所示。

表1-40　　　　　　　　　　　待摊费用分配表

2021年3月　　　　　　　　　　　　　单位：元

应借科目		成本或费用项目	金额
制造费用	装配车间	其他	4 000.00
合计			4 000.00

财务主管：郝墨　　　　记账：赵建业　　　　审核：蒋珆　　　　填制：卫传洁

表1-41　　　　　　　　　　　预提费用分配表

2021年3月　　　　　　　　　　　　　单位：元

应借科目		成本或费用项目	金额
制造费用	机加工车间	其他	1 000.00
合计			1 000.00

财务主管：郝墨　　　　记账：赵建业　　　　审核：蒋珆　　　　填制：卫传洁

二、编制记账凭证

成本核算组根据摊提费用分配表编制相应记账凭证，如表1-42、表1-43所示。

表1-42

记 账 凭 证

2021 年 3 月 31 日　　　　　　　　　　　第 57 号

摘要	总账科目	明细科目	借方金额									贷方金额									
			百	十	万	千	百	十	元	角	分	百	十	万	千	百	十	元	角	分
摊销固定资产租金	制造费用	装配车间				4	0	0	0	0	0									
	待摊费用														4	0	0	0	0	0
合　计					¥	4	0	0	0	0	0			¥	4	0	0	0	0	0

附单据1张

财务主管：郝墨　　　记账：蒋玮　　　审核：蒋瑶　　　制单：王姝颖

表1-43

记 账 凭 证

2021 年 3 月 31 日　　　　　　　　　　　第 58 号

摘　要	总账科目	明细科目	借方金额									贷方金额									
			百	十	万	千	百	十	元	角	分	百	十	万	千	百	十	元	角	分
预提固定资产租金	制造费用	机加工车间				1	0	0	0	0	0									
	预提费用														1	0	0	0	0	0
合　计					¥	1	0	0	0	0	0			¥	1	0	0	0	0	0

附单据1张

财务主管：郝墨　　　记账：蒋玮　　　审核：蒋瑶　　　制单：王姝颖

三、登记各成本费用明细账

经企业会计稽核人员对上述单证进行审核后，成本核算组据以登记各成本费用明细账，见表1-6、表1-7、表1-12、表1-13。

四、传递至总账会计

成本核算组将有关凭证和摊提费用分配表传递至总账会计。

■ 【情境小结】 ■

跨期耗费分配工作流程，如图1-9所示。

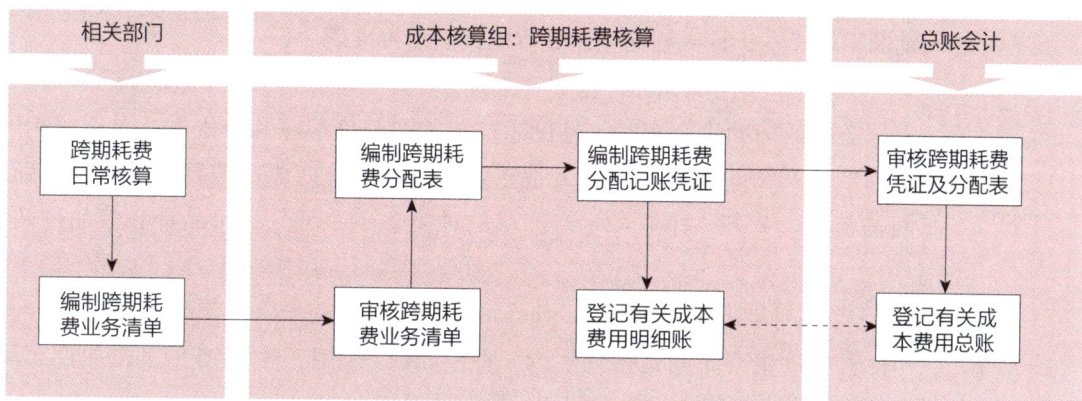

相关部门	成本核算组：跨期耗费核算		总账会计
跨期耗费日常核算	编制跨期耗费分配表	编制跨期耗费分配记账凭证	审核跨期耗费凭证及分配表
编制跨期耗费业务清单	审核跨期耗费业务清单	登记有关成本费用明细账	登记有关成本费用总账

图1-9　跨期耗费分配工作流程

学习情境九　辅助生产成本的归集与分配

辅助生产是指为企业内部基本生产车间、销售机构以及厂部行政管理部门服务而进行的产品生产和劳务供应。从事辅助生产的车间即为辅助生产车间。

辅助生产产品、劳务以及作业成本的高低，对于企业基本生产制造成本的水平有着直接的影响。同时也只有在辅助生产劳务、作业成本确定以后，才能确定各基本生产车间发生的全部成本，进而着手基本生产制造成本的计算。因此，正确、及时地组织辅助生产成本的归集和分配核算，对于节约耗费、降低产品制造成本，以及正确、及时地计算产品成本有着重要意义。

知识窗

■【情境导入】■

　　沃尔公司为基本生产、销售机构和厂部行政管理部门供水、供电发生的各项支出，详见材料耗费分配表（见表1-16）、燃料耗费分配表（见表1-20）、外购动力分配表（见表1-23）、职工薪酬分配表（见表1-28）、折旧费分配表（见表1-32）、利息及其他支出分配表（见表1-36）。

■【职业判断与基本技能】■

一、审核辅助生产耗费

　　首先对已发生的辅助生产耗费进行审核，审核支出是否合法、合理，是否应该计入辅助生产成本，计入辅助生产成本的数额是否准确。

二、确定辅助生产车间的类型

　　不同类型的辅助生产车间，辅助生产成本在归集程序和分配方法上不尽相同，因此，辅助生产车间类型的确定，是正确组织辅助生产成本核算的前提。辅助生产车间按其提供劳务、作业和生产产品的种类多少，可分为单品种和多品种两种类型。

（一）单品种辅助生产车间

　　单品种辅助生产车间是指只生产一种产品或只提供一种劳务的辅助生产车间，如供电车间、供水车间、机修车间和运输车队等。

　　1. 单品种辅助生产车间成本归集的特点

　　单品种辅助生产车间中发生的各种耗费都是该车间生产产品、提供劳务发生的直接成本，为简化成本核算工作，通常无须设置"制造费用"账户，只需将车间内发生的全部耗费直接全部记入"辅助生产成本"账户，即可计算出该车间该种劳务或作业的总成本。

　　2. 单品种辅助生产车间成本分配的特点

　　单品种辅助生产车间一般都是从事劳务、作业性质的生产，不通过仓库的收发，月末时没有在产品结存，因而辅助生产成本要全部分配给各受益部门，辅助生产总成本在各受益部门之间按受益量的比例进行分配。

（二）多品种辅助生产车间

　　多品种辅助生产车间是指生产两种产品或两种以上产品的辅助生产车间，如机械制造厂设立的工夹模具车间，生产基本生产所需用的各种工具、刃具、模具和夹具等。

　　1. 多品种辅助生产车间成本归集的特点

　　多品种辅助生产车间里发生的各种耗费在归集时需要区分直接成本和间接成本。为生产辅助产品发生的直接材料、直接人工以及其他直接成本，直接记入"辅助生产成本"账户；而多品种辅助生产车间为管理和组织生产活动发生的各项间接成本，需要首先归集在"制造费用"账户，月末再分配记入"辅助生产成本"及有关明细账户。因此，多品种辅助生产车间除了需要分别不同的工具、刀具、模具和夹具归集其耗用的直接成本，还需按辅助生产车间在"制造费用"账户下分别归集其间接成本，月终还需将归集的制造费用在各种工具、刀具、模具和夹具间采用一定的分配方法进行分配，转入"辅助产品成本"账户。在多产品辅助生产车间月末有可能结存在产品的情况下，多品种辅助生产车间所归集的辅助生产成本还要在完工产品与在产品之间进行分配。

2. 多品种辅助生产车间成本分配的特点

多产品辅助生产车间生产的产品往往要通过仓库收发，月末将完工辅助生产的产品成本转入企业存货成本（如周转材料），待该部分存货领用时，再根据用途一次或分次分配计入受益产品的成本。

三、辅助生产成本的归集

各项要素耗费以及跨期耗费的分配过程，也是辅助生产车间发生的各项耗费的归集过程。辅助生产成本的归集详见表 1-3、表 1-4。

四、辅助生产成本的分配

企业进行的辅助生产活动是为基本生产和其他部门服务的，因而其发生的耗费应由各受益部门承担。辅助生产成本向各受益部门进行分配时有两种情况：

对于生产多种产品的辅助生产车间，各种工具、模具等辅助生产成本明细账归集的耗费，随着完工工具、模具的入库，其成本应转入周转材料等资产，在领用时，再按其用途将周转材料一次或分次计入企业的产品成本。

对于只提供一种劳务或只进行同一性质作业的辅助生产车间，如沃尔公司水、电辅助生产成本所归集的成本，应按照受益的产品和部门进行分配。凡直接为生产产品提供的劳务，例如供电车间为产品生产工艺提供动力用电，应按各种产品接受劳务量记入"基本生产成本"账户；凡间接为生产产品提供劳务，例如辅助生产供电车间为基本生产车间提供照明用电，应记入"制造费用"账户；凡向企业销售机构、行政管理部门提供办公、照明用电，应记入"销售费用"明细账和"管理费用"明细账等账户。具体的分配方法包括：

（一）直接分配法

直接分配法是将各辅助生产成本明细账中归集的成本总额，不考虑各辅助生产车间之间相互提供的劳务（或产品），直接分配给辅助生产部门以外的各受益产品、车间或部门。计算公式如下：

$$\frac{某辅助生产成本}{直接分配率} = \frac{该辅助生产车间归集的成本}{该辅助生产车间对外提供的劳务总量}$$

$$辅助生产车间外部受益对象 \atop 应负担的辅助生产成本 = 该受益对象 \atop 接受的劳务量 × 辅助生产成本 \atop 直接分配率$$

直接分配法的特点是：辅助生产成本只对外分配，不对内分配。

情境展示

直接分配法……

表 1-3、表 1-4 所示供电、供水两个辅助生产车间，为基本生产车间和管理等部门提供服务。2021 年 3 月份分别发生耗费为 140 906 元和 15 664 元。供电、供水两个辅助生产车间供应产品和劳务数量，如表 1-44 所示。采用直接分配法计算各受益部门应承担的辅助生产成本。

表 1-44

辅助生产产品劳务供应统计表

2021 年 3 月

接受产品、劳务部门		供电/千瓦时	供水/立方米
铸造车间	生产耗用	223 800	92 600
	一般耗用	1 000	100
供电车间	生产及一般耗用	—	9 000
供水车间	生产及一般耗用	3 000	—
合计		227 800	101 700

财务主管:乔宏　　　　　　审核:王晓山　　　　　　制表:马杰

1. 供电车间辅助生产成本分配

（1）计算供电车间直接分配率：

供电车间成本分配率 = 140 906 ÷（227 800 - 3 000）= 0.626 8

（2）计算供电车间对外分配额：

铸造车间产品应承担动力电费 223 800 × 0.626 8 = 140 227.84（元）

铸造车间应承担办公、照明电费 140 906 - 140 227.84 = 678.16（元）

2. 供水车间辅助生产成本分配

（1）计算供水车间直接分配率：

供水车间成本分配率 = 15 664 ÷（101 700 - 9 000）= 0.169

（2）计算供水车间对外分配额：

铸造车间产品应承担水费 92 600 × 0.169 = 15 649.4（元）

铸造工间应承担办公水费 15 664 - 15 649.40 = 14.6（元）

实际工作中，辅助生产成本分配是通过编制辅助生产成本分配表进行的，辅助生产成本分配表如表 1-45 所示。

表 1-45　　　　　　　　　　辅助生产成本分配表（直接分配法）

2021 年 3 月　　　　　　　　　　　　　　单位：元

辅助生产车间名称			供电	供水	金额合计
待分配成本			140 906	15 664	156 570
辅助生产车间以外各部门受益劳务量			224 800	92 700	—
成本分配率（单位成本）			0.626 8	0.169	—
铸造车间耗用	借:基本生产成本	受益数量	223 800	92 600	—
		分配金额	140 227.84	15 649.4	155 877.24
	借:制造费用	受益数量	1 000	100	—
		分配金额	678.16	14.6	692.76
分配金额合计			140 906	15 664	156 570.00

　　在直接分配法下，由于辅助生产内部相互提供劳务不进行分配，因而其成本分配率的确定是以对外提供的劳务总量为基数计算的。如果企业没有专设"燃料及动力"成本项目，则基本生产车间不论是直接用于产品生产的动力用电，还是间接用于产品生产的照明办公用电，通常均计入制造费用项目。

　　采用直接分配法，各辅助生产车间的待分配耗费只对辅助生产以外的各单位分配，计算工作简便。但由于这种分配方法建立在辅助生产车间之间不相互提供劳务、作业的基础上，辅助生产车间包括的耗费不全，如上例供电车间的耗费中不包括所耗水费，供水车间的费用中不包括所耗电费，故分配结果不尽准确。因此，直接分配法一般适宜于在辅助生产内部相互提供劳务、作业不多，对辅助生产成本和企业产品成本影响不大的情况下采用。

（二）交互分配法

　　交互分配法是辅助生产车间之间先进行一次相互分配，然后再将辅助生产成本对辅助生产车间外部各受益对象进行分配的一种辅助生产成本的分配方法。

　　交互分配法分配辅助生产成本分两个步骤进行：首先对内进行交互分配，也就是在各辅助生产车间、部门之间，按相互提供的劳务数量和交互分配的成本分配率，进行交互分配；然后对外进行分配，也就是在辅助生产车间、部门以外的各受益产品、车间、部门之间，按其接受的劳务数量和对外分配率进行分配。

　　计算公式如下：

　　第一步，对内交互分配：

$$\text{某辅助生产成本交互分配率} = \frac{\text{该辅助生产成本明细账交互分配前归集的成本}}{\text{劳务总量}}$$

$$\begin{array}{l}\text{辅助生产成本}\\\text{交互分配额}\end{array}=\begin{array}{l}\text{某辅助生产车间}\\\text{对内的劳务量}\end{array}\times\begin{array}{l}\text{该辅助生产成本}\\\text{交互分配率}\end{array}$$

$$\begin{array}{l}\text{交互分配后}\\\text{辅助生产成本}\end{array}=\begin{array}{l}\text{交互分配前}\\\text{的成本}\end{array}+\begin{array}{l}\text{交互分配}\\\text{转入的成本}\end{array}-\begin{array}{l}\text{交互分配}\\\text{转出的成本}\end{array}$$

运用交互分配法分配辅助生产成本，在进行交互分配时，接受劳务将转入成本，提供劳务则转出成本。

第二步，对外分配：

$$\begin{array}{l}\text{某辅助生产成本}\\\text{对外分配率}\end{array}=\frac{\text{该辅助生产车间交互分配后的成本}}{\text{该辅助生产车间对外提供的劳务总量}}$$

$$\begin{array}{l}\text{辅助生产车间外部某一受益}\\\text{对象应负担的辅助生产成本}\end{array}=\begin{array}{l}\text{该受益对象}\\\text{接受的劳务量}\end{array}\times\begin{array}{l}\text{某辅助生产成本}\\\text{对外分配率}\end{array}$$

表1-3、表1-4显示，供水、供电两个辅助生产车间为基本生产车间和管理等部门提供服务。2021年3月份发生耗费分别为140 906元和15 664元。供电、供水两个辅助生产车间供应产品和劳务数量，如表1-44所示。采用交互分配法计算各受益部门应承担的辅助生产成本。

1. 对内交互分配

（1）对内交互分配率的计算：

供电车间交互分配率＝140 906÷227 800＝0.618 6

供水车间交互分配率＝15 664÷101 700＝0.154

（2）对内交互分配额的计算：

供电车间向供水车间的交互分配额＝3 000×0.618 6＝1 855.80（元）

供水车间向供电车间的交互分配额＝9 000×0.154＝1 386.00（元）

（3）交互分配后各辅助生产成本：

供电车间交互分配后的成本＝140 906＋1 386.00－1 855.80＝140 436.20（元）

供水车间交互分配后的成本＝15 664＋1 855.80－1 386.00＝16 133.80（元）

2. 对外分配

（1）对外分配率的计算：

供电车间对外分配率＝140 436.20÷（227 800－3 000）＝0.624 7

供水车间对外分配率＝16 133.80÷（101 700－9 000）＝0.174

（2）供电车间对外分配额：

铸造车间产品生产应承担电费＝223 800×0.624 7＝139 807.86（元）

铸造车间办公、照明应承担电费＝140 436.20－139 807.86＝628.34（元）

（3）供水车间对外分配额：

铸造车间产品生产应承担水费 = 92 600 × 0.174 = 16 112.40（元）

铸造工车间办公应承担水费 = 16 133.80 − 16 112.40 = 21.40（元）

根据计算结果，编制交互分配法的辅助生产成本分配表如表 1-50 所示。

交互分配法虽然较直接分配法复杂，但计算结果比较准确，因为它反映了辅助生产车间之间相互服务的关系。但是，若企业的辅助生产车间过多则不宜采用此法。

采用交互分配法，在各月辅助生产成本水平相差不大的情况下，为简化计算工作，也可以用上月的辅助生产单位成本作为本月交互分配的单位成本。

（三）计划成本分配法

计划成本分配法是按辅助生产成本的计划单位成本和各受益单位耗用的劳务数量，分配辅助生产成本的一种方法。

采用计划成本分配法分配辅助生产成本分两个步骤进行：首先，根据各产品、车间和部门实际耗用的劳务数量和事先确定的计划单位成本，计算分配辅助生产成本（计划成本）；然后，计算辅助生产车间实际成本和计划成本的差异，进行差异的调整分配。计算公式如下。

第一步，按计划成本分配：

$$
\begin{array}{l}
某受益部门应负担的 \\
辅助生产成本（计划成本）
\end{array}
=
\begin{array}{l}
该受益部门 \\
接受的劳务量
\end{array}
\times
\begin{array}{l}
辅助生产 \\
计划单位成本
\end{array}
$$

第二步，成本差异的计算：

$$
\begin{array}{l}
某辅助生产 \\
成本差异
\end{array}
=
\begin{array}{l}
该辅助生产车间 \\
实际成本
\end{array}
-
\begin{array}{l}
按计划单位成本 \\
分配出去的计划成本
\end{array}
$$

$$
\begin{array}{l}
辅助生产车间 \\
实际成本
\end{array}
=
\begin{array}{l}
计划成本分配前 \\
归集的成本
\end{array}
+
\begin{array}{l}
接受劳务按计划单位 \\
成本计算转入的成本
\end{array}
$$

辅助生产成本差异确定后，应将差异进行调整分配。成本差异的调整分配上有两种处理方法：一是将差异按辅助生产外部各受益对象的受益比例分配；二是将差异全部分配计入管理费用。由于第二种方法简便易行，也有利于对基本生产车间的考核评价，因而在实际工作中被广泛采用。

表 1-3、表 1-4 显示，供电、供水两个辅助生产车间，为基本生产车间和管理等部门提供服务。2021 年 3 月份发生耗费分别为 140 906 元和 15 664 元。供电、供水两个辅助生产车间供应产品和劳务数量如表 1-44 所示。假设每千瓦时电的计划单位成本为 0.60 元；每吨水的计划单位成本为 0.20 元。采用计划成本分配法计算各受益部门应承担的辅助生产成本。

1. **按事先制定计划单位成本进行分配**

（1）供电车间按计划成本分配：

供水车间应承担电费 = 3 000 × 0.60 = 1 800（元）

铸造车间产品生产应承担电费 = 223 800 × 0.60 = 134 280（元）

铸造车间办公、照明应承担电费 = 1 000 × 0.60 = 600（元）

（2）供水车间按计划成本分配：

供电车间应承担水费 = 9 000 × 0.20 = 1 800（元）

铸造车间产品生产应承担水费 = 92 600 × 0.20 = 18 520（元）

铸造车间办公应承担水费 = 100 × 0.20 = 20（元）

2. **计算辅助生产成本差异**

（1）供电车间成本差异：

供电车间成本差异 = 140 906 + 1 800 − 136 680 = 6 026（元）（超支差异）

（2）供水车间成本差异：

供水车间成本差异 = 15 664 + 1 800 − 20 340 = −2 876（元）（节约差异）

实际工作中，根据上列计算结果，编制计划成本分配法的辅助生产成本分配表，如表 1-46 所示。

表 1-46　　　　　　　　辅助生产成本分配表（计划成本分配法）

2021 年 3 月　　　　　　　　　　　　　　　　单位：元

辅助生产车间名称			供电	供水	合计
待分配辅助生产成本			140 906	15 664	156 570
劳务供应数量			227 800	101 700	
计划单位成本			0.60	0.20	
辅助生产车间耗用	借:辅助生产成本	供电 受益数量		9 000	
		供电 分配金额		1 800	1 800
		供水 受益数量	3 000		
		供水 分配金额	1 800		1 800
铸造车间耗用	借:基本生产成本	受益数量	223 800	92 600	
		分配金额	134 280	18 520	152 800
	借:制造费用	受益数量	1 000	100	
		分配金额	600	20	620
按计划成本分配金额合计			136 680	20 340	157 020
辅助生产实际成本			142 706	17 464	160 170
辅助生产成本差异			6 026	−2 876	3 150

采用计划成本分配法，各项辅助生产成本只需分配一次，而且通过辅助生产成本差异的计算，还能反映和考核辅助生产成本计划的执行情况。但是，采用计划成本分配法分配辅助生产成本时，须有比较准确的计划单位成本。

（四）顺序分配法

顺序分配法，也称梯形分配法，是将归集各车间辅助生产成本，按序依次向排列在后的内部受益部门以及外部受益对象进行分配的一种辅助生产成本分配的方法。

顺序分配法的基本思路是：首先在各个辅助生产部门之间按相互受益多少排序，受益少的排列在前，受益多的排列在后，按序依次将辅助生产成本向排列在后的内部受益部门以及外部受益对象进行分配。需要指出的是，排列在前已进行分配的辅助生产部门不负担后分配的辅助生产成本，排列在后待分配的辅助生产成本应加上排列在前的分配转入数额。

顺序分配法
的基本思路
和特点

提 示 窗

顺序分配法的特点是：向后向外分配，不向前分配。

计算公式如下：

$$某辅助生产成本顺序分配率 = \frac{该辅助生产部门归集的成本 + 按序从排列在前的辅助生产部门分配转入的成本之和}{该辅助生产部门提供的劳务总量 - 排列在前已进行分配各辅助生产部门接受的劳务量}$$

$$受益对象应承担的辅助生产成本 = 该受益对象接受的劳务量 \times 辅助生产成本顺序分配率$$

表 1–3、表 1–4 所示供电、供水两个辅助生产车间，为基本生产车间和管理等部门提供服务。2021 年 3 月份分别发生耗费为 140 906 元和 15 664 元。供电、供水两个辅助生产车间供应产品和劳务数量，如表 1–44 所示。采用顺序分配法计算各受益部门应承担的辅助生产成本。

首先进行排序，供电车间受益金额（$15\ 664 \div 101\ 700 \times 9\ 000 \approx 1\ 386$）少于供水车间受益金额（$140\ 906 \div 227\ 800 \times 3\ 000 \approx 1\ 856$），因此，供电车间先分配。

供电车间辅助生产成本顺序分配率 = $140\ 906 \div 227\ 800 = 0.618\ 6$

供水车间应承担的电费 = $3\ 000 \times 0.618\ 6 = 1\ 855.8$（元）

铸造车间产品应承担的电费 = $223\ 800 \times 0.618\ 6 = 138\ 442.68$（元）

铸造车间照明应承担的电费 = $140\ 906 - (1\ 855.8 + 138\ 442.68)$
　　　　　　　　　　　　 = 607.52（元）

按顺序分配供水车间成本：

$$供水车间辅助生产成本顺序分配率 = （15\,664 + 1\,855.80）÷$$
$$（101\,700 - 9\,000）$$
$$= 17\,519.80 ÷ 92\,700$$
$$= 0.189$$

铸造车间产品应承担的水费 $= 92\,600 × 0.189 = 17\,501.4$（元）

铸造车间一般应承担的水费 $=（15\,664 + 1\,855.80）- 17\,501.4 = 18.4$（元）

根据上述计算的结果，编制顺序分配法的辅助生产成本分配表，如表1-47所示。

表 1-47　　　　　　　　　辅助生产成本分配表（顺序分配法）

2021 年 3 月　　　　　　　　　　　　　　　　　单位：元

会计科目 车间部门	辅助生产成本						基本生产成本		制造费用		分配金额合计
	供电车间			供水车间			铸造车间产品用		铸造车间一般耗用		
	劳务数量	待分配成本	分配率	劳务数量	待分配成本	分配率	耗用数量	分配金额	耗用数量	分配金额	
	227 800	140 906		101 700	15 664						
分配电费	−227 800	−140 906	0.618 6	3 000	1 855.80		223 800	138 442.68	1 000	607.52	139 050.20
分配水费				92 700	17 519.8	0.189	92 600	17 501.40	100	18.4	17 519.80
分配金额合计								155 944.08		625.92	156 570.00

顺序分配法的辅助生产成本分配表呈倒阶梯状，故此法也称为阶梯分配法或称梯形分配法。顺序分配法从一定程度上考虑到辅助生产部门之间相互提供劳务，但不尽充分，分配结果正确性受到一定影响。此种方法适用于各辅助生产部门之间相互受益程度有明显顺序的企业。

（五）代数分配法

代数分配法，是按照联立方程的方法计算辅助生产劳务的单位成本，然后根据各受益单位（包括辅助生产车间）耗用的数量和单位成本计算分配辅助生产成本的一种方法。

采用代数分配法的计算程序是：将辅助生产车间产品或劳务的单位成本设为未知数，并根据各辅助生产车间相互提供的劳务数量，建立并求解联立方程，计算出辅助生产车间产品或劳务的单位成本；然后，再根据各受益单位（包括辅助生产车间）耗用的数量和单位成本计算分配辅助生产成本。

表1-3、表1-4显示，供电、供水两个辅助生产车间，为基本生产车间和管

理等部门提供服务。2021 年 3 月份发生耗费分别为 140 906 元和 15 664 元。供电、供水两个辅助生产车间供应的产品和劳务数量如表 1-44 所示。采用代数分配法计算各受益部门应承担的辅助生产成本。

代数分配法的应用……

情境展示

1. 将辅助生产车间产品或劳务的单位成本设为未知数

设：供电车间电的实际单位成本为 X 元；

供水车间水的实际单位成本为 Y 元。

2. 建立联立方程

沃尔公司供水、供电皆为单一品种的辅助生产，月末要将生产辅助产品或劳务发生的辅助生产成本全部分配给各受益部门。也就是供水、供电车间辅助生产成本明细账的借方发生额与贷方发生额相等，利用这种关系，建立联立方程式如下：

$$\begin{cases} 140\ 906 + 9\ 000Y = 227\ 800X \cdots\cdots① \\ 15\ 664 + 3\ 000X = 101\ 700Y \cdots\cdots② \end{cases}$$

联立方程中，等号左方为各辅助生产成本明细账的借方发生额，等号右方为贷方发生额。

将①式移项：

$$Y = (227\ 800X - 140\ 906) \div 9\ 000 \cdots\cdots③$$

将③代入②式中：

$$15\ 664 + 3\ 000X = 101\ 700\ [\ (227\ 800X - 140\ 906) \div 9\ 000\ ]$$

$$X = 0.625\ 365\ 32 \cdots\cdots④$$

将④代入③式：

$$Y = (227\ 800 \times 0.625\ 365\ 32 - 140\ 906) \div 9\ 000 = 0.172\ 468\ 98$$

3. 计算供电、供水辅助生产成本分配额

（1）供电车间辅助生产成本分配额：

供水车间应承担电费 $= 3\ 000 \times 0.625\ 365\ 32 = 1\ 876.10$（元）

铸造车间产品生产应承担电费 $= 223\ 800 \times 0.625\ 365\ 32 = 139\ 956.76$（元）

铸造车间办公、照明应承担电费 $= 1\ 000 \times 0.625\ 365\ 32 = 625.37$（元）

（2）供水车间辅助生产成本分配额：

供电车间应承担水费 $= 9\ 000 \times 0.172\ 468\ 98 = 1\ 552.22$（元）

铸造车间产品生产应承担水费 $= 92\ 600 \times 0.172\ 468\ 98 = 15\ 970.63$（元）

铸造工车间办公应承担水费 $= 100 \times 0.172\ 468\ 98 = 17.25$（元）

实际工作中，根据上列计算结果，编制代数分配法的辅助生产成本分配表，如表 1-48 所示。

表 1-48　　　　　　　　辅助生产成本分配表（代数分配法）

2021 年 3 月

电数量单位：千瓦时
水数量单位：立方米
金额单位：元

辅助生产车间名称		供电	供水	金额合计
待分配成本		140 906	15 664	156 570
劳务供应总量		227 800	101 700	—
用代数算出的实际单位成本		0.625 365 32	0.172 468 98	—
供电车间耗用	借：辅助生产成本 受益数量		9 000	
	借：辅助生产成本 分配金额		1 552.22	1 552.22
供水车间耗用	借：辅助生产成本 受益数量	3 000		
	借：辅助生产成本 分配金额	1 876.1		1 876.1
铸造车间耗用	借：基本生产成本 受益数量	223 800	92 600	
	借：基本生产成本 分配金额	139 956.76	15 970.63	155 927.39
	借：制造费用 受益数量	1 000	100	
	借：制造费用 分配金额	625.37	17.25	642.62
分配金额合计		142 458.23	17 540.10	159 998.33

　　采用代数分配法分配辅助生产成本，分配结果最为准确。但当辅助生产车间、部门较多时，数学模型的建立和求解会非常复杂，因而这种方法在会计工作已经实现电算化的企业中采用较为适宜。

　　企业应根据自身的特点选用相应的辅助生产成本的分配方法，为了便于比较，现列示辅助生产成本分配方法对照表如表 1-49 所示。

表 1-49　　　　　　　　　　辅助生产成本分配方法对照表

	直接分配法	交互分配法	计划成本分配	顺序分配法	代数分配法
分配方法	将各辅助生产成本明细账中归集的成本，不考虑各辅助生产车间之间相互提供的劳务（或产品），直接分配给辅助生产部门以外的各受益产品、车间或部门	分两个步骤进行：①辅助生产车间之间先进行一次相互分配；②再将辅助生产成本对辅助生产车间外部各受益对象进行分配	分两个步骤进行：①根据各产品、车间和部门实际耗用的劳务数量和事先确定的计划单位成本，计算分配辅助生产成本；②计算辅助生产车间实际成本和计划成本的差异，进行调整分配	首先在各个辅助生产部门之间按相互受益多少排序，受益少的排列在前，受益多的排列在后，按序依次将辅助生产成本向排列在后的内部受益部门以及外部受益对象进行分配	①将辅助生产车间产品或劳务的单位成本设为未知数；②根据各辅助生产车间相互提供的劳务数量，建立并求解联立方程；③计算出辅助生产车间产品或劳务的单位成本；④再根据各受益单位（包括辅助生产车间）耗用的数量和单位成本计算分配辅助生产成本

续表

特点	只对外、不对内分配	先对内、再对外分配	先计划分配，再调整差异	向后向外进行分配，不向前分配	建立并求解联立方程
优缺点	计算工作简便，但辅助生产部门之间相互提供劳务未考虑，分配结果不尽准确	较直接分配法复杂，但计算结果比较准确	各项辅助生产成本只需分配一次，而且还能反映和考核辅助生产成本计划的执行情况	一定程度上考虑到辅助生产部门之间相互提供劳务，但不尽充分，分配结果正确性受到一定影响	分配结果最准确，辅助生产车间、部门较多时，数学模型的建立和求解会更加复杂
适用条件	适宜于在辅助生产内部相互提供劳务、作业不多的企业	企业的辅助生产车间过多则不宜采用此法	采用计划成本分配法，须有比较准确的计划单位成本	适用于各辅助生产部门之间相互受益程度有明显顺序的企业	在会计工作已经实现电算化的企业中采用较为适宜

■【业务操作】■

一、归集辅助生产成本

成本核算组根据前述各要素耗费分配表、摊提费用分配表以及编制的记账凭证，据以登记各成本费用明细账，归集相应的成本。其中辅助生产车间发生的各种耗费已经全部归集在辅助生产成本明细账的有关费用项目，其中供电车间本期发生耗费 140 906 元、供水车间本期发生耗费 15 664 元（见表 1-3 和表 1-4）。

二、编制辅助生产成本分配表

沃尔公司根据自身特点，确定采用交互分配法分配辅助生产成本，编制辅助生产成本分配表如表 1-50 所示。

铸造车间生产工艺用水、电，因不能按产品分设水、电表计量，要确定闸阀和止回阀应负担的水、电费成本，还需进一步进行分配，分配结果详见表 1-51 和表 1-52。

表 1-50　　　　　　　　　　　辅助生产成本分配表

电数量单位：千瓦时
水数量单位：立方米

2021 年 3 月　　　　　　　　　金额单位：元

项目	交互分配			对外分配		
辅助生产车间名称	供电车间	供水车间	合　计	供电车间	供水车间	合　计
待分配辅助生产成本	140 906	15 664	156 570	140 436.20	16 133.80	156 570
产品、劳务数量	227 800	101 700		224 800	92 700	

续表

项目			交互分配			对外分配		
费用分配率			0.618 6	0.154 0		0.624 7	0.174 0	
辅助生产车间耗用	借"辅助生产成本"账户	供电车间 数量		9 000				
		供电车间 金额		1 386.00	1 386.00			
		供水车间 数量	3 000					
		供水车间 金额	1 855.80		1 855.80			
		金额小计	1 855.80	1 386.00	3 241.80			
铸造车间耗用	借"基本生产成本"账户	数量				223 800	92 600	
		金额				139 807.86	16 112.40	155 920.26
	借"制造费用"账户	数量				1 000	100	
		金额				628.34	21.40	649.74
金额合计			1 855.80	1 386.00	3 241.80	140 436.20	16 133.80	156 570

财务主管：乔宏　　　　　　　　审核：王晓山　　　　　　　　制表：李明

表 1-51　　　　　　　　铸造车间产品耗用自制动力费分配表

2021 年 3 月

总账科目	明细科目	定额工时 / 小时	分配率	分配金额 / 元
基本生产成本	闸阀	8 400		87 640.56
	止回阀	5 000		52 167.30
合计		13 400	10.433 4	139 807.86

主管：王敬忠　　　　　　　　审核：王培利　　　　　　　　制表：樊福安

表 1-52　　　　　　　　铸造车间耗用水费分配表

2021 年 3 月

总账科目	明细科目	产品产量 / 件	分配率	分配金额 / 元
基本生产成本	闸阀	120		8 788.59
	止回阀	100		7 323.81
合计		220	73.238 1	16 112.40

主管：王敬忠　　　　　　　　审核：王培利　　　　　　　　制表：樊福安

三、编制记账凭证

成本会计组根据表 1-50 至表 1-52 辅助生产成本分配表以及各车间自制动力耗费分配表，编制辅助生产成本分配的记账凭证，如表 1-53~ 表 1-55 所示。

表 1-53

记 账 凭 证

2021 年 3 月 31 日　　　　　　　　　第 59 号

摘要	总账科目	明细科目	借方金额										贷方金额										
			百	十	万	千	百	十	元	角	分	百	十	万	千	百	十	元	角	分
辅助生产交互分配	辅助生产成本	供水车间				1	8	5	5	8	0									
	辅助生产成本	供电车间				1	3	8	6	0	0									
	辅助生产成本	供电车间													1	8	5	5	8	0
	辅助生产成本	供水车间													1	3	8	6	0	0
合计					¥	3	2	4	1	8	0			¥	3	2	4	1	8	0

附单据 5 张

财务主管：郝墨　　　记账：蒋玮　　　　审核：蒋瑙　　　　制单：王姝颖

表 1-54

记 账 凭 证

2021 年 3 月 31 日　　　　　　　　　第 60 号

摘要	总账科目	明细科目	借方金额										贷方金额										
			百	十	万	千	百	十	元	角	分	百	十	万	千	百	十	元	角	分
辅助生产对外分配	基本生产成本	闸阀				8	7	6	4	0	5	6									
	基本生产成本	止回阀				5	2	1	6	7	3	0									
	制造费用	铸造车间						6	2	8	3	4									
	辅助生产成本	供电车间												1	4	0	4	3	6	2	0
合计				¥	1	4	0	4	3	6	2	0	¥	1	4	0	4	3	6	2	0

附单据 张

财务主管：郝墨　　　记账：蒋玮　　　　审核：蒋瑙　　　　制单：王姝颖

表 1-55

记 账 凭 证

2021 年 3 月 31 日　　　　　　　　　　第 61 号

摘要	总账科目	明细科目	借方金额 百 十 万 千 百 十 元 角 分	贷方金额 百 十 万 千 百 十 元 角 分	
辅助生产对外分配	基本生产成本	闸阀	8 7 8 8 5 9		附单据3张
	基本生产成本	止回阀	7 3 2 3 8 1		
	制造费用	铸造车间	2 1 4 0		
	辅助生产成本	供水车间		1 6 1 3 3 8 0	
合计			¥ 1 6 1 3 3 8 0	¥ 1 6 1 3 3 8 0	

财务主管：郝墨　　　记账：蒋玮　　　审核：蒋瑶　　　制单：王姝颖

四、登记成本费用明细账

经企业会计稽核人员对上述单证进行审核后，成本核算组据以登记相应成本费用明细账，见表 1-1~ 表 1-5。

五、传递至总账会计

成本核算组将有关凭证和辅助生产成本分配表传递至总账会计。

【情境小结】

辅助生产成本归集分配工作流程，如图 1-10 所示。

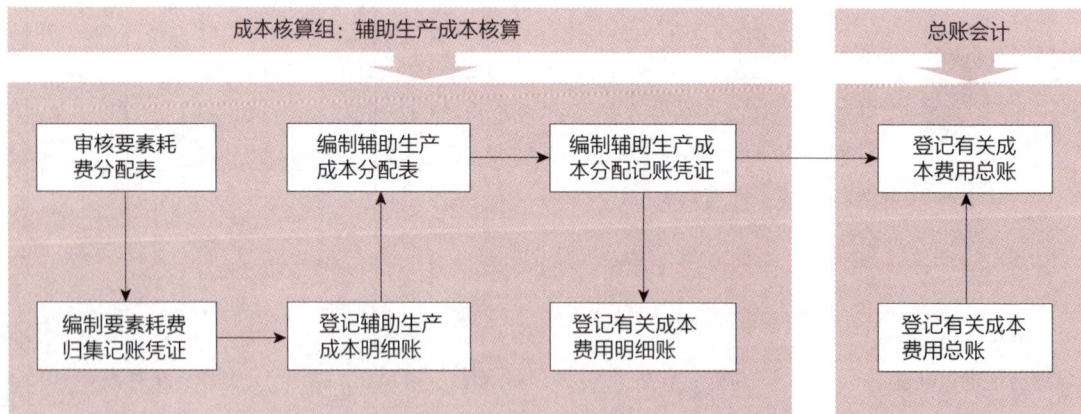

图 1-10　辅助生产成本归集与分配工作流程

学习情境十　制造费用的归集与分配

制造费用是指工业企业生产车间为生产产品（或提供劳务）而发生的，应由产品（或劳务）负担的各项间接成本。制造费用一般是间接用于产品生产的耗费，如机物料消耗、辅助生产工人的薪酬、车间房屋建筑物的折旧费、保险费、租赁费、生产车间照明费、取暖费、劳动保护费，以及季节性停工和生产用固定资产修理期间的停工损失等。制造费用中还有一部分直接用于产品生产的直接成本，但管理上不要求或者核算上不便于单独核算，因而没有专设成本项目。比如，机器设备的折旧费、租赁费、保险费，生产工具摊销，设计制图费和试验检验费等。此外，制造费用还包括车间用于组织和管理生产的支出，这些耗费的性质本属于管理费用，但由于它们是生产车间的管理支出，与生产车间的制造费用很难严格划分，为简化核算工作，也将它们作为制造费用核算。比如，生产车间管理人员薪酬，车间管理用房屋和设备的折旧费、租赁费、保险费、车间管理用具摊销，生产车间差旅费、办公费、通信费等。

【情境导入】

沃尔公司制造费用的归集与分配对象是指铸造车间、机加工车间和装配车间三个基本生产车间发生的各项间接成本。

沃尔公司铸造车间、机加工车间和装配车间发生的各项间接成本详见材料耗费分配表（见表1-16）、燃料耗费分配表（见表1-20）、外购动力耗费分配表（见表1-23）、职工薪酬耗费分配表（见表1-28）、折旧费分配表（见表1-32）、利息及其他支出明细表（见表1-35）以及辅助生产成本分配表（见表1-50~表1-52）。

【职业判断与基本技能】

一、审核制造费用

对已发生的制造费用进行审核，既要审核有关支出是否合法、合理，是否应该计入制造费用，还要看计入制造费用的数额是否准确。

二、确定制造费用的核算内容

制造费用通常是指发生在基本生产车间的间接性、共同性耗费。制造费用下的成本项目包括：机物料消耗、薪酬耗费、折旧费、租赁费（不包括融资租赁费）、保险费、低值易耗品摊销、水电费、取暖费、劳动保护费、设计制图费、试验检验费、差旅费、办公费和在产品盘亏、毁损和报废，以及季节性及修理期间停工损失等。制造费用的内容比较复杂，为简化制造费用的核算工作，通常将相同性质的耗费合并设立相应的耗费项目。如将生产工具和管理用具的摊销合并设立"低值易耗品摊销"项目，将辅助生产人员和管理人员薪酬合并设立"薪酬耗费"项目，将车间用于生产的房屋租赁费与用于车间管理的房屋租赁费合并设立"租赁费"项目等。制造费用成本项目的设置，可以根据企业自身的生产特点和管理上的要求进行调整，既可以合并或进一步细分，也可以另行设立制造费用项目。但是制造费用项目一经确定，不应任意变更。

生产车间厂房建筑物、机器设备等固定资产发生的修理费，在"管理费用"账户下核算，不能计入制造费用。从事多品种生产的辅助生产车间，对发生在该车间的共同性、间接性耗费，可以在"辅助生产成本"账户下设置"制造费用"明细分类账或成本项目进行核算。

三、制造费用的分配

由于基本生产各车间的制造费用水平不尽相同，因此制造费用的分配一般应区别各车间的具体情况，选择适当的分配方法进行分配。

制造费用的分配方法的选择，关键是选择适当的分配标准。常用的分配标准有：生产工人工时标准、生产工人工资标准、机器工时和定额工时标准等。由此产生了生产工人工时比例法、生产工人工资比例法、机器工时比例法和定额工时比例分配法等制造费用的分配方法。计算公式为：

$$\frac{制造费用}{分配率} = \frac{制造费用总额}{各种产品所用分配标准之和}$$

$$\frac{某种产品应分配的}{制造费用} = \frac{该种产品所用}{分配标准} \times \frac{制造费用}{分配率}$$

为了简化制造费用的分配，对于计划管理水平较高的企业，还可以采用年度计划分配率分配法进行制造费用的分配。年度计划分配率分配法是按照年度开始前确定的全年度适用的计划分配率进行费用分配的一种方法。采用这种方法，不管各月实际发生的制造费用是多少，每月各种产品中的制造费用都按年度计划分配率分配。若年度内制造费用实际数和产品实际产量与计划分配率计算的分配额之间出现差额时，可在年末时调整计入 12 月份的产品成本（借记"基本生产成本"账户，贷记"制造费用"账户）。如果年内分配的计划数与实际数差额较大时，应及时调整计划分配率。年度计划分配率分配法的计算公式如下：

$$\frac{年度计划}{分配率} = \frac{年度制造费用计划总额}{年度各种产品计划产量的定额工时总数}$$

$$\frac{某月某种产品应}{负担的制造费用} = \frac{该月该种产品实际}{产量的定额工时数} \times \frac{年度计划}{分配率}$$

制造费用的分配标准及分配方法一经确定，不宜随意变更。

表 1-5 显示，沃尔公司铸造车间 2021 年 3 月为生产闸阀、止回阀以及修复废品，共发生制造费用 67 219.74 元。采用生产工时比例法计算闸阀、止回阀两种产品和修复废品应承担的制造费用。

（1）根据表 1-15 资料，计算铸造车间生产闸阀、止回阀以及修复 6 件废品所耗的生产工时。（废品发生情况参见表 1-62。）

闸阀：生产工时 $= 76.25 \times 120 = 9\,150$（小时）

止回阀：生产工时 $= 52 \times 100 = 5\,200$（小时）

修复废品：生产工时 $= 20 \times 6 = 120$（小时）

（2）计算制造费用分配率。

分配率 $= 67\,219.74 \div (9\,150 + 5\,200 + 120) = 4.645\,5$

（3）计算闸阀、止回阀和修复废品应负担的制造费用。

闸阀：$9\,150 \times 4.645\,5 = 42\,506.33$（元）

止回阀：$5\,200 \times 4.645\,5 = 24\,156.60$（元）

修复废品：$67\,219.74 - 42\,506.33 - 24\,156.6 = 556.81$（元）

表 1-6 显示，沃尔公司机加工车间 2021 年 3 月为生产闸阀、止回阀共发生制造费用 72 850 元。采用定额工时比例法计算闸阀、止回阀应承担的制造费用。

（1）根据表 1-15 资料计算铸造车间生产闸阀、止回阀所耗的定额工时。

闸阀：定额工时 $= 35 \times 120 = 4\,200$（小时）

止回阀：定额工时 $= 35 \times 100 = 3\,500$（小时）

（2）计算制造费用分配率。

分配率 $= 72\,850 \div (4\,200 + 3\,500) = 9.461\,0$

（3）计算闸阀、止回阀应负担的制造费用。

闸阀：$4\,200 \times 9.461\,0 = 39\,736.20$（元）

止回阀：$72\,850 - 39\,736.2 = 33\,113.80$（元）

表 1-7 显示，沃尔公司装配车间 2021 年 3 月为生产闸阀、止回阀共发生制造费用 67 995 元。采用直接人工比例法计算闸阀、止回阀应承担的制造费用。

（1）根据表 1-28 资料确定装配车间生产闸阀、止回阀直接人工成本。

闸阀的直接人工成本：45 136.80（元）

止回阀的直接人工成本：35 263.20（元）

（2）计算制造费用分配率。

分配率 = 67 995 ÷（45 136.80 + 35 263.20）≈ 0.845 2[①]

（3）计算闸阀、止回阀应负担的制造费用：

闸阀应负担的制造费用：45 136.80 × 0.845 2 = 38 149.62（元）

止回阀应负担的制造费用：67 995 − 38 149.62 = 29 845.38（元）

> **年度计划分配率法……**
>
> **情境展示**

某企业基本生产车间 2021 年全年计划制造费用总额 550 000 元，该车间生产甲、乙两种产品计划产量分别为 26 000 件和 22 500 件。1 月份实际产量为：甲产品 2 400 件，乙产品 1 500 件；本月实际发生制造费用 49 000 元。甲产品单件工时定额 5 小时；乙产品单件工时定额 4 小时。

计算该车间制造费用年度计划分配率，采用年度计划分配率法计算甲、乙两种产品承担的制造费用。

（1）计算该车间制造费用年度计划分配率。

$$\text{甲产品年度计划产量的定额工时} = 26\ 000 \times 5 = 130\ 000\ (\text{小时})$$

$$\text{乙产品年度计划产量的定额工时} = 22\ 500 \times 4 = 90\ 000\ (\text{小时})$$

$$\text{制造费用年度计划分配率} = \frac{550\ 000}{130\ 000 + 90\ 000} = 2.5$$

（2）采用年度计划分配率法计算甲、乙两种产品承担的制造费用。

甲产品 1 月实际产量定额工时 = 2 400 × 5 = 12 000（小时）

乙产品 1 月实际产量定额工时 = 1 500 × 4 = 6 000（小时）

1 月份甲产品应承担的制造费用 = 12 000 × 2.5 = 30 000（元）

1 月份乙产品应承担的制造费用 = 6 000 × 2.5 = 15 000（元）

该车间 1 月份按计划分配率分配转出的制造费用 = 30 000 + 15 000 = 45 000（元）

（3）该车间 1 月份的实际制造费用为 49 000 元（即制造费用明细账的借方发生额），制造费用的实际发生额大于计划分配额。年末时将实际大于计划的分配额调整记入"基本生产成本"账户及所属明细账户。

采用年度计划分配率分配法分配制造费用，分配手续简便，年内各月产品成本负担均衡，便于进行成本分析和产品成本的日常控制。但采用这种方法必须有较高的计划管理水平，否则会影响制造费用分配的正确性。年度计划分配率分配法，尤为适用于季节性生产的企业。

---

① 小数计算结果差异是由于计算过程中多次四舍五入造成的。

【业务操作】

一、归集制造费用

成本核算岗位根据前已述及的各种要素费用分配表、摊提费用分配表以及辅助生产成本分配表和相应分配的记账凭证，据以登记各成本费用明细账。其中铸造、机加工、装配车间发生的各间接成本全部归集记入制造费用明细账的有关项目，见表 1-5 ~ 表 1-7。

二、编制制造费用分配表

根据上述情境展示的计算结果，编制制造费用分配表如表 1-56 ~ 表 1-58 所示。

表 1-56　　　　　　　　　制造费用分配表

车间:铸造车间　　　　　　　　　2021 年 3 月

应借科目	明细科目	生产工时 / 小时	分配率	分配金额 / 元
基本生产成本	闸阀	9 150		42 506.33
基本生产成本	止回阀	5 200		24 156.60
废品损失	闸阀	120		556.81
合计		14 470	4.645 5	67 219.74

财务主管:高福堂　　　　　　审核:杨益民　　　　　　制表:何占金

表 1-57　　　　　　　　　制造费用分配表

车间:机加工车间　　　　　　　　　2021 年 3 月

应借科目	明细科目	定额工时 / 小时	分配率	分配金额 / 元
基本生产成本	闸阀	4 200		39 736.20
	止回阀	3 500		33 113.80
合计		7 700	9.461 0	72 850.00

财务主管:高福堂　　　　　　审核:杨益民　　　　　　制表:程建伟

表 1-58　　　　　　　　　制造费用分配表

车间:装配车间　　　　　　　　　2021 年 3 月

应借科目	明细科目	直接人工 / 小时	分配率	分配金额 / 元
基本生产成本	闸阀	45 136.80		38 149.62
	止回阀	35 263.20		29 845.38
合计		80 400	0.845 2	67 995.00

财务主管:高福堂　　　　　　审核:杨益民　　　　　　制表:高明

三、编制记账凭证

成本核算岗位根据各车间制造费用分配表（表1-56～表1-58），编制制造费用分配的记账凭证，如表1-59～表1-61所示。

表 1-59

记 账 凭 证

2021 年 3 月 31 日   第 62 号

摘要	总账科目	明细科目	借方金额									贷方金额								
			百	十	万	千	百	十	元	角	分	百	十	万	千	百	十	元	角	分
分配制造费用	基本生产成本	闸阀			4	2	5	0	6	3	3									
	基本生产成本	止回阀			2	4	1	5	6	6	0									
	废品损失	闸阀					5	5	6	8	1									
	制造费用	铸造车间												6	7	2	1	9	7	4
合计				¥	6	7	2	1	9	7	4		¥	6	7	2	1	9	7	4

财务主管：郝墨   记账：蒋玮   审核：蒋瑶   制单：王姝颖

表 1-60

记 账 凭 证

2021 年 3 月 31 日   第 63 号

摘 要	总账科目	明细科目	借方金额									贷方金额								
			百	十	万	千	百	十	元	角	分	百	十	万	千	百	十	元	角	分
分配制造费用	基本生产成本	闸阀			3	9	7	3	6	2	0									
	基本生产成本	止回阀			3	3	1	1	3	8	0									
	制造费用	机加工车间											7	2	8	5	0	0	0	0
合计				¥	7	2	8	5	0	0	0		¥	7	2	8	5	0	0	0

财务主管：郝墨   记账：蒋玮   审核：蒋瑶   制单：王姝颖

表 1-61

记 账 凭 证

2021 年 3 月 31 日   第 64 号

摘　要	总账科目	明细科目	借方金额									贷方金额								
			百	十	万	千	百	十	元	角	分	百	十	万	千	百	十	元	角	分
分配制造费用	基本生产成本	闸阀		3	8	1	4	9	6	2										
	基本生产成本	止回阀		2	9	8	4	5	3	8										
	制造费用	装配车间											6	7	9	9	5	0	0	
合计			¥	6	7	9	9	5	0	0		¥	6	7	9	9	5	0	0	

财务主管：郝墨   记账：蒋玮   审核：蒋瑶   制单：王姝颖

四、登记各成本费用明细账

企业会计稽核人员对上述单证进行审核后，成本核算组据以登记各成本费用明细账，见表 1-1、表 1-2 以及表 1-5 ~ 表 1-8。

五、传递至总账会计

成本核算组将有关凭证和制造费用分配表传递至总账会计。

■【情境小结】■

制造费用归集与分配工作流程如图 1-11 所示。

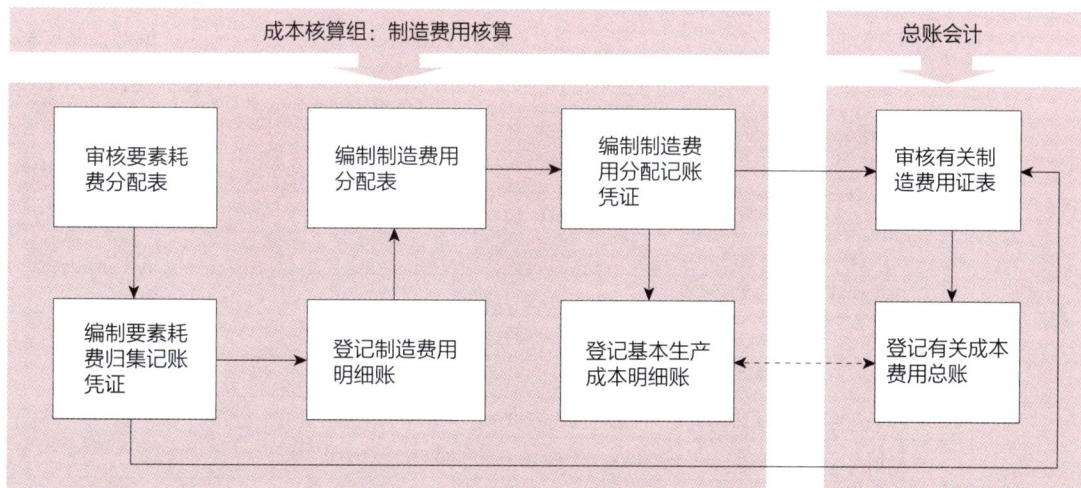

图 1-11　制造费用归集与分配工作流程

▌▌▌学习情境十一　废品损失的归集与分配

废品，是指不符合规定的技术标准，不能按照原定用途使用，或者需要加工修复后才能使用的在产品、半成品或产成品。废品包括生产过程中发现的废品和入库后发现（由于生产加工过程造成）的废品。

废品按修复技术可能性和修复成本经济合理性，分为可修复废品和不可修复废品两种。

可修复废品是指在技术上能够修复，而且所耗修复成本在经济上合算的废品（两个条件均需同时具备）。不可修复废品是指在技术上无法修复，或者虽可修复但所耗修复成本不经济的废品。

废品损失，是指由于产生废品而发生的损失及修复成本。废品损失包括在生产过程中和入库后发现的不可修复废品的报废成本，以及可修复废品的修复成本扣除回收的残料价值和应收赔偿价值以后的净损失。

企业质量检验部门随时对产品进行质量检验，并将检验结果及时通知生产单位及会计部门进行修复或予以报废。

▌【情境导入】▌

成本核算岗位接到质检部门传递的"废品通知单"，见表 1-62 和表 1-63。

表 1-62

废品通知单

车间：铸造　　　　　　　　2021 年 3 月 10 日　　　　　　　　编号：66-235

生产小组：1　　　　　　　　　　　　　　　　　　　　开工日期：2021.2.16

原工作通知单号	零件		工序	计量单位	定额工时	每工时加工单价		废品数量		
	名称	编号				人工	制造费用	工废	料废	退修
101	Φ400闸阀	0412	1	件				6	0	6

工废工件	砂眼、气孔、飞边
退修工件	通过添加填补剂打磨修复

责任者			追偿废品			备　注
姓名	工种	工号	数量	单价	金额	
温倩	砂型	1206	6	50	300	

检验员：康晖　　　　　　　　生产组长：圆心　　　　　　　　责任人：温倩

　　表1-62列示的6件废品为可修复废品，修复过程发生的耗费参见材料耗费分配表（见表1-16）、职工薪酬耗费分配表（见表1-28）以及制造费用分配表（见表1-56）。

表1-63

废品通知单

车间：铸造　　　　　　2021年3月21日　　　　　　编号：66-236

生产小组：6　　　　　　　　　　　　　　　　　开工日期：2021.3.2

原工作通知单号	零件		工序	计量单位	工时定额	每工时加工单价		废品数量		
	名称	编号				人工	制造费用	工废	料废	退修
101	Φ400闸阀	0412	3	件	70	8元	10元	2	0	0

材料消耗定额2 480千克	材料成本定额：7 522.00元
工废工件	裂纹，未一次浇注造成
退修工件	可以通过锯铆修复，但花费大，在经济上不合算，予以报废

责任者			追偿废品			备　注
姓名	工种	工号	数量	单价	金额	工废工件经查属责任赔偿
洪葛	浇注	1256	2	200	400	

检验员：廉晖　　　　　　生产组长：圆心　　　　　　责任人：洪葛

■【职业判断与基本技能】■

一、确定废品损失的核算内容

　　（1）可修复废品的修复成本，是指修复过程中发生的各种耗费。修复前发生的耗费以及修复完成的后续支出，均不属于废品损失。

　　（2）经质量检验部门鉴定不需要返修可以降价出售的不合格品，其降价损失不作为废品损失，而在计算损益时予以体现。

　　（3）产品入库后由于保管不善等原因而损害变质的损失，属于管理上的问题，作为管理费用处理，不计入废品损失。

　　（4）实行包退、包修、包换（三包）的企业，在产品出售以后发现的废品所造成的一切损失，作为销售费用处理。

　　（5）废品损失一般包括发生废品造成的直接损失，至于因产生废品给企业带来的间接损失，如延误交货合同而发生的违约赔偿，减少销售量而造成的利润减少，以及产生废品造成的企业荣誉损失均不计算在废品损失内。

二、可修复废品损失的归集和分配

　　可修复废品损失，是指在修复过程中所发生的各项修复成本（一般包括修复期

间发生的直接材料、直接人工和应分摊的制造费用），扣除回收的残料价值和应收赔款以后的净损失。

表1-62显示，沃尔公司质检部门于2021年3月在对铸造车间产品进行质量检验时，发现6件Φ400闸阀阀体出现不同程度的砂眼、气孔和飞边。经技术部门对铸件缺损情况及修复成本的鉴定和测算，该部分铸件为可修复废品，砂眼可通过添加填补剂、气孔可通过补焊、飞边通过打磨等措施修复。

可修复废品损失……

情境展示

归集上述废品修复过程发生的耗费，并将分配净损失转入合格品成本。

（1）归集修复成本：

修复废品实际耗用直接材料288元（详见表1-16材料耗费分配表），承担直接人工和制造费用分别为809.25元和556.81元（详见表1-28职工薪酬耗费分配表和表1-56制造费用分配表）。

编制会计分录如下：

借：废品损失——铸造车间（闸阀）　　　　　1 654.06

　　贷：原材料　　　　　　　　　　　　　　288

　　　　应付职工薪酬　　　　　　　　　　　809.25

　　　　制造费用　　　　　　　　　　　　　556.81

（2）结转残料残值及责任人赔偿：

表1-62废品通知单责成废品责任人温倩赔偿损失300元。

借：其他应收款——温倩　　　　　　　　　　300

　　贷：废品损失——铸造车间（闸阀）　　　　300

（3）计算并分配废品净损失：

废品净损失＝修复成本－残料残值－责任人赔偿＝1 354.06（元）

编制分配废品净损失会计分录：

借：基本生产成本——闸阀　　　　　　　　　1 354.06

　　贷：废品损失——铸造车间（闸阀）　　　1 354.06

三、不可修复废品损失的归集和分配

不可修复废品损失即不可修复废品的生产成本，扣除回收的残料价值和应收赔款以后的净损失。

不可修复废品的成本与同种合格产品成本同时发生，并已记入该种产品的生产成本明细账中。为了归集和分配不可修复废品损失，必须首先计算废品的成本，并将其从该种产品总成本中剥离出来。

不可修复废品的生产成本，可按废品所耗实际耗费计算，也可按废品所耗定额耗费计算。

（一）按废品所耗实际耗费计算不可修复废品的生产成本

按所耗实际费用计算废品成本，就是在废品报废时根据废品与合格品发生的实际耗费，采用一定的分配方法，在合格品与废品之间进行分配，计算出废品的实际成本，从"基本生产成本"账户的贷方转入"废品损失"账户的借方。

（二）按废品所耗定额费用计算不可修复废品的生产成本

按所耗定额耗费计算废品成本，就是按不可修复废品的数量和各项费用定额计算废品的定额成本，再将废品的定额成本扣除回收的残料价值和应收赔款计算出废品损失。

表 1-63 显示，沃尔公司质检部门于 2021 年 3 月在对铸造车间产品质量检验中，发现 2 件 Φ400 闸阀阀体出现裂纹。经技术部门鉴定系未一次浇注造成，该铸件虽然在技术上可以通过锯铆修复，但花费大，在经济上不合算，应予报废。废品的直接材料成本定额 7 522 元，废品工时定额 70 小时，每小时定额直接人工为 8 元，每小时定额制造费用为 10 元；责成废品责任人洪葛赔偿损失 400 元。如表 1-64 所示，废品回收残料入库 11 730 元。要求归集与分配上述不可修复废品的损失。

（1）计算并结转不可修复废品的生产成本。

表 1-64

领　料　单

用料单位：铸造车间　　　　　　　2021 年 3 月

材料名称	计量单位	领料日期	总号：090346	
回炉铁	千克	3月26日	分号：038	②此联经车间材料员签
用　途		闸阀报废，残料交库		
请　领	实　发	数　量	单　价	发料金额合计
4 600	4 600	4 600	2.55元	11 730元

财务主管：乔宏　　　记账：杨计会　　　审核：王晓山　　　填制：赵建业

废品的直接材料定额成本：7 522×2＝15 044（元）

废品的直接人工定额成本：70×2×8＝1 120（元）

废品的定额制造费用：70×2×10＝1 400（元）

借：废品损失——铸造车间（闸阀）　　　　　　17 564

　　贷：基本生产成本——闸阀　　　　　　　　　　17 564

（2）结转残料残值及责任人赔偿，编制会计分录。

借：原材料　　　　　　　　　　　　　　　11 730

　　其他应收款——洪葛　　　　　　　　　　400

　　　贷：废品损失——铸造车间（闸阀）　　　　12 130

（3）计算并分配废品净损失，编制会计分录。

废品净损失 = 报废成本 - 残料残值 - 责任人赔偿 = 5 434（元）

借：基本生产成本——闸阀　　　　　　　　5 434

　　　贷：废品损失——铸造车间（闸阀）　　　　5 434

不可修复废品成本按定额耗费计算，因耗费定额已事先确定，所以计算工作比较简便、及时，有利于考核和分析废品损失和产品成本。但采用该方法必须具备比较准确的定额成本资料，否则会影响成本计算的准确性。

■【业务操作】■

一、归集废品损失

（一）归集可修复废品损失

成本核算组根据前已述及的各种要素耗费中材料耗费分配表、职工薪酬耗费分配表、制造费用分配表以及相应分配的记账凭证，将可修复废品的损失，即在修复过程中所发生的直接材料、直接人工和制造费用全部归集记入"废品损失"明细账的有关项目（见表 1-8）。

（二）归集（计算结转）不可修复废品损失

根据"废品通知单"（见表 1-63），按上述情境展示的计算结果，编制废品报废成本计算单（见表 1-65）。

表 1-65　　　　　　　　　　　　废品报废成本计算单

车间：装配车间　　　产品名称：闸阀　　　2021 年 3 月　　　　　　　　废品数量：2

项目	数量/件	直接材料	工时定额	直接人工	制造费用	合　计
成本定额		7 522	70	8 元/小时	10 元/小时	
废品定额成本	2	15 044	140	1 120	1 400	17 564

财务主管：乔宏　　　　　　　审核：王晓山　　　　　　　制表：赵立

对于不可修复废品的已耗成本应根据废品报废成本计算单（见表 1-65）编制记账凭证（见表 1-66），并登记废品损失明细账，归集不可修复废品的损失。

二、结转残料残值以及责任人赔偿

根据残料交库单（见表 1-64）和废品通知单（见表 1-62、表 1-63），编制残料入库及向责任人索赔的记账凭证，如表 1-67 所示。

表 1-66

记 账 凭 证

2021 年 3 月 31 日　　　　　　　　　　　　　第 65 号

摘 要	总账科目	明细科目	借方金额									贷方金额								
			百	十	万	千	百	十	元	角	分	百	十	万	千	百	十	元	角	分
结转不可修复废品报废成本	废品损失	闸阀			1	7	5	6	4	0	0									
	基本生产成本	闸阀												1	7	5	6	4	0	0
合计			¥	1	7	5	6	4	0	0		¥	1	7	5	6	4	0	0	

附单据　张

财务主管：高福堂　　　记账：赵云峰　　　审核：杨益民　　　制单：蒋文新

表 1-67

记 账 凭 证

2021 年 3 月 31 日　　　　　　　　　　　　　第 66 号

摘 要	总账科目	明细科目	借方金额									贷方金额								
			百	十	万	千	百	十	元	角	分	百	十	万	千	百	十	元	角	分
结转废品残料及责任人赔偿	原材料					1	1	7	3	0	0	0								
	其他应收款	温倩					3	0	0	0	0									
	其他应收款	洪葛					4	0	0	0	0									
	废品损失	闸阀												1	2	4	3	0	0	0
合计			¥	1	2	4	3	0	0	0		¥	1	2	4	3	0	0	0	

附单据　张

财务主管：高福堂　　　记账：赵云峰　　　审核：杨益民　　　制单：蒋文新

三、编制废品损失分配表，分配废品净损失

根据废品损失明细账（见表 1-8）及有关凭证编制废品损失分配表（见表 1-68）。

表 1-68 废品损失分配表

2021 年 3 月 单位:元

总账科目	明细科目	分配标准	分配金额
基本生产成本	闸阀		6 788.06
合计			6 788.06

财务主管:高福堂　　　　　　　审核:杨益民　　　　　　　制表:刘霞

编制废品损失分配的记账凭证（见表 1-69），将废品净损失转入同批合格品成本。

表 1-69

记 账 凭 证

2021 年 3 月 31 日　　　　　　　　　　　第 67 号

摘要	总账科目	明细科目	借方金额									贷方金额									
			百	十	万	千	百	十	元	角	分	百	十	万	千	百	十	元	角	分
分配废品损失	基本生产成本	闸阀				6	7	8	8	0	6									
	废品损失	闸阀													6	7	8	8	0	6
合计					¥	6	7	8	8	0	6			¥	6	7	8	8	0	6

附单据张

财务主管: 高福堂　　　记账: 赵云峰　　　审核: 杨益民　　　制单: 蒋文新

四、登记成本费用明细账

经企业会计稽核人员对上述单证进行审核后，成本核算组据以登记"基本生产成本明细账"（见表 1-1）以及"废品损失明细账"（见表 1-8）。

五、传递至总账会计

成本核算组将有关凭证和废品损失分配表传递至总账会计。

【情境小结】

废品损失归集与分配的工作流程，如图 1-12 所示。

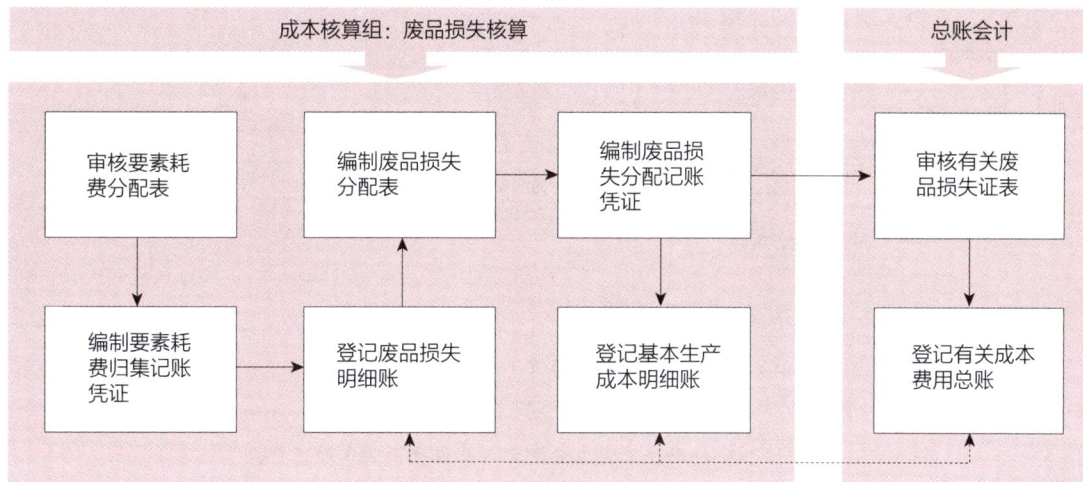

成本核算组：废品损失核算   总账会计

审核要素耗费分配表 → 编制废品损失分配表 → 编制废品损失分配记账凭证 → 审核有关废品损失证表

编制要素耗费归集记账凭证 → 登记废品损失明细账 → 登记基本生产成本明细账 → 登记有关成本费用总账

图 1-12　废品损失归集与分配工作流程

学习情境十二　完工产品成本的计算与结转

企业在产品生产过程中发生的耗费经过前述学习情境的归集和分配后，对构成产品生产成本的耗费，已归集在各产品基本生产成本明细账中（见图 1-13），并按成本项目予以反映。对期末全部完工的产品来说，计入该产品成本的全部耗费，就是完工产品成本；对期末全部未完工的产品来说，计入该产品成本的全部耗费，即为月末在产品成本；在期末既有完工产品，又有在产品的情况下，会计人员还必须将该产品本月发生的生产耗费和月初在产品成本，采用适当的分配方法，在完工产品和月末在产品之间进行分配。

完工产品与在产品……

视频：完工产品成本的计算与结转

【情境导入】

沃尔公司生产铸铁阀门发生的生产耗费经归集分配，记入闸阀、止回阀的基本生产成本明细账，如表 1-1 和表 1-2 所示。

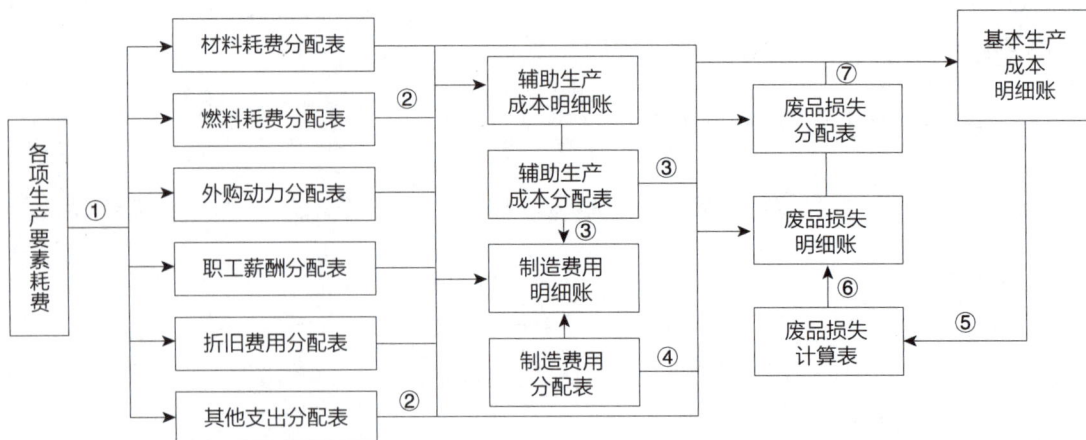

图 1-13   产品生产成本形成的工作流程

注：① 各项生产要素耗费汇集；

② 生产要素耗费分配记入成本费用账户；

③ 辅助生产成本分配记入基本生产成本等账户；

④ 制造费用分配记入基本生产成本等账户；

⑤ 结转不可修复废品成本；

⑥ 归集废品损失成本；

⑦ 废品损失分配记入基本生产成本账户。

■【职业判断与基本技能】■

一、审核生产耗费

对发生的生产耗费记录进行审核，看各项支出是否合法、合理，是否应该记入产品成本，产品成本的数额是否准确。

本月生产成本、本月完工产品成本和月初、月末在产品成本四者之间的关系，可用下列公式表示：

月初在产品成本 + 本月产品成本 = 本月完工产品成本 + 月末在产品成本

在公式前两项已知的情况下，在完工产品和月末在产品之间分配耗费的方法通常有两类：一类是先确定月末在产品成本，再计算完工产品成本；另一类是将月初在产品成本加上本月产品成本，在完工产品成本和月末在产品成本之间按照一定的分配比例进行分配，计算出完工产品成本和月末在产品成本。

在产品成本的计算……

提示窗

二、完工产品与在产品成本的分配方法

（一）约当产量法

约当产量，是指在产品数量按其完工程度折合为完工产品的产量。比如，在产品 100 件，平均完工 80%，则约当完工产品 80 件。

约当产量法是将月末在产品数量按照完工程度折算为约当产量，然后按照完工产品的产量和月末在产品约当产量的比例，分配计算完工产品成本和月末在产品成本的一种方法。这种方法适用于月末在产品数量较多，各个月份之间月末在产品数量变化较大，并且产品成本中直接材料和直接人工工资等加工费用的比重相差不大的产品。计算公式为：

$$在产品约当产量 = 在产品数量 \times 在产品完工程度$$

分配直接材料确定在产品完工程度时，通常按投料程度计算。分配燃料及动力、直接人工和制造费用确定在产品完工程度时，通常按在产品的加工程度计算。

$$某项成本分配率（单位成本）= \frac{月初在产品该项成本 + 本月该项成本}{完工产品产量 + 月末在产品约当产量}$$

$$完工产品该项成本 = 完工产品产量 \times 该项成本分配率（单位成本）$$

$$月末在产品该项成本 = 月末在产品约当产量 \times 该项成本分配率（单位成本）$$

或

$$= 该项成本总和 - 完工产品该项成本$$

表 1-1 和表 1-2 列示了沃尔公司 2021 年 3 月生产闸阀、止回阀月初及本月发生的生产耗费。表 1-15 等显示，闸阀 2 月份有 10 件未完工，3 月继续加工又投产 120 件，2 件产品由于质量原因经鉴定为不可修复废品予以报废。月末完工 120 件，8 件未完工，在产品投料程度已达到 100%，在产品的加工程度为 80%。止回阀 3 月份投产 100 件，月末全部完工。按约当产量法分配完工产品和月末在产品成本。

（1）计算期末在产品约当产量。

闸阀在产品按投料程度计算的约当产量 $= 8 \times 100\% = 8$（件）

闸阀在产品按加工程度计算的约当产量 $= 8 \times 80\% = 6.4$（件）

（2）直接材料的分配。

$$直接材料单位成本 = \frac{1\ 425\ 276.56}{120 + 8} = 11\ 134.973\ 2$$

完工产品直接材料成本 $= 120 \times 11\ 134.973\ 2 = 1\ 336\ 196.78$（元）

月末在产品直接材料成本 $= 1\ 425\ 276.56 - 1\ 336\ 196.78 = 89\ 079.78$（元）

（3）燃料及动力的分配。

$$\frac{燃料及动力}{单位成本} = \frac{367\ 446.96}{120 + 6.4} = 2\ 907.018$$

完工产品燃料及动力成本 $= 120 \times 2\ 907.018 = 348\ 842.18^{①}$（元）

月末在产品燃料及动力成本 $= 367\ 446.96 - 348\ 842.18 = 18\ 604.78$（元）

（4）直接人工的分配。

$$\frac{直接人工}{单位成本} = \frac{163\ 519.01}{120 + 6.4} = 1\ 293.663$$

完工产品直接人工成本 $= 120 \times 1\ 293.663 = 155\ 239.57$（元）

月末在产品直接人工成本 $= 163\ 519.01 - 155\ 239.57 = 8\ 279.44$（元）

（5）制造费用的分配。

$$\frac{制造费用}{单位成本} = \frac{128\ 312.15}{120 + 6.4} = 1\ 015.127\ 8$$

完工产品制造费用 $= 120 \times 1\ 015.127\ 8 = 121\ 815.34$（元）

月末在产品制造费用 $= 128\ 312.15 - 121\ 815.34 = 6\ 496.81$（元）

（6）废品损失的分配。

表1-8列示的废品损失6 788.06元全部由完工产品负担。

（7）汇总计算3月末闸阀完工产品和在产品成本。

完工产品总成本 $= 1\ 336\ 196.78 + 348\ 842.18 + 155\ 239.57 + 121\ 815.34 + 6\ 788.06$
$= 1\ 968\ 881.93$（元）

在产品成本 $= 89\ 079.78 + 18\ 604.78 + 8\ 279.44 + 6\ 496.81$
$= 122\ 460.81$（元）

废品损失通常由本月完工产品成本负担，而在产品和自制半成品均不负担。这样可集中将本月的废品损失反映于本月完工产品，引起管理者重视。

采用约当产量法计算产品成本，计算在产品及其各成本项目的约当产量，关键是根据在产品各成本项目的属性，确定在产品的完工程度。

因此，要分成本项目计算在产品的约当产量，直接材料项目的在产品约当产量，应按照"投料程度"来确定；加工费（包括直接人工和制造费用等项目）的在产品约当产量，应按照在产品的"加工程度"来确定的。

1. 加工程度的确定

燃料和动力、直接人工、制造费用等成本项目在产品的加工程度通常是指在产

---

① 小数计算结果差异是由于计算过程中多次四舍五入造成的。

品实耗（或定额）工时占完工产品应耗（或定额）工时的百分比，也叫做加工百分比或加工率。测定加工程度的方法主要有以下两种：

一是当在产品数量在各工序上的分布，以及产品在各工序的加工量都比较均衡时，一律按 50% 作为各工序在产品的加工程度。

二是当分布在各工序的在产品数量和加工量相差较大时，分工序计算确定加工百分比，分别测定其加工程度。各工序在产品加工百分比计算公式如下：

$$某工序在产品加工程度 = \frac{以前各道工序工时定额之和 + 本工序工时定额}{完工产品工时定额} \times 50\%$$

某企业甲产品经过 3 道工序陆续加工，月初和本月制造费用合计36 000 元。月末完工产品 178 件，结存在产品 400 件。其中，第一道工序有在产品 200 件，第二道工序有在产品 80 件，第三道工序有在产品120 件。产品定额工时第一道工序为 60 小时，第二道工序为 100 小时，第三道工序为 40 小时。

按加工程度计算约当产量……

情境展示

要求：确定各工序加工程度，计算在产品约当产量，用以分配制造费用。

（1）确定各工序加工程度。

第一道工序加工程度 $= 60 \times 50\% \div 200 = 15\%$

第二道工序加工程度 $= （60 + 100 \times 50\%）\div 200 = 55\%$

第三道工序加工程度 $= （60 + 100 + 40 \times 50\%）\div 200 = 90\%$

（2）计算各工序在产品约当产量。

第一道工序在产品约当产量 $= 200 \times 15\% = 30$（件）

第二道工序在产品约当产量 $= 80 \times 55\% = 44$（件）

第三道工序在产品约当产量 $= 120 \times 90\% = 108$（件）

按加工程度确定的全部在产品约当产量为：$30 + 44 + 108 = 182$（件）

（3）分配制造费用。

制造费用分配率 $= 36\ 000 \div （178 + 182）= 100$

完工产品制造费用 $= 178 \times 100 = 17\ 800$（元）

月末在产品制造费用 $= 182 \times 100 = 18\ 200$（元）

2. 投料程度的确定

在产品投料程度是指在产品已投入材料（各工序材料的消耗定额）占完工产品应投入材料（完工产品材料的消耗定额）的百分比，也称投料百分比或投料率。投料程度用于分配直接材料耗费。在实际工作中，由于不同产品的原材料投料方式不同，如有的产品所耗原材料是在生产开始时一次投入，有的产品所耗原材料是分步骤投入，分步骤投入又有在各工序开始时一次投入和在各工序随加工步骤陆续投入等情况。因此，确定各工序在产品投料程度时，应分别采用不同方法进行计算。

（1）原材料在生产开始时一次投入。如果某种产品所耗原材料是在生产开始时一次投入，即在第一道工序开始就将材料全部投入，加工过程中不论其形状和重量如何变化，不论哪一道工序的在产品，其所耗的材料均与完工产品相同，投料程度达到100%。在此种情况下，原材料项目的耗费可按完工产品产量和月末在产品数量的比例进行分配。

某企业乙产品月初和本月直接材料合计 70 700 元，燃料及动力合计 39 000 元，直接人工合计 58 500 元，制造费用合计 52 000 元。月末：完工产品600件，结存在产品100件。原材料在生产开始时一次投入，在产品加工程度均为50%。要求：确定投料程度，按约当产量分配计算完工产品、在产品成本。

（1）确定投料程度。

由于原材料在生产开始时一次投入，因此投料程度均按100%计算。

（2）按约当产量法分配完工产品、在产品成本。

分配直接材料：

直接材料分配率 $= 70\ 700 \div (600 + 100) = 101$

完工产品直接材料 $= 600 \times 101 = 60\ 600$（元）

月末在产品直接材料 $= 100 \times 101 = 10\ 100$（元）

分配燃料及动力：

燃料及动力分配率 $= 39\ 000 \div (600 + 100 \times 50\%) = 60$

完工产品燃料及动力 $= 600 \times 60 = 36\ 000$（元）

月末在产品燃料及动力 $= 50 \times 60 = 3\ 000$（元）

分配直接人工：

直接人工分配率 $= 58\ 500 \div (600 + 100 \times 50\%) = 90$

完工产品直接人工 $= 600 \times 90 = 54\ 000$（元）

月末在产品直接人工 $= 50 \times 90 = 4\ 500$（元）

分配制造费用：

制造费用分配率 $= 52\ 000 \div (600 + 100 \times 50\%) = 80$

完工产品制造费用 $= 600 \times 80 = 48\ 000$（元）

月末在产品制造费用 $= 50 \times 80 = 4\ 000$（元）

完工产品成本 $= 60\ 600 + 54\ 000 + 36\ 000 + 48\ 000 = 198\ 600$（元）

在产品成本 $= 10\ 100 + 4\ 500 + 3\ 000 + 4\ 000 = 21\ 600$（元）

（2）原材料分工序一次投入。由于各工序所耗用的原材料在本工序开始时一次投入，同一工序内所有产品不论其是否完工，所耗用的原材料数量是相同的，因而在确定各工序在产品投料程度时，对于本工序材料消耗定额（或累计材料耗费定额），原材料的投料程度均为 100%。最后一道工序所有在产品的材料消耗定额（或累计材料耗费定额），即为该种完工产品的材料消耗定额（或累计材料耗费定额）。各工序的在产品投料程度计算公式如下：

$$某工序在产品投料程度 = \frac{以前各道工序材料消耗定额之和 + 本工序材料消耗定额}{完工产品材料消耗定额}$$

某企业丙产品的生产需经过两道工序进行，月初和本月直接材料合计 22 200 元，直接人工合计 12 000 元，制造费用合计 9 000 元。月末完工产品 4 176 件，各工序月末在产品分别为 1 440 件和 960 件。原材料分工序在各工序开始时一次投入。两道工序的材料消耗定额分别为 360 千克和 240 千克，工时定额分别为 30 小时和 20 小时。要求：计算在产品的完工程度和约当产量，按约当产量法分配计算完工产品和在产品成本。

开工时原材料一次投入……

情境展示

（1）计算在产品的完工程度和约当产量。

计算投料程度和在产品的约当产量，计算结果见表 1-70。

表 1-70　　　　　　　　　在产品投料程度及约当产量计算表

产品：丙产品　　　　　　　　　　2021 年 6 月

工序	在产品数量/件	消耗定额/千克	投料程度	约当产量/件
第一道工序	1 440	360	$\frac{360}{600} \times 100\% = 60\%$	864
第二道工序	960	240	$\frac{360 + 240}{600} \times 100\% = 100\%$	960
合　计	2 400	600		1 824

计算在产品的加工程度及约当产量，计算结果如表 1-71 所示。

表 1-71　　　　　　　　　在产品的加工程度及约当产量计算表

产品：丙产品　　　　　　　　　　2021 年 6 月

工序	在产品数量/件	工时定额/小时	加工程度	约当产量/件
第一道工序	1 440	30	$\frac{30 \times 50\%}{50} \times 100\% = 30\%$	432
第二道工序	960	20	$\frac{30 + 20 \times 50\%}{50} \times 100\% = 80\%$	768
合　计	2 400	50		1 200

（2）按约当产量分配计算完工产品、在产品成本。

分配直接材料：

$$直接材料分配率 = \frac{22\ 200}{4\ 176 + 1\ 824} = 3.70$$

完工产品直接材料 = 4 176 × 3.70 = 15 451.20（元）

月末在产品直接材料 = 1 824 × 3.70 = 6 748.80（元）

分配直接人工：

$$直接人工分配率 = \frac{12\ 000}{4\ 176 + 1\ 200} = 2.23$$

完工产品直接人工 = 4 176 × 2.23 = 9 312（元）

月末在产品直接人工 = 12 000 − 9 312 = 2 688（元）

分配制造费用：

$$制造费用分配率 = \frac{9\ 000}{4\ 176 + 1\ 200} = 1.67$$

完工产品制造费用 = 4 176 × 1.67 = 6 974（元）

月末在产品制造费用 = 9 000 − 6 974 = 2 026（元）

丙产品完工成本 = 15 451.20 + 9 312 + 6 974 = 31 737.20（元）

丙产品在产品成本 = 6 748.80 + 2 688 + 2 026 = 11 462.8（元）

（3）原材料分工序陆续投入。原材料在各工序随加工步骤陆续投入，可根据各工序在产品的累计材料消耗定额（或累计材料成本定额）占单位完工产品材料消耗定额（或累计材料成本定额）的比率，确定各工序在产品的投料程度。其计算公式如下：

$$某工序在产品投料程度 = \frac{该工序在产品累计材料消耗定额}{单位完工产品材料消耗定额} \times 100\%$$

$$或 = \frac{在产品以前各工序材料消耗定额之和 + 在产品本工序材料消耗定额 \times 50\%}{单位完工产品材料消耗定额} \times 100\%$$

原材料分工序陆续投入……

情境展示

某企业丁产品生产需经过三道工序，各成本项目月初余额：直接材料 8 000 元，直接人工 6 000 元，制造费用 5 000 元；本月发生直接材料 72 000 元，直接人工 10 000 元，制造费用 16 000 元。月末完工产品 2 000 件，各工序月末在产品分别为 1 000 件、600 件和 500 件。原材料分工序陆续投入。三道工序的材料消耗定额分别为 6 千克、28 千克和 16 千克，工时定额分别为 24 小时、16 小时和 10 小时。要求：计算在产品的完工程度和约当产量，按约当产量法分配计算完工产品、在产品成本。

（1）计算在产品的完工程度和约当产量。

计算在产品投料程度及约当产量，计算结果如表 1-72 所示。

表 1-72　　　　　　　　　在产品投料程度及约当产量计算表

产品：丁产品　　　　　　　　　　2021 年 6 月

工序	在产品数量/件	消耗定额/千克	投料程度	约当产量/件
第一道工序	1 000	6	$\frac{6 \times 50\%}{50} \times 100\% = 6\%$	60
第二道工序	600	28	$\frac{6 + 28 \times 50\%}{50} \times 100\% = 40\%$	240
第三道工序	500	16	$\frac{6 + 28 + 16 \times 50\%}{50} \times 100\% = 84\%$	420
合计	2 100	50		720

计算在产品加工程度和约当产量，计算结果如表 1-73 所示。

表 1-73　　　　　　　　　在产品加工程度及约当产量计算表

产品：丁产品　　　　　　　　　　2021 年 6 月

工序	在产品数量/件	工时定额/小时	加工程度	约当产量/件
第一道工序	1 000	24	$\frac{24 \times 50\%}{50} \times 100\% = 24\%$	240
第二道工序	600	16	$\frac{24 + 16 \times 50\%}{50} \times 100\% = 64\%$	384
第三道工序	500	10	$\frac{24 + 16 + 10 \times 50\%}{50} \times 100\% = 90\%$	450
合计	2 100	50		1 074

（2）按约当产量法分配计算完工产品、在产品成本：

分配直接材料：

$$\text{直接材料分配率} = \frac{8\ 000 + 72\ 000}{2\ 000 + 720} = 29.41$$

完工产品直接材料 = 2 000 × 29.41 = 58 820（元）

月末在产品直接材料 = 80 000 - 58 820 = 21 180（元）

分配直接人工费用：

$$\text{直接人工分配率} = \frac{6\ 000 + 10\ 000}{2\ 000 + 1\ 074} = 5.20$$

完工产品直接人工 = 2 000 × 5.2 = 10 400（元）

月末在产品直接人工 = 16 000 - 10 400 = 5 600（元）

分配制造费用：

$$制造费用分配率 = \frac{5\ 000 + 16\ 000}{2\ 000 + 1\ 074} = 6.83$$

完工产品制造费用 = $2\ 000 \times 6.83 = 13\ 660$（元）

月末在产品制造费用 = $21\ 000 - 13\ 660 = 7\ 340$（元）

根据上述情境计算结果，编制产品成本计算单，如表1-74所示。

表1-74　　　　　　　　　　　产品成本计算单

产品：丁产品　　　　　　　　2021年6月　　　　　　完工产量：2 000件　单位：元

成本项目	月初在产品费用	本月耗费	合计	约当总产量	完工产品成本		月末在产品成本
					总成本	单位成本	
直接材料	8 000	72 000	80 000	2 000 + 720	58 820	29.41	21 180
直接人工	6 000	10 000	16 000	2 000 + 1 074	10 400	5.20	5 600
制造费用	5 000	16 000	21 000	2 000 + 1 074	13 660	6.83	7 340
合计	19 000	98 000	117 000		82 880	41.44	34 120

（二）定额成本法

定额成本法，又称在产品按定额成本计价法。它是根据月末在产品实际结存数量和单位定额成本，计算出月末在产品的定额成本，以在产品的定额成本代替在产品的实际成本，对月末在产品进行计价的方法。

采用这种方法时，月初在产品定额成本与本月生产成本之和，减去按定额成本计算的在产品成本，即完工产品成本。每月实际的生产成本脱离成本定额的差异全部由当月完工产品负担，计入完工产品成本。该方法适用于定额管理基础较好，各项消耗定额和费用定额制定得比较准确，并且定额比较稳定，各月在产品数量变化不大的企业。

定额成本法计算公式如下：

$$在产品定额材料成本 = 在产品数量 \times 单位在产品材料消耗定额 \times 计划单价$$

$$在产品定额人工成本 = 在产品数量 \times 单位在产品工时定额 \times 单位小时定额人工$$

$$在产品定额制造费用 = 在产品数量 \times 单位在产品工时定额 \times 单位小时定额制造费用$$

$$月末在产品定额成本 = 在产品定额材料成本 + 在产品定额人工成本 + 在产品定额制造费用$$

采用定额成本法分配完工产品和在产品成本时，某种产品的全部成本，减去月末在产品定额成本，即为完工产品总成本。成本实际发生额脱离定额成本的差异（节约或超支），全部计入当月完工产品成本。

脱离定额成本差异的处理……

提示窗

采用定额成本法分配完工产品和在产品成本，月末在产品定额成本的计算，对于完工产品成本的正确计算有着决定性影响，而月末在产品定额成本计算的关键在于确定单位在产品材料耗费定额和单位在产品工时定额两项指标。一般情况下，单位在产品定额指标可根据完工产品材料耗费定额和工时定额，结合考虑在产品的投料程度和加工程度加以确定。如果产品生产需要经过多道工序连续加工制成，月末在产品定额成本还应分工序加以计算和确定。其计算公式如下：

$$\begin{array}{c}在产品定额\\材料成本\end{array} = \sum\left(\begin{array}{c}某工序在\\产品数量\end{array} \times \begin{array}{c}单位在产品\\材料消耗定额\end{array} \times \begin{array}{c}该工序在产品\\投料程度\end{array}\right)$$

$$\begin{array}{c}在产品定额\\人工成本\end{array} = \sum\left(\begin{array}{c}某工序在\\产品数量\end{array} \times \begin{array}{c}该工序在产品\\累计工时定额\end{array}\right) \times \begin{array}{c}每小时\\定额人工\end{array}$$

$$\begin{array}{c}在产品定额\\制造费用\end{array} = \sum\left(\begin{array}{c}某工序在\\产品数量\end{array} \times \begin{array}{c}该工序在产品\\累计工时定额\end{array}\right) \times \begin{array}{c}每小时定额\\制造费用\end{array}$$

$$\begin{array}{c}月末在产品\\定额成本\end{array} = \begin{array}{c}定额材\\料成本\end{array} + \begin{array}{c}定额人\\工成本\end{array} + \begin{array}{c}定额制\\造费用\end{array}$$

某企业戊产品生产需经过两道工序，月初在产品成本中，直接材料82 000元，直接人工8 300元，制造费用4 300元；本月发生成本中，直接材料101 000元，直接人工28 000元，制造费用10 000元；月末完工产品1 800件，各工序月末在产品分别为300件和100件。原材料在生产开始时一次全部投入。单位产品材料成本定额为100元，第一道工序工时定额为8小时，第二道工序工时定额为2小时；计划小时加工费率为：人工2元，制造费用1.20元。要求：计算月末在产品定额成本，用定额成本法计算完工产品和在产品成本。

定额成本法……

情境展示

（1）计算月末在产品定额成本。

月末在产品材料定额成本的确定：

第一道工序原材料定额成本 = 300 × 100 = 30 000（元）

第二道工序原材料定额成本 = 100 × 100 = 10 000（元）

定额材料成本 = 30 000 + 10 000 = 40 000（元）

月末在产品累计工时定额的确定：

第一道工序在产品累计工时定额 = 8 × 50% = 4（小时）

第二道工序在产品累计工时定额 = 8 + 2 × 50% = 9（小时）

月末在产品定额人工的确定：

第一道工序在产品定额人工＝300×4×2＝2 400（元）

第二道工序在产品定额人工＝100×9×2＝1 800（元）

定额人工成本＝2 400＋1 800＝4 200（元）

月末在产品定额制造费用的确定：

第一道工序在产品定额制造费用＝300×4×1.20＝1 440（元）

第二道工序在产品定额制造费用＝100×9×1.20＝1 080（元）

定额制造费用成本＝1 440＋1 080＝2 520（元）

（2）用定额成本法计算完工产品和在产品成本，如表1-75所示。

表1-75　　　　　　　　　　　基本生产成本明细账

产品：戊产品　　　　　　　完工产量：1 800件　　　　　在产品：400件　单位：元

成本项目	月初在产品成本 （定额成本）	本月耗费	合　计	完工产品成本	月末在产品成本 （定额成本）
直接材料	82 000	101 000	183 000	143 000	40 000
直接人工	8 300	28 000	36 300	32 100	4 200
制造费用	4 300	10 000	14 300	11 780	2 520
合计	94 600	139 000	233 600	186 880	46 720

（三）定额比例法

在企业定额管理基础较好，各项消耗定额比较正确、稳定，各月月末在产品结存数量波动较大的情况下，为确保产品成本计算的准确性，可以采用定额比例法计算完工产品和在产品成本。

定额比例法是将生产耗费按照完工产品与月末在产品定额消耗量或定额耗费的比例进行分配的方法。其中直接材料按原材料的定额消耗量或定额耗费的比例分配；直接人工等加工费可以按各项定额耗费的比例分配，也可按定额工时比例分配。由于直接人工等加工费的定额耗费一般根据定额工时乘以每小时的各该耗费定额计算，因而这些耗费一般按定额工时比例分配，以简化耗费的计算工作。

采用定额比例法时，如按定额消耗量比例分配费用，可用下列公式计算：

$$\frac{消耗量}{分配率}=\frac{月初在产品实际消耗量+本月实际消耗量}{完工产品定额消耗量+月末在产品定额消耗量}$$

$$完工产品实际消耗量=完工产品定额消耗量×消耗量分配率$$

$$\frac{完工产品}{成本}=\frac{完工产品}{实际消耗量}×\left(\frac{原材料单价}{或单位工时工资、成本}\right)$$

$$月末在产品实际消耗量=月末在产品定额消耗量×消耗量分配率$$

$$\begin{array}{c}\text{月末在产品}\\\text{成本}\end{array}=\begin{array}{c}\text{月末在产品}\\\text{实际消耗量}\end{array}\times\left(\begin{array}{c}\text{原材料单价}\\\text{或单位工时工资、成本}\end{array}\right)$$

　　按照上列公式分配耗费，不仅可以提供完工产品和在产品的实际成本资料，而且可以提供它们的实际消耗量资料，便于考核和分析各项消耗定额的执行情况；但这种分配方法在所耗原材料较多的情况下核算工作量较大。为简化核算工作，也可以按照下列公式计算：

$$\begin{array}{c}\text{直接材料}\\\text{分配率}\end{array}=\frac{\text{月初在产品实际直接材料}+\text{本月实际直接材料}}{\text{完工产品定额直接材料}+\text{月末在产品定额直接材料}}$$

$$\text{完工产品直接材料}=\text{完工产品定额直接材料}\times\text{直接材料分配率}$$

$$\text{月末在产品直接材料}=\text{月末在产品定额直接材料}\times\text{直接材料分配率}$$

或
$$=\text{月初在产品定额直接材料}+\text{本月实际直接材料}$$
$$-\text{完工产品直接材料}$$

$$\begin{array}{c}\text{加工费}\\\text{分配率}\end{array}=\frac{\text{月初在产品实际加工费}+\text{本月实际加工费}}{\text{完工产品定额工时}+\text{月末在产品定额工时}}$$

$$\text{完工产品加工费}=\text{完工产品定额工时}\times\text{加工费分配率}$$

$$\text{月末在产品加工费}=\text{月末在产品定额工时}\times\text{加工费分配率}$$

　　某公司已产品 2021 年 6 月投产 120 件，月末完工 100 件，在产品 20 件。月初在产品成本中，直接材料 1 500 元，直接人工 600 元，制造费用 150 元；本月发生成本中，直接材料 7 200 元，直接人工 4 584 元，制造费用 6 330 元。月末在产品投料程度为 80%，加工程度为 40%。完工产品的直接材料消耗定额为 30 千克，定额工时为 20 小时。要求：采用定额比例分配法计算完工产品、在产品成本。

　　（1）用定额耗用量比例分配直接材料。

　　完工产品直接材料定额耗用量 $=100\times30=3\ 000$（千克）

　　月末在产品直接材料定额耗用量 $=20\times80\%\times30=480$（千克）

$$\begin{array}{c}\text{直接材料}\\\text{定额成本分配率}\end{array}=\frac{1\ 500+7\ 200}{3\ 000+480}=2.50$$

　　完工产品直接材料成本 $=2.50\times3\ 000=7\ 500$（元）

　　月末在产品直接材料成本 $=2.50\times480=1\ 200$（元）

　　（2）用定额工时比例分配直接人工。

　　完工产品定额工时 $=100\times20=2\ 000$（小时）

　　月末在产品定额工时 $=20\times40\%\times20=160$（小时）

$$\begin{array}{c}\text{直接人工}\\\text{定额工时分配率}\end{array}=\frac{600+4\ 584}{2\ 000+160}=2.40$$

完工产品直接人工成本 $= 2.40 \times 2\,000 = 4\,800$（元）

月末在产品直接人工成本 $= 2.40 \times 160 = 384$（元）

（3）用定额工时比例分配制造费用。

完工产品定额工时 $= 100 \times 20 = 2\,000$（小时）

月末在产品定额工时 $= 20 \times 40\% \times 20 = 160$（小时）

$$\frac{\text{制造费用}}{\text{定额工时分配率}} = \frac{150 + 6\,330}{2\,000 + 160} = 3$$

完工产品制造费用成本 $= 2\,000 \times 3 = 6\,000$（元）

月末在产品制造费用成本 $= 160 \times 3 = 480$（元）

已产品完工产品和月末在产品成本的分配，如表1-76所示。

表1-76　　　　　　　　　　　基本生产成本明细账

产品:已产品　　　　　　　　完工产量:100件　　　　　　在产品:20件　金额单位:元

成本项目	月初在产品成本	本月费用	合计	耗费分配率	完工产品成本		月末在产品成本	
					定额	实际	定额	实际
①	②	③	④=②+③	⑤=④÷(⑥+⑧)	⑥	⑦=⑥×⑤	⑧	⑨=⑧×⑤
直接材料	1 500	7 200	8 700	2.5	3 000	7 500	480	1 200
直接人工	600	4 584	5 184	2.4	2 000	4 800	160	384
制造费用	150	6 330	6 480	3	2 000	6 000	160	480
合计	2 250	18 114	20 364	—	—	18 300	—	2 064

定额比例法下的"定额"，即"耗用量定额"或"工时定额"。

采用上述方法分配完工产品和在产品成本，在产品的种类和生产工序繁多时，核算工作量十分繁重。因此，企业可以采用简化的方法计算月末在产品定额消耗量或定额成本。计算公式如下：

定额比例法下的定额……

提示窗

$$\begin{array}{l} \text{月末在产品} \\ \text{定额消耗量} \\ \text{或定额成本} \end{array} = \begin{array}{l} \text{月初在产品定} \\ \text{额消耗量或} \\ \text{定额成本} \end{array} + \begin{array}{l} \text{本月投入的定} \\ \text{额消耗量或} \\ \text{定额成本} \end{array} - \begin{array}{l} \text{本月完工产品} \\ \text{定额消耗量或} \\ \text{定额成本} \end{array}$$

在上列公式中，除本月完工产品定额消耗量按前述方法计算外，月初在产品定额消耗量可以根据上月成本计算资料取得。本月投入的定额消耗量，其中原材料定额消耗量可以根据限额领料凭证所列原材料定额消耗量计算求得；工时定额消耗量可以根据有关定额工时的原始记录计算求得。

根据上列公式计算月末在产品定额消耗量，虽然可以简化核算工作，但在发生在产品盘盈、盘亏的情况下，据以形成的成本资料就不能如实反映产品成本的水平。为提高成本计算的准确性，企业应定期（一年或半年）进行在产品清查盘点，并据以计算在产品定额消耗量。

（四）生产耗费在完工产品和在产品之间分配的简化方法

在实际工作中，企业还可以根据自身的生产特点和管理要求，采用简化的方法，计算分配完工产品和在产品的成本。

1. 不计算在产品成本法

不计算在产品成本法指在月末在产品数量很小，价值很低，且各月在产品数量比较稳定的情况下，对月末在产品成本忽略不计的一种方法。采用此方法，本月完工产品成本等于本月生产耗费，并且基本生产成本明细账的账面上没有月末在产品成本。

2. 在产品按年初固定成本计价法

在产品按年初固定成本计价法即各月月末在产品成本均按年初在产品成本计价的方法。该方法适用于各月月末在产品数量较小，或者在产品数量虽大，但各月之间变化不大的产品。例如，炼铁厂的高炉和炼油厂的各种装置中的在产品，由于高炉和化学反应装置的容积固定，因而便于采用这种方法。在产品按年初在产品成本计价，各月月末在产品成本不变，月初月末在产品成本相等，因而当月发生的生产耗费就是当月完工产品的成本。

采用在产品按年初固定成本计价的方法时，应于每年年终根据实际盘点的在产品数量重新调整计算确定年末在产品的实际成本，并作为下一年度各月固定的在产品成本。以免在产品成本与实际出入过大，影响成本计算的正确性。计算公式如下：

$$
\begin{array}{c}\text{本月完工}\\\text{产品成本}\end{array} = \begin{array}{c}\text{月初（即年初）}\\\text{在产品成本}\end{array} + \begin{array}{c}\text{本月生}\\\text{产成本}\end{array} - \begin{array}{c}\text{月末盘点确认}\\\text{的在产品成本}\end{array}
$$

3. 在产品按所耗原材料耗费计价法

采用该方法时，月末在产品只计算其耗用的直接材料，不计算直接人工、制造费用等加工费，产品的加工费全部由完工产品成本负担。这种方法适用于直接材料在成本中所占比重较大的产品。例如在造纸、酿酒和纺织等原材料比重较大的工业企业中，均可采用这种方法。由于原材料在产品成本中比重较大，而各项加工费比重小，在产品成本中的加工费相对更小，为了简化核算工作，在产品成本中可以只计算原材料，不计算加工费，加工费全部由完工产品成本负担。这时，某种产品的全部生产成本，减去按直接材料计算的在产品成本后的余额，就是该种完工产品的成本。计算公式如下：

$$
\begin{array}{c}\text{本月完工}\\\text{产品成本}\end{array} = \begin{array}{c}\text{月初在产品成本}\\\text{（只计材料成本）}\end{array} + \begin{array}{c}\text{本月生}\\\text{产成本}\end{array} - \begin{array}{c}\text{月末在产品成本}\\\text{（只计材料成本）}\end{array}
$$

■■【业务操作】■

一、归集闸阀和止回阀生产耗费

成本核算组根据前已述及的各种要素费用分配表、辅助生产成本分配表、制造费用分配表、废品损失分配表，以及相应分配的记账凭证，据以登记基本生产成本明细账。至此，基本生产车间为生产产品发生的所有耗费已经全部归集记入闸阀和止回阀"基本生产成本明细账"（见表1-1、表1-2），并按成本项目结出本月发生额合计以及成本累计。

二、编制完工产品和在产品成本计算单

成本核算组根据闸阀和止回阀基本生产成本明细账（见表1-1、表1-2）以及产成品入库单（见表1-77、表1-78），采用约当产量法编制完工产品和在产品成本计算单（见表1-79、表1-80），计算各批别完工产品和月末在产品成本。

表 1-77

产成品入库单

交库单位：装配车间　　　　　　2021 年 3 月 21 日　　　　　　编号：090101

产品批号	产品名称	单位	交付数量	检验结果		实收数量
				合格	不合格	
	闸阀	台	122	120	2	120

车间送库签章：张鹏　　　　　　检验签章：王梁　　　　　　仓库验收签章：赵爽

表 1-78

产成品入库单

交库单位：装配车间　　　　　　2021 年 3 月 28 日　　　　　　编号：090102

产品批号	产品名称	单位	交付数量	检验结果		实收数量
				合格	不合格	
	止回阀	台	100	100	0	100

车间送库签章：李冰泓　　　　　　检验签章：王梁　　　　　　仓库验收签章：赵爽

表 1-79　　　　　　　　　完工产品和在产品成本计算单

产品名称:闸阀　　　　　　　　　　2021 年 3 月 31 日

项目	累计生产成本 /元	产量(约当总产量)					单位成本 /元	完工产品成本 /元	月末在产品成本 /元
		完工产量 /件	在产品约当产量			合计 /件			
			在产品数量 /件	完工程度	约当产量 /件				
直接材料	1 425 276.56	120	8	100%	8	128	11 134.973 2	1 336 196.78	89 079.78
燃料及动力	367 446.96	120	8	80%	6.4	126.4	2 907.018 1	348 842.18	18 604.78
直接人工	163 519.01	120	8	80%	6.4	126.4	1 293.663 1	155 239.57	8 279.44
制造费用	128 312.15	120	8	80%	6.4	126.4	1 015.127 8	121 815.34	6 496.81
废品损失	6 788.06						56.571 6	6 788.06	
合计	2 091 342.74	120					16 407.353 8	1 968 881.93	122 460.81

注:小数计算结果差异是由于计算过程中多次四舍五入造成的。

表 1-80　　　　　　　　　完工产品和在产品成本计算单

产品名称:止回阀　　　　　　　　　　2021 年 3 月

项目	累计生产费用 /元	产量(约当总产量)					单位成本 /元	完工产品成本 /元	月末在产品成本 /元
		完工产量 /件	在产品约当产量			合计 /件			
			在产品数量 /件	完工程度	约当产量 /件				
直接材料	926 501.84	100	—	—	—	100	9 265.018 4	926 501.84	—
燃料及动力	273 802.90	100	—	—	—	100	2 738.029 0	273 802.90	—
直接人工	111 291.74	100	—	—	—	100	1 112.917 4	111 291.74	—
制造费用	87 115.78	100	—	—	—	100	871.157 8	87 115.78	—
废品损失									
合计	1 398 712.26	100	0	0	0	100	13 987.122 6	1 398 712.26	—

注:小数计算结果差异是由于计算过程中多次四舍五入造成的。

三、编制产成品成本汇总表

根据"完工产品和在产品成本计算单"(见表 1-79、表 1-80),编制产成品成本汇总表，如表 1-81 所示。

表 1-81　　　　　　　　　　产成品成本汇总表

2021 年 3 月　　　　　　　　　　　　　　　金额单位：元

产品名称	产量/件	直接材料	燃料及动力	直接人工	制造费用	废品损失	合　计
闸阀	120	1 336 196.78	348 842.18	155 239.57	121 815.34	6 788.06	1 968 881.93
止回阀	100	926 501.84	273 802.90	111 291.74	87 115.78		1 398 712.26

财务主管：高福堂　　　　　　　　　审核：杨益民　　　　　　　　　制表：王鹏

四、编制结转完工产品成本的记账凭证

根据产成品成本汇总表以及产成品入库单，编制结转完工入库产品成本的记账凭证，如表 1-82 所示。

表 1-82

记 账 凭 证

2021 年 3 月 31 日　　　　　　　　　第 68 号

摘要	总账科目	明细科目	借方金额 百 十 万 千 百 十 元 角 分	贷方金额 百 十 万 千 百 十 元 角 分	
结转完工产品	库存商品	闸阀	1 9 6 8 8 8 1 9 3		附单据
成本	库存商品	止回阀	1 3 9 8 7 1 2 2 6		
	基本生产成本	闸阀		1 9 6 8 8 8 1 9 3	张
	基本生产成本	止回阀		1 3 9 8 7 1 2 2 6	
合计			3 3 6 7 5 9 4 1 9	3 3 6 7 5 9 4 1 9	

财务主管：高福堂　　　记账：赵云峰　　　审核：杨益民　　　制单：蒋文新

五、根据记账凭证登记基本生产成本明细账

经企业会计稽核人员对上述单证进行审核后，成本核算组据以登记各基本生产成本明细账，用红字转出完工产品成本，结出在产品成本，见表 1-1 和表 1-2。

六、编制损益结转的会计凭证

月末，财会部门应将归集的各期间费用，编制损益结转的会计凭证（见表 1-83），结转至本年利润，并根据这些记账凭证登记各期间费用明细账（见表 1-9 ~ 表 1-11）。

表 1-83

记 账 凭 证

2021 年 3 月 31 日　　　　　　　第 69 号

摘要	总账科目	明细科目	借方金额									贷方金额								
			百	十	万	千	百	十	元	角	分	百	十	万	千	百	十	元	角	分
结转当期损益	本年利润			2	2	8	9	7	4	0	0									
	销售费用													5	6	3	2	6	0	0
	管理费用												1	6	0	6	4	8	0	0
	财务费用													1	2	0	0	0	0	0
合计			¥	2	2	8	9	7	4	0	0	¥	2	2	8	9	7	4	0	0

附单据　张

财务主管：高福堂　　　　记账：赵云峰　　　　审核：杨益民　　　　制单：蒋文新

七、传递至总账会计

成本核算组将有关凭证传递至总账会计。

■【情境小结】■

完工产品成本计算与结转工作流程如图 1-14 所示。

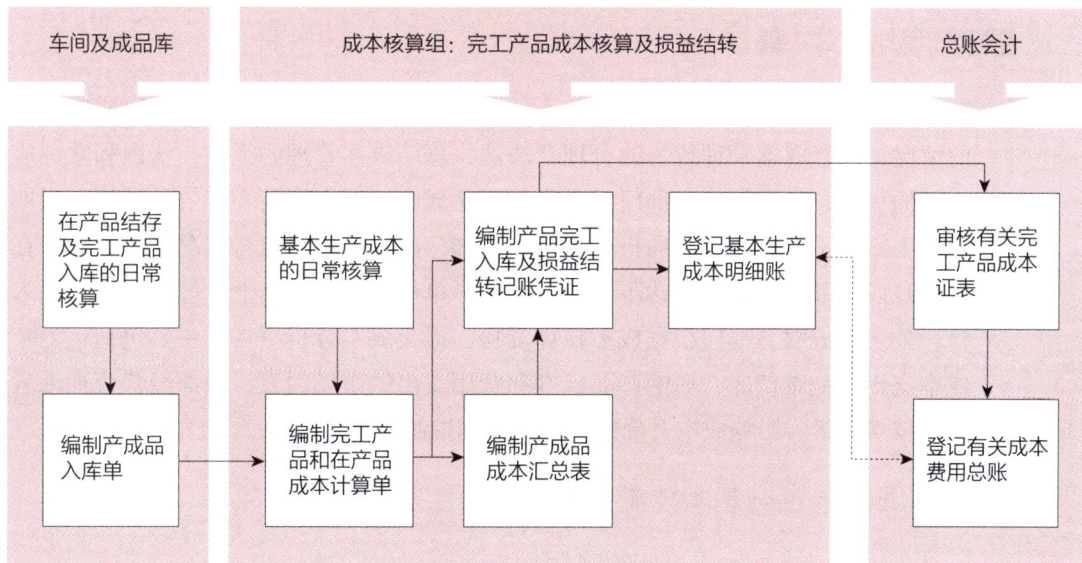

图 1-14　完工产品成本计算与结转工作流程

▚▎▎学习情境十三　成本报表的编制与分析

成本报表是根据日常成本核算资料及其他有关资料编制的，反映企业一定时期产品成本水平和费用支出情况，据以分析企业成本计划执行情况和结果的报告文件。正确、及时地编制成本报表是成本会计的一项重要内容。

成本报表通常包括产品生产成本表、主要产品单位成本表、制造费用明细表和期间费用明细表等。该类报表在编报的时间、种类、格式、内容和报送对象等方面，国家均不作统一规定，而由企业根据其生产特点与管理要求自行设置和调整。

正确、及时地编报成本报表，有利于企业及主管部门了解和掌握成本计划的执行情况，考核成本工作绩效，对企业的成本工作进行评价；通过成本报表的分析，可以揭示影响产品成本指标和费用项目变动的因素和原因，从生产技术、生产组织和经营管理等方面挖掘降低成本的潜力，提高企业的经济效益；成本报表提供的实际产品成本和耗费支出资料，不仅可以满足加强日常成本管理的需要，而且是企业进行成本利润预测和决策、编制成本费用计划、制定产品价格的重要依据。

成本报表属于内部报表，由于其反映的内容属商业机密，因而不对外公开和报送。

▚▎【情境导入】▎▚

沃尔公司为全面了解和掌握各产品及所属车间和部门完成和超额完成成本计划的情况，检查成本管理行为的合理合法性，总结成本管理的经验，认识和掌握成本变动的规律，进而促使各部门不断降低产品成本，努力提高经济效益，拟于近期召开成本管理工作研讨会，通报各产品及各部门成本计划的执行情况，并就企业在近几个月以来部分产品产量达不到计划指标、单位成本较计划上升等问题进行深入研讨。公司责成财会部门根据成本核算资料，提交成本分析报告，主要包括：上年度成本支出的基本情况，影响产品成本和费用支出的市场因素、内部经营管理因素和生产技术因素，影响成本升降的主要原因和控制措施。

▚▎【职业判断与基本技能】▎▚

一、产品生产成本表的编制与分析

产品生产成本表是反映企业在报告期内生产全部产品（包括可比产品和不可比产品）的总成本以及各种主要产品的单位成本、总成本及年度累计总成本的报表。

这里所指可比产品系以前年度正式生产过、具有较完备的成本资料的产品；不可比产品系以前年度没有正式生产过，因而也没有完备的成本资料的产品以及上年试制成功当年正式投产的产品。产品生产成本表一般分为以下几种。

（一）按产品种类反映的产品生产成本表的编制

按产品种类反映的产品生产成本表，是按产品种类汇总反映企业在报告期内生产的全部产品的单位成本和总成本的报表。

1. 按产品种类反映的产品生产成本表的设置

按产品种类反映的产品生产成本表分基本报表和补充资料两部分，其格式如表1-84 所示。

（1）基本报表部分应按可比产品和不可比产品分别设置。基本报表部分反映可比产品、不可比产品和全部产品的本月总成本和本年累计总成本。其中对于各种主要产品，还应分别反映其实际产量、单位成本、本月总成本和本年累计总成本。

（2）补充资料部分主要反映可比产品成本的降低额和降低率等资料。

$$\text{可比产品成本降低额} = \text{可比产品按上年实际平均单位成本计算的总成本} - \text{可比产品本年累计实际总成本}$$

$$\text{可比产品成本降低率} = \frac{\text{可比产品成本降低额}}{\text{可比产品按上年实际平均单位成本计算的总成本}}$$

2. 按产品种类反映的产品生产成本表的填列方法

编制产品生产成本表，主要依据有关产品的基本生产成本明细账、年度成本计划及上年度本表等资料填列。

（1）"产品名称"项目填列"可比产品"与"不可比产品"的名称。

（2）"实际产量"项目根据"基本生产成本明细账"的记录计算填列。

（3）"单位成本"项目下。

① "上年实际平均"项目根据上年度本表所列各种可比产品的全年累计实际平均单位成本填列。

② "本年计划"项目根据年度成本计划的有关资料填列。

③ "本月实际"项目根据有关产品"基本生产成本明细账"中的资料，按下述公式计算填列：

$$\text{某产品本月实际单位成本} = \frac{\text{该产品本月实际总成本}}{\text{该产品本月实际产量}}$$

④ "本年累计实际平均"项目根据有关产品"基本生产成本明细账"资料计算填列。计算方法为：

$$\text{某产品本年累计实际平均单位成本} = \frac{\text{该产品本年累计实际总成本}}{\text{该产品本年累计实际产量}}$$

（4）"本月总成本"项目下。

①"按上年实际平均单位成本计算"项目是本月实际产量与上年实际平均单位成本之积。

$$按上年实际平均单位成本计算的本月总成本 = 本月实际产量 \times 上年实际平均单位成本$$

②"按本年计划单位成本计算"项目是本月实际产量与本年计划单位成本之积。

$$按本年计划平均单位成本计算的本月总成本 = 本月实际产量 \times 本年计划平均单位成本$$

③"本月实际"项目根据本月有关产品"基本生产成本明细账"的记录填列。

（5）"本年累计总成本"项目下。

①"按上年实际平均单位成本计算"项目是本年累计实际产量与上年实际平均单位成本之积。

$$按上年实际平均单位成本计算的本年累计总成本 = 本年累计实际产量 \times 上年实际平均单位成本$$

②"按本年计划单位成本计算"项目是本年累计实际产量与本年计划平均单位成本之积。

$$按本年计划单位成本计算的本年累计总成本 = 本年累计实际产量 \times 本年计划平均单位成本$$

③"本年实际"项目根据有关"基本生产成本明细账"资料填列。

根据沃尔公司 2021 年 3 月"基本生产成本明细账"（见表 1-1、表 1-2）、完工产品和在产品成本计算单（见表 1-79、表 1-80），及有关历史、计划等资料，编制按产品种类反映的"产品生产成本表"，如表 1-84 所示。

情境展示

（二）按产品品种进行的成本分析

按产品品种进行的成本计划执行情况的分析，依据分析期及上期产品生产成本表与按产品种类编制的全部产品生产成本计划表进行。按产品种类反映的产品生产成本表的分析，一般可以从以下两个方面进行，一是本期实际成本与计划成本的对比分析；二是本期实际成本与上年实际成本的对比分析。

1. 本期实际成本与计划成本的对比分析

根据实际成本资料（见表 1-84）、计划成本资料（见表 1-85），编制沃尔公司 2021 年 3 月"产品生产成本计划完成情况分析表（按产品品种）"，如表 1-86 所示。

情境展示

表 1-84

产品生产成本表（按产品品种）

编制单位:沃尔公司

2021 年 3 月

单位:元

产品名称	计量单位	实际产量		单位成本				本月总成本			本年累计总成本		
		本月	本年累计	上年实际平均	本年计划	本月实际	本年累计实际平均	按上年实际平均单位成本计算	按本年计划单位成本计算	本月实际	按上年实际平均单位成本计算	按本年计划单位成本计算	本年实际
		(1)	(2)	(3)	(4)	(5)=(9)÷(1)	(6)=(12)÷(2)	(7)=(1)×(3)	(8)=(1)×(4)	(9)	(10)=(2)×(3)	(11)=(2)×(4)	(12)
可比产品合计								1 972 130	1 938 000	1 968 881.93	4 849 500	4 845 000	4 848 000
其中:闸阀	件	120	300	16 165	16 150	16 407.35	16 160	1 939 800	1 938 000	1 968 881.93	4 849 500	4 845 000	4 848 000
不可比产品合计									1 400 000	1 398 712.26		3 920 000	3 948 000
其中:止回阀	件	100	280		14 000	13 987.12	14 100		1 400 000	1 398 712.26		3 920 000	3 948 000
全部产品成本合计									3 338 000	3 367 594.19		8 765 000	8 796 000

补充资料:1. 可比产品成本降低额 = 4 849 500 − 4 848 000 = 1 500(元)
2. 可比产品成本降低率 = 1 500 ÷ 4 849 500 = 0.03%

表 1-85　　　　　　　　　　产品生产成本计划表

编制单位:沃尔公司　　　　　　　　　　2021 年 3 月　　　　　　　　　金额单位:元

产品名称	计划产量/件	单位成本		计划产量的总成本		成本降低任务	
		上年实际	本年计划	按上年实际单位成本计算	本年计划	成本降低额	成本降低率
闸阀	360	16 165	16 150	5 819 400	5 814 000	5 400	0.1%
止回阀	252		14 000		3 528 000		

表 1-86　　　　　产品生产成本计划完成情况分析表（按产品品种）

编制单位:沃尔公司　　　　　　　　　　2021 年 3 月　　　　　　　　　金额单位:元

产品名称	实际产量/件	单位成本			实际产量的总成本			与计划成本比	
		上年实际	本年计划	本年实际	按上年实际单位成本计算	按本年计划单位成本计算	本年实际	成本降低额	成本降低率/%
主要产品					4 849 500	8 765 000	8 796 000	−31 000	−0.353 7
其中:闸阀	300	16 165	16 150	16 160	4 849 500	4 845 000	4 848 000	−3 000	−0.061 9
止回阀	280		14 000	14 100		3 920 000	3 948 000	−28 000	−0.714 3

在产品生产成本计划完成情况分析表（见表 1-86）中，总成本均按同一实物量的实际产量计算，确保了指标的可比性。

通过表 1-86 的计算分析可以看到，沃尔公司 2021 年全部产品总成本未完成计划，实际成本与计划成本比较，成本降低额为 −31 000 元，成本降低率为 −0.353 7%。在主要产品中，闸阀成本比计划超支 3 000 元，超支 0.061 9%；止回阀成本比计划超支 28 000 元，超支 0.714 3%。对实际成本超支问题，该公司应做进一步的分析。

2. 本期实际成本与上年实际成本的对比分析

可比产品的成本分析，除进行实际与计划的对比分析外，还可以进行本期实际与上期实际的对比分析。可比产品的成本分析一般从两方面进行，一是对可比产品成本降低情况的总括分析，二是对可比产品成本降低情况的因素分析。

（1）可比产品成本降低情况的总括分析。

企业通常在制订成本计划时，规定可比产品成本比上年成本降低的任务，即计划降低额和计划降低率。因此，可比产品成本的分析，首先要计算出实际降低额和降低率，以便与计划降低额和降低率相比较，从而了解可比产品降低任务的完成情况。

$$\text{可比产品成本计划降低额} = \sum \text{可比产品计划产量} \times (\text{上年实际平均单位成本} - \text{计划单位成本})$$

$$\text{可比产品成本计划降低率} = \frac{\text{可比产品成本计划降低额}}{\sum(\text{可比产品计划产量} \times \text{上年实际平均单位成本})} \times 100\%$$

$$\text{可比产品成本实际降低额} = \sum \text{可比产品实际产量} \times (\text{上年实际平均单位成本} - \text{本年实际平均单位成本})$$

$$\text{可比产品成本实际降低率} = \frac{\text{可比产品成本实际降低额}}{\sum(\text{可比产品实际产量} \times \text{上年实际平均单位成本})} \times 100\%$$

沃尔公司可比产品成本降低任务完成情况如表1-87所示。

计划降低额 = 360 × (16 165 − 16 150) = 5 400（元）

计划降低率 = 5 400 ÷ 5 819 400 × 100% = 0.1%

实际降低额 = 300 × (16 165 − 16 160) = 1 500（元）

实际降低率 = 1 500 ÷ 4 849 500 × 100% = 0.031%

表1-87　　　　　　　可比产品成本降低任务完成情况分析表（按产品品种）

编制单位:沃尔公司　　　　　　　2021年3月　　　　　　　金额单位:元

可比产品	计划产量/件	实际产量/件	单位成本			总成本			降低任务完成情况				差异	
			上年实际	本年计划	本年实际	按上年实际单位成本和计划产量计算	按上年实际单位成本和本年实际产量计算	本年实际	计划		实际		降低额	降低率
									降低额	降低率/%	降低额	降低率/%		
闸阀	360	300	16 165	16 150	16 160	5 819 400	4 849 500	4 848 000	5 400	0.1	1 500	0.031	−3 900	−0.069

由表1-87可知，沃尔公司可比产品成本实际降低额和实际降低率都未完成计划，其中，实际降低额比计划多降低 −3 900 元，即成本降低额上升了 3 900 元，实

际降低率比计划相差 0.069%。因此，沃尔公司还应就影响可比产品成本降低情况的
诸因素做进一步的分析。

（2）影响可比产品成本降低情况的因素分析。

影响可比产品成本的主要因素有三个：产品产量、产品品种结构和产品单位
成本。由于可比产品的计划降低额是根据各种产品的计划产量确定的，而实际降低
额是根据各种产品的实际产量确定的，在产品品种结构和产品单位成本不变的情况
下，产量变动将会使成本降低额发生同比例变动，因而产量变动不会影响成本降低
率的变动。此外，由于在可比产品中各产品的成本降低程度不尽相同，因而产品品
种的比重变动，将会使成本降低额与成本降低率同时发生变动。成本降低程度大的
产品比重增加会使成本降低额和降低率提高，反之则降低。另外，产品单位成本降
低会使成本降低额和成本降低率提高，反之会降低。因此，产品品种结构变动和产
品单位成本变动会影响成本降低率的变动，而产品产量、产品品种结构和产品单位
成本的变动均会影响成本降低额的变动。

（三）按成本项目反映的产品生产成本表的编制

按成本项目反映的产品生产成本表，是按成本项目汇总反映企业在报告期内发
生的全部生产耗费以及产品生产总成本的报表。

1. 按成本项目反映的产品生产成本表的设置

按成本项目反映的产品生产成本表一般分为生产费用和生产成本两部分，其格
式如表 1-88 所示。

表 1-88　　　　　　　　　产品生产成本表（按成本项目）

编制单位：沃尔公司　　　　　　　　2021 年 3 月　　　　　　　　　　　单位：元

项目	上年实际	本年计划	本月实际	本年累计实际
生产耗费				
直接材料	5 423 760	5 797 968	2 274 378.40	5 685 946
燃料及动力	1 551 544	1 521 525	629 549.86	1 576 874.65
直接人工	746 176	789 435	266 170.75	798 512.25
制造费用	608 200	606 072	206 107.93	618 323.80
废品损失			6 788.06	6 788.06
生产耗费合计	8 329 680	8 715 000	3 382 995	8 686 444.76
加：在产品、自制半成品期初余额	231 800	200 000	107 060	230 125.79
减：在产品、自制半成品期末余额	233 125.79	150 000	122 460.81	120 570.55
产品生产成本合计	8 328 354.21	8 765 000	3 367 594.19	8 796 000

（1）"生产耗费"部分按各成本项目分行列示。

（2）"产品生产成本"部分是在生产耗费合计数的基础上，加减期初、期末在产品和自制半成品余额计算的产品生产成本合计数。生产耗费和产品生产成本可以按"本年计划""本月实际"和"本年累计实际"分栏反映，可比产品还可以增设"上年实际"栏。

该表可以反映报告期内全部产品生产耗费的发生情况及各种耗费的构成情况。通过该表可以对企业的生产耗费进行一般评价。

2. 按成本项目反映的产品生产成本表的填列方法

按成本项目反映的产品生产成本表各项目的填列方法如下：

（1）"本月实际"栏的生产费用数，应根据各"基本生产成本明细账"所记本月生产耗费合计数，按成本项目分别汇总填列。在此基础上，加上"在产品、自制半成品的期初余额"，减去"在产品、自制半成品的期末余额"，计算确定本月完工的"产品生产成本合计"。

（2）"本年累计实际"栏，应根据"本月实际"数额，加上上月份本表的"本年累计实际"计算填列。

（3）"期初、期末在产品和自制半成品余额"，应根据各种产品"基本生产成本明细账"的期初、期末在产品成本和各种自制半成品明细账的期初、期末余额，分别汇总填列。

（4）"上年实际"数应根据上年同期本表的"本年累计实际"数填列。

（5）"本年计划"数应根据成本计划有关资料填列。

产品生产成本表是按产品类别和成本项目分别编制的，因此成本计划完成情况的分析，也应当按照产品类别和成本项目分别进行。通过分析，既能了解和掌握全部产品及各产品成本计划的执行情况，也能了解和掌握产品总成本及其各个成本项目的成本计划的执行情况，同时还便于从中发现成本超支或降低幅度较大的产品和成本项目，为进一步分析指明方向。

（四）按成本项目进行的成本分析

产品生产成本按成本项目进行分析，其依据是企业编制的按成本项目反映的上期、分析期产品生产成本表及产品成本计划表。按成本项目反映的产品生产成本表的分析，一般可以采用对比分析法、构成比率分析法和相关指标比率分析法。

1. 对比分析法

对比分析法也称比较分析法，它是通过分析期的实际数同某些选定的基数进行对比来揭示实际数与基数之间的差异，借以了解成本管理中的成绩和问题的一种分析方法。

对比分析法的基数由于分析的目的不同而有所不同，一般有计划数、定额数、前期实际数、以往年度同期实际数以及反映本企业的历史先进水平和国内外同行业的先进水平的实际数额。

2. 构成比率分析法

构成比率分析法是通过计算某项指标的各个组织部分占总体的比重，即部分与全部的比率，进行数量分析的方法。这种比率分析法也称比重分析法。通过这种分析，可以反映产品成本的构成是否合理。产品成本构成比率的计算公式如下：

$$\frac{\text{直接材料}}{\text{成本比率}} = \frac{\text{直接材料成本}}{\text{产品生产成本}} \times 100\%$$

$$\frac{\text{直接人工}}{\text{成本比率}} = \frac{\text{直接人工成本}}{\text{产品生产成本}} \times 100\%$$

$$\frac{\text{制造费用}}{\text{比率}} = \frac{\text{制造费用}}{\text{产品生产成本}} \times 100\%$$

3. 相关指标比率分析法

相关指标比率分析法是对两个性质不同而又相关的指标的比率进行数量分析的方法。在实际工作中，由于企业规模、市场环境等不同原因，单纯地对比产值、营业收入或利润等绝对数多少，不能说明各个企业经济效益的好坏，如果计算成本与产值、营业收入或利润相比的相对数，即产值成本率、营业收入成本率或成本利润率，就可以反映各企业经济效益的好坏。

情境展示

沃尔公司根据成本计划和成本报表的有关资料，编制截止到 2021 年 3 月按成本项目反映的产成品生产成本计划完成情况分析表（见表 1-89）。

表 1-89　　　　　产成品生产成本计划完成情况分析表（按成本项目）

编制单位：沃尔公司　　　　　　　　　2021 年 3 月　　　　　　　　　单位：元

成本项目	实际产量的总成本		与计划比	
	按本年计划 单位成本计算	本年 实际	成本 降低额	成本降 低率 /%
直接材料	5 897 968	5 910 032.40	−12 064.40	−0.204 6
燃料及动力	1 621 525	1 626 380.40	−4 855.40	−0.299 4
直接人工	692 435	695 763.60	−3 328.60	−0.480 7
制造费用	553 072	557 035.54	−3 963.54	−0.716 6
废品损失		6 788.06	−6 788.06	
合计	8 765 000	8 796 000.00	−31 000.00	−0.353 7

从表 1-89 中可以看到，沃尔公司按成本项目反映的全部产品生产成本计划完成情况，与计划比较的成本降低额为 -31 000 元，成本降低率为 -0.353 7%，进一步分析可以发现，构成产品总成本的三个主要成本项目，直接材料、直接人工和制造费用项目均未完成计划，与计划比较的降低率分别为 -0.204 6%、-0.480 7% 和 -0.716 6%；对于各成本项目超支的原因，沃尔公司应做进一步的分析。

对于各种生产成本，还可以根据表 1-88 提供的资料，计算构成比率，并在本年实际、本月实际、本年计划和上年实际之间进行比较。

（1）本年累计实际构成比率。

直接材料构成比率 = 5 685 964 ÷ 8 686 444.76 × 100% = 65.46%

燃料及动力构成比率 = 1 576 874.65 ÷ 8 686 444.76 × 100% = 18.15%

直接人工构成比率 = 798 512.25 ÷ 8 686 444.76 × 100% = 9.19%

制造费用构成比率 = 618 323.80 ÷ 8 686 444.76 × 100% = 7.12%

废品损失构成比率 = 6 788.06 ÷ 8 686 444.76 × 100% = 0.08%

（2）本月实际构成比率。

直接材料构成比率 = 2 274 378.40 ÷ 3 382 995 × 100% = 67.23%

燃料及动力构成比率 = 629 549.86 ÷ 3 382 995 × 100% = 18.61%

直接人工构成比率 = 266 170.75 ÷ 3 382 995 × 100% = 7.87%

制造费用构成比率 = 206 107.93 ÷ 3 382 995 × 100% = 6.09%

废品损失构成比率 = 6 788.06 ÷ 3 382 995 × 100% = 0.2%

（3）本年计划构成比率。

直接材料构成比率 = 5 797 968 ÷ 8 715 000 × 100% = 66.53%

燃料及动力构成比率 = 1 521 525 ÷ 8 715 000 × 100% = 17.46%

直接人工构成比率 = 789 435 ÷ 8 715 000 × 100% = 9.06%

制造费用构成比率 = 606 072 ÷ 8 715 000 × 100% = 6.95%

（4）上年实际构成比率。

直接材料构成比率 = 5 423 760 ÷ 8 329 680 × 100% = 65.11%

燃料及动力构成比率 = 1 551 544 ÷ 8 329 680 × 100% = 18.63%

直接人工构成比率 = 746 176 ÷ 8 329 680 × 100% = 8.96%

制造费用构成比率 = 608 200 ÷ 8 329 680 × 100% = 7.3%

根据上列各项构成比率可以看出，本年累计实际构成与本年计划构成相比，本年燃料及动力成本、直接人工成本和制造费用的比重有所提高，而直接材料成本的比重有所降低；而与上年实际构成比，本年直接材料、直接人工成本比重有所提高，而燃料及动力成本、制造费用有所降低。应进一步查明这些变动的原因以及变动是否合理。

二、主要产品单位成本表的编制与分析

主要产品是指企业经常生产，在企业全部产品中所占比重比较大，能概括反映

企业生产经营面貌的产品。主要产品单位成本表是反映企业在报告期内生产的各种主要产品生产成本水平及其构成情况的成本报表。由于产品生产成本表中的各主要产品的成本只列示其总括数据，无法据以分析其构成情况，所以主要产品单位成本表就成为产品生产成本表的补充。主要产品单位成本表有助于考核各种主要产品单位成本计划的执行结果，明确各成本项目及相关消耗定额的变动情况与成本构成的变化趋势，为企业挖掘降低成本的潜力提供信息。

（一）主要产品单位成本表的编制

1. 主要产品单位成本表的设置

主要产品单位成本表的格式通常如表 1-90 所示。该表按主要产品品种分别设置和编制。主要产品单位成本表一般包括产量、单位成本和主要技术经济指标三部分。

产量部分反映报告期的计划产量和实际产量，以及本年累计的计划产量和实际产量，此外还反映产品的销售单价。

单位成本部分按照成本项目分别反映历史先进水平、上年实际平均、本年计划、本月实际和本年累计实际平均的单位成本。

技术经济指标部分主要反映原料、主要材料、燃料和动力以及生产工时的消耗数量。

2. 主要产品单位成本表的填列方法

编制主要产品单位成本表主要依据有关产品的"基本生产成本明细账"、成本计划、历年有关成本资料、上年度本表有关资料及产品产量、材料和工时的消耗量等资料。

沃尔公司根据 2021 年 3 月基本生产成本明细账和材料耗费分配表（见表 1-2、表 1-16）、完工产品与在产品成本计算单以及产成品成本汇总表资料（见表 1-80、表 1-81），编制 2021 年 3 月主要产品单位成本表，如表 1-90 所示。

情境展示

表 1-90　　　　　　　　　　　　主要产品单位成本表

产品名称:止回阀　　　　　　　　　2021 年 3 月　　　　　　　产品销售单价:16 784 元
产品规格:400　　　　　　　　　　　　　　　　　　　　　　　本月实际产量:100 件
计量单位:元　　　　　　　　　　　　　　　　　　　　　　本年累计实际产量:280 件

成本项目	历史先进水平	上年实际平均	本年计划	本月实际	本年累计实际平均
直接材料	9 076.05		9 314	9 265.02	9 232.68
燃料及动力	2 512.35		2 440	2 738.03	2 560.56
直接人工	1 062.45		1 267	1 112.91	1 297.20
制造费用	849.15		979	871.16	1 009.56

续表

成本项目	历史先进水平	上年实际平均	本年计划	本月实际	本年累计实际平均
产品单位生产成本	13 500		14 000	13 987.12	14 100
主要技术经济指标	耗用量	耗用量	耗用量	耗用量	耗用量
1. 主要材料					
铸铁消耗 / 千克	1 785		1 790	1 784	1 795
锤纹漆消耗 / 千克	1.4		2	1.5	1.49
大碳消耗 / 千克	500		510	627	530
焦炭消耗 / 千克	220		225	295	235
炉材消耗 / 千克	126		130	155	140
2. 工时					
工时定额	117		115		
铸造车间 / 小时	50		50		
机加工车间 / 小时	35		35		
装配车间 / 小时	32		30		
生产工时 / 件	110			121.8	115
铸造车间 / 小时	48			52	50
机加工车间 / 小时	33			34.8	35
装配车间 / 小时	29			35	30

主要产品单位成本表各项目的填列方法如下：

（1）"本月实际产量"和"本年累计实际产量"项目：根据产品成本明细账或产成品成本汇总表填列。

（2）"产品销售单价"项目：根据产品定价表填列。

（3）"主要技术经济指标"项目：反映主要产品每一单位产量所消耗的主要原材料、燃料、工时等的数量。

（4）"历史先进水平"栏各项目：反映本企业历史上该种产品成本最低年度的实际平均单位成本和实际单位用量，根据有关年份成本资料填列。

（5）"上年实际平均"栏各项目：反映上年实际平均单位成本和单位用量，根据上年度本表的"本年累计实际平均"单位成本和单位用量的资料填列。

（6）"本年计划"栏各项目：反映本年计划单位成本和单位用量，根据年度成本计划资料填列。

（7）"本月实际"栏各项目：反映本月实际单位成本和单位用量，根据本月产品成本明细账等有关资料填列。

（8）"本年累计实际平均"栏各项目：反映本年年初至本月月末该种产品的平均实际单位成本和单位用量，根据本年年初至本月月末的已完工产品成本明细账等有关资料，采用加权平均法计算后填列。

本表中按成本项目反映的"上年实际平均""本年计划""本月实际""本年累计实际平均"的单位成本合计，应与产品生产成本表中的各该产品单位成本金额分别相等。

（二）主要产品单位成本表的分析

一定时期产品单位成本的高低与企业的生产技术、生产组织状况和经营管理水平等情况密切相关，结合企业的各种经济资料，对产品单位成本进行分析，可以查明成本升降的具体原因，以便采取措施降低产品成本。

产品单位成本计划完成情况的分析，重点分析两种产品：一是单位成本升降幅度较大的产品；二是在企业全部产品中所占比重较大的产品。在这两类产品中，又应重点分析升降幅度较大的和所占比重较大的成本项目。分析产品单位成本计划完成情况要依据有关成本报表资料和成本计划资料。其分析方法一是进行一般分析，即运用比较分析法，查明产品单位成本计划的完成情况；二是进行因素分析，即运用因素分析法，查明各个成本项目成本升降的具体原因。

1. 产品单位成本计划完成情况的一般分析

沃尔公司根据本年主要产品单位成本表及有关资料，编制产品单位成本计划完成情况分析表，如表 1-91 所示。

表 1-91　　　　　　　　产品单位成本计划完成情况分析表

编制单位：沃尔公司　　　　　　　2021 年 3 月　　　　　　　单位：元

成本项目	单位成本			与历史最好比		与本年计划比	
	历史最好水平	本年计划	本月实际	成本降低额	降低率/%	成本降低额	降低率/%
止回阀	13 500.00	14 000	13 987.12	-487.12	-3.61	12.88	0.092
其中：直接材料	9 076.05	9 314	9 265.02	-188.97	-2.08	48.98	0.526
燃料及动力	2 512.35	2 440	2 738.03	-225.68	-8.98	-298.03	-12.214
直接人工	1 062.45	1 267	1 112.91	-50.46	-4.75	154.09	12.160
制造费用	849.15	979	871.16	-22.01	-2.59	107.84	11.015

表 1-91 分析计算结果表明，与历史最好水平相比，沃尔公司止回阀的单位成

本有所上升，上升额为 487.12 元，上升率为 3.61%；但与本年计划比较，止回阀单位成本降低 12.88 元，降低率为 0.092%；止回阀单位成本超额完成计划，主要是直接人工和制造费用完成计划较好，成本降低额分别为 154.09 元和 107.84 元；但燃料及动力项目较计划超支 298.03 元，超支 12.214%，应进一步分析原因。

2. 直接材料项目的分析

降低材料成本是降低产品成本的重要途径，特别是直接材料费用占产品成本比重较大的产品，直接材料项目更应作为产品单位成本分析的重点。影响产品单位成本中直接材料费用变动的因素，主要是单位产品材料耗用量和单位材料价格两个因素。分析这两个因素变动对材料成本的影响程度，可按下列公式计算：

$$\text{耗用量变动对材料成本的影响} = \left(\text{单位产品材料实际耗用量} - \text{单位产品材料计划耗用量} \right) \times \text{材料计划价格}$$

$$\text{价格变动对材料成本的影响} = \left(\text{材料实际价格} - \text{材料计划价格} \right) \times \text{单位产品材料实际耗用量}$$

根据表 1-91 提供的资料，沃尔公司止回阀实际与计划比较，直接材料费用节约 48.98 元，节约 0.526%。止回阀消耗铸铁、型砂、锤纹漆、碳结钢、无缝钢管、不锈钢圆钢、木模、螺栓、螺母等若干种材料，根据主要材料耗用量和价格资料，编制直接材料成本分析表（见表 1-92）。

情境展示

表 1-92　　　　　　　　　　　　直接材料成本分析表

编制单位：沃尔公司　　　　　产品：止回阀　　　　　2021 年 3 月　　　　　单位：元

材料名称	材料消耗量 / 千克		材料价格		材料成本		成本差异		差异额分析	
	计划	实际	计划	实际	计划	实际	差异额	差异率 /%	耗用量影响	价格影响
栏次	①	②	③	④	⑤ = ① × ③	⑥ = ② × ④	⑦ = ⑥ - ⑤	⑧ = ⑦ ÷ ⑤	⑨ = (② - ①) × ③	⑩ = (④ - ③) × ②
铸铁	1 790	1 784.0	3.02	3.033	5 405.80	5 410.87	5.07	0.09	-18.12	23.19
锤纹漆	2	1.5	30.00	22.00	60	33	-27.00	-0.45	-15.00	-12.00
型砂	68.2	68.18	0.3	0.28	20.46	19.09	-1.37	-6.70	-0.01	-1.36
无缝钢管										
不锈钢										
合计					9 314	9 265.02	-48.98	-0.53	……	……

表 1-92 分析计算结果表明，沃尔公司止回阀单位成本中，直接材料成本实际比计划节约 48.98 元，节约 0.53%，主要是锤纹漆和型砂两种材料成本节约引起的，锤纹漆和型砂两种材料的实际成本比计划成本分别节约 27 元和 1.37 元，合计为 28.37 元。铸铁实际成本比计划成本超支 5.07 元，由于铸铁价格超计划，使铸铁成本增加 23.19 元，应当进一步分析价格上升的原因。铸铁耗用量减少，使产品单位成本降低了 18.12 元，也应分析原因，以便总结经验，进一步挖掘企业内部降低成本的潜力。

3. 直接人工项目的分析

产品单位成本中的直接人工耗费，受工人劳动生产率（单位产品生产工时消耗）和工人平均工资（小时平均工资或小时工资率）两个因素影响。根据连环替代法的原理，分析单位产品工时消耗和小时工资率变动对成本的影响，计算公式如下：

$$\begin{pmatrix} 单位产品工时消耗 \\ 变动对成本的影响 \end{pmatrix} = \begin{pmatrix} 单位产品 \\ 实际工时 \end{pmatrix} - \begin{pmatrix} 单位产品 \\ 计划工时 \end{pmatrix} \times \begin{pmatrix} 计划 \\ 小时工资率 \end{pmatrix}$$

$$\begin{pmatrix} 小时工资率变动 \\ 对成本的影响 \end{pmatrix} = \begin{pmatrix} 实际小时 \\ 工资率 \end{pmatrix} - \begin{pmatrix} 计划小时 \\ 工资率 \end{pmatrix} \times \begin{pmatrix} 单位产品 \\ 实际工时 \end{pmatrix}$$

表 1-90、表 1-91 资料显示，截至 2021 年 3 月沃尔公司生产的止回阀单位产品成本中的直接人工耗费，实际较计划降低 154.09 元，降低率 12.16%。为了分析成本降低的原因，根据止回阀工时、工资等资料（见表 1-91、表 1-16），编制计算表如表 1-93 所示。

情境展示

表 1-93　　　　　直接人工耗费各因素影响的成本降低情况计算表

编制单位:沃尔公司　　　　　产品:止回阀　　　　　2021 年 3 月　　　　　单位:元

指标	本年计划	本月实际	差异
单位产品直接人工成本 / 元	1 267.00	1 112.91	−154.09
单位产品工时消耗 / 小时	115.00	121.80	6.80
小时工资率 / (元 / 小时)	11.02	9.14	−1.88
① 止回阀单位成本中直接人工费用实际脱离计划的差异额	1 112.91 − 1 267 = −154.09		
② 止回阀单位产品工时消耗变动的影响	(121.8 − 115) × 11.02 = 74.936		
③ 小时工资率变动的影响	(9.14 − 11.02) × 121.8 = −228.984		
④ 两个因素共同影响数额	−228.98 + 74.94 = −154.04		

三、制造费用明细表的编制与分析

制造费用明细表，是反映企业在报告期内发生的制造费用及其构成情况的报表。通过制造费用明细表，可以了解报告期内制造费用的实际支出水平，考核制造费用计划的执行情况，判断制造费用的变化趋势，以利于加强对制造费用的控制和管理。

（一）制造费用明细表的编制

1. 制造费用明细表的设置

制造费用明细表按制造费用各项目分列"本年计划数""上年同期实际数""本月实际数"和"本年累计实际数"，其结构和内容如表1-94所示。

2. 制造费用明细表的填列方法

（1）"本年计划数"栏项目：根据本年制造费用预算填列。

（2）"上年同期实际数"栏项目：根据上年同期本表的"本月实际数"栏相应数字填列。如果表内所列费用项目与上年度的费用项目在名称和内容上不相一致的，应对上年度的各项数字按本年度表内项目的规定进行调整。

（3）"本月实际数"栏项目：根据本月"制造费用明细账"中各费用项目累计数填列。

（4）"本年累计实际数"栏项目：根据本年"制造费用明细账"各月累计数汇总计算填列。

根据沃尔公司2021年3月机加工车间制造费用明细账（见表1-6）编制沃尔公司2021年3月机加工车间制造费用明细表，如表1-94所示。

情境展示

表1-94　　　　　　　　　　制造费用明细表

编制单位：机加工车间　　　　　　　2021年3月　　　　　　　　单位：元

项目	行次	本年计划数	上年同期实际数	本月实际数	本年累计实际数
消耗材料	1	100 000	9 000	8 800	26 400
低值易耗品摊销	2				
职工薪酬	3	391 000	32 500	32 600	97 800
折旧费	4	192 000	16 000	15 900	47 700
劳动保护费	5	61 250	5 200	5 100	15 300
水电费	6	14 000	1 280	1 200	3 600
办公费	7	78 000	6 600	6 500	19 500
租赁费	8	10 000	800	1 000	3 000
机物料消耗	9	4 000	200	0	1 200
差旅费	10	6 000	0	0	1 000
运输费	11	1 000	0	0	0
保险费	12	2 200	0	0	2 200
停工损失	13	7 500	0	0	0
其他	14	32 000	1 700	1 750	5 250
合计		898 950	73 280	72 850	222 950

（二）制造费用明细表的分析

制造费用明细表的分析，主要在于了解各项制造费用的计划执行情况，各种费用变动的原因及对产品成本的影响。制造费用明细表的分析通常采用比较分析法和构成比率分析法。

1. 比较分析法

比较分析法也称对比分析法，它是通过实际数与基数的对比来揭示实际数与基数之间的差异，借以了解经济活动的成绩和问题的一种分析方法。

在比较分析法下，对比基数由于分析的目的不同而有所不同，一般有计划数、定额数、前期实际数、以前年度同期实际数以及本企业的历史先进水平和国内外同行业的先进水平等。将本期实际数与前期实际数或以前年度同期实际数对比，可以考察经济活动的发展变化情况。将本企业实际数与国内外同行业的先进水平对比，可以发现与先进水平之间的差距，从而采取措施，学习、赶上和超过先进水平。

比较分析法适用于同质指标的数量对比。例如产品实际成本与计划产品成本对比，原材料实际成本与原材料定额成本对比等。运用这种分析方法时，应该注意指标的可比性。进行对比的各项指标在经济内容、计算期和影响指标形成的客观条件等方面，应有可比的共同基础。如果相比的指标之间有不可比因素，应先按可比口径进行调整，然后再进行对比。

在成本分析中运用比较分析法，主要有以下几种对比方式：

（1）分析期实际数据与计划（预算）数据对比。

分析期实际数据与计划（预算）数据比较，是基本的比较方法。这种方法可以找出分析期实际成本或费用与计划成本或费用预算之间的差异，查明成本计划和费用预算的执行情况。对比指标如下：

① 实际脱离计划的差异额，即实际与计划比较增加或减少的数额：

$$\text{实际较计划增减额} = \text{分析期实际数} - \text{分析期计划数}$$

② 实际脱离计划的差异率，即实际较计划增加或减少的百分比：

$$\text{实际较计划增减百分比} = \frac{\text{分析期实际数} - \text{分析期计划数}}{\text{分析期计划数}} \times 100\%$$

将分析期实际数据与计划（预算）数据比较，如果实际数据与计划数据的差异额较大，必须对计划（预算）的编制情况进行检查。

（2）分析期实际数据与前期实际数据对比。

将分析期实际成本、费用，与前期（上月、上季、上年、上年同期等）实际成本、费用比较，可以反映企业成本、费用的变动趋势。

在成本分析中，分析期实际数据还应当与本企业历史先进水平的成本、费用指标比较。历史先进水平是指本企业生产的该种产品，成本水平最低的年度的实际成本；

或在生产规模、生产条件大致相同的情况下，某种费用总额最低的年度的费用额。

（3）分析期实际数据与本行业（企业集团）实际平均数据或本行业（企业集团）先进企业实际数据对比。

将分析期实际数据与计划数据或前期实际数据进行内部的纵向比较，还不能充分说明企业成本管理工作的成绩和成本、费用的水平，只有将企业实际数据与行业实际平均数据或同行业先进企业的实际数据进行横向对比，才能找出本企业的差距，确定企业成本管理水平在同行业同类企业中的位置。企业成本数据属于商业秘密，成本数据在企业之间的这种横向比较，只有在行业内各企业之间达成了某种协议，同行业同类企业之间有成本数据交换的情况下才有可能；至于企业集团（或总公司）内部各企业之间的成本数据，则应当是公开的。

对制造费用明细进行分析，首先应根据表中资料以本年实际数与本年计划数相比较，确定实际脱离计划的差异；然后分析差异的原因。在按费用组成项目进行分析时，由于费用项目多，因此每次分析应抓住重点，对其中费用支出占总支出比重较大的，或与计划相比发生较大偏差的项目进行分析。特别注意那些非生产性的损失项目，如材料、在产品和产成品等存货的盘亏和毁损，因为这些费用的发生和企业管理不善直接相关。

分析时，除将本年实际数与计划数相比，检查计划完成情况外，为了从动态上观察、比较各项费用的变动情况和变动趋势，还应将本月实际数和上年同期实际数进行对比，以了解企业工作的改进情况，提高工作效率，降低各项费用支出。

2. 构成比率分析法

在采用构成比率法进行分析时，可以计算某项成本占制造费用合计数的构成比率，也可以将制造费用分为与机器设备使用有关的成本、与机器设备使用无关的成本，以及非生产性损失等几类，分别计算其占制造费用合计数的构成比率。也可以将这些构成比率与企业或车间的生产、技术的特点联系起来，分析其构成是否合理；还可以将本月实际和本年累计实际的构成比率与本年计划的构成比率和上年同期的构成比率进行对比，揭示其差异及与上年同期的增减变化，分析其差异和增减变化是否合理。

四、期间费用明细表的编制与分析

期间费用报表是反映企业在报告期内发生的各种期间费用情况的报表，包括管理费用明细表、财务费用明细表和销售费用明细表。利用期间费用明细表，可以分析和考核期间费用计划的执行结果，分析各项期间费用的构成情况及增减变动的原因。

（一）期间费用明细表的编制

1. 期间费用明细表的设置

各期间费用明细表的格式及内容见表 1-95 ~ 表 1-97。

2. 期间费用明细表的填列

管理费用明细表、财务费用明细表和销售费用明细表各项目的填列方法如下：

（1）"本年计划数"栏项目：根据本年度各项费用预算填列。

（2）"上年同期实际数"栏项目：根据上年同期相应期间费用明细表的"本月实际数"栏相应数字填列。如果表内所列费用项目和上年度的费用项目在名称和内容上不相一致的，应对上年度的各项数字按本年度表内项目的规定进行调整。

（3）"本月实际数"栏项目：根据"管理费用明细账""财务费用明细账"和"销售费用明细账"的本月数填列。

（4）"本年累计实际数"栏项目：根据本年"管理费用明细账""财务费用明细账"和"销售费用明细账"各月累计数汇总计算填列。

情境展示

沃尔公司根据 2021 年 3 月管理费用明细账（见表 1-10）、财务费用明细账（见表 1-11）和销售费用明细账（见表 1-9）等资料，编制该公司 2021 年 3 月期间费用明细表，如表 1-95 ～ 表 1-97 所示。

表 1-95 　　　　　　　　　　　　　管理费用明细表

编制单位:沃尔公司　　　　　　　　　2021 年 3 月　　　　　　　　　单位:元

项目	本年计划数	上年同期实际数	本月实际数	本年累计实际数
职工薪酬	815 000	68 000	67 880	200 600
材料	175 000	15 010	15 000	61 200
折旧费	167 520	13 000	13 960	41 880
修理费	144 000	12 000	11 130	15 000
水电费	45 000	3 350	4 000	13 000
办公费	150 000	12 500	12 650	37 000
差旅费	180 000	15 000	16 360	48 500
业务招待费	160 000	13 867	9 868	29 860
其他	110 000	9 600	9 800	42 600
合计	1 946 520	162 327	160 648	489 640

表 1-96 　　　　　　　　　　　　　财务费用明细表

编制单位:沃尔公司　　　　　　　　　2021 年 3 月　　　　　　　　　单位:元

项目	本年计划数	上年同期实际数	本月实际数	本年累计实际数
利息支出(减利息收入)	80 000	6 000	12 000	38 000
汇兑损失(减汇兑收益)	0	0	0	0

续表

项目	本年计划数	上年同期实际数	本月实际数	本年累计实际数
金融机构手续费	1 800	500	0	360
其他筹资费用	0	0	0	0
合计	81 800	6 500	12 000	38 360

表 1-97　　　　　　　　　　　　销售费用明细表

编制单位:沃尔公司　　　　　　　　2021 年 3 月　　　　　　　　单位:元

项目	本年计划数	上年同期实际数	本月实际数	本年累计实际数
职工薪酬	350 000	30 000	34 310	112 100
折旧费	12 000	1 000	1 360	4 080
广告费	73 000	6 000	6 400	6 400
差旅费	60 000	9 000	6 360	7 500
水电费	16 000	1 500	1 600	4 000
办公费	45 000	4 000	4 600	16 026
其他	16 000	1 600	1 696	7 620
合计	572 000	53 100	56 326	157 726

（二）期间费用明细表的分析

对期间费用明细进行分析，首先应根据表中资料以本年实际数与本年计划数相比较，确定实际脱离计划的差异；然后分析差异的原因。在按费用组成项目进行分析时，要抓住重点，对其中费用支出占总支出比重较大的，或与计划相比发生较大偏差的项目进行分析。

在对期间费用明细表进行分析时，除与本年实际数与计划数相比，检查计划完成情况外，为了从动态上观察、比较各项费用的变动情况和变动趋势，还应将本月实际数和上年同期实际数进行对比，以了解企业工作的改进情况，提高工作效率，降低各项费用支出。

■【情境小结】■

成本报表编制与分析工作流程如图 1-15 所示。

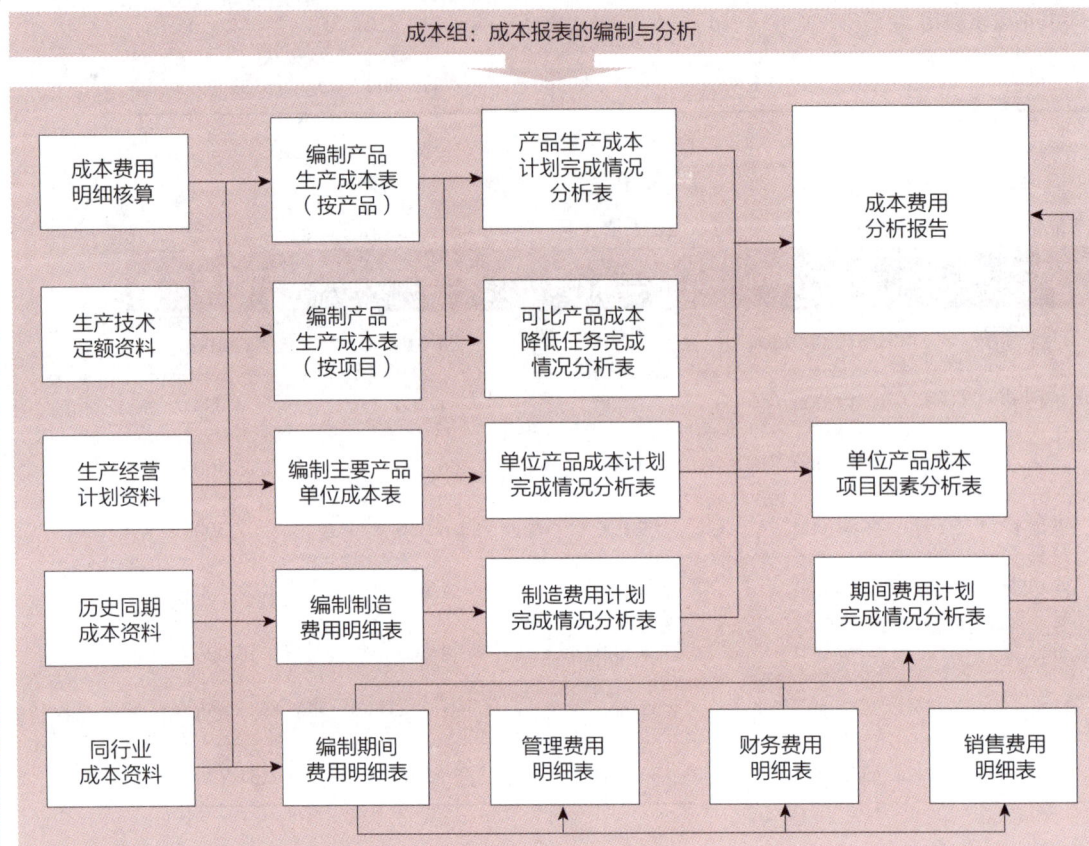

成本组：成本报表的编制与分析

成本费用 明细核算	编制产品 生产成本表 （按产品）	产品生产成本 计划完成情况 分析表	成本费用 分析报告
生产技术 定额资料	编制产品 生产成本表 （按项目）	可比产品成本 降低任务完成 情况分析表	
生产经营 计划资料	编制主要产品 单位成本表	单位产品成本计划 完成情况分析表	单位产品成本 项目因素分析表
历史同期 成本资料	编制制造 费用明细表	制造费用计划 完成情况分析表	期间费用计划 完成情况分析表
同行业 成本资料	编制期间 费用明细表	管理费用 明细表　　财务费用 明细表　　销售费用 明细表	

图 1-15　成本报表编制与分析工作流程

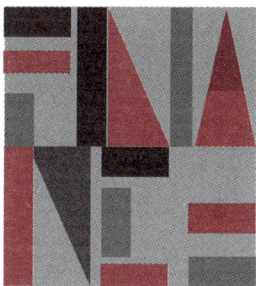

案例篇

【学习目标】

知识目标：

1. 了解分批法的特点与适用范围以及成本计算程序。
2. 了解分步法的特点与适用范围以及成本计算程序。
3. 了解分类法的特点与适用范围以及成本计算程序。
4. 了解定额法的特点与适用范围以及成本计算程序。

能力目标：

1. 能够运用基本职业判断和基本技能完成分批法的成本计算。
2. 能够运用基本职业判断和基本技能完成分步法的成本计算。
3. 能够运用基本职业判断和基本技能完成分类法的成本计算。
4. 能够运用基本职业判断和基本技能完成定额法的成本计算。

素养目标：

1. 通过分析对比，总结归纳不同成本计算方法的异同，培养学生的职业判断力。
2. 培养学生正确的使命感和价值观，在工作中要具备信息安全的观念，自觉遵守法律法规。
3. 引导学生树立自信自强、守正创新的理念，开拓对学习成本核算方法的辩证分析和思考。

■【德技并修】■

小王由材料会计岗位轮岗至成本核算岗位，岗位工资没有增加，但业务繁忙、工作量加大。小王很郁闷，工作中出现以下情况：①小王要求调回原岗位，理由是熟悉材料会计核算业务，能够提高工作效率；②应小王爱人的要求，将成本核算资料复印后提供给其爱人单位；③小王成天满腹牢骚，工作漫不经心，屡屡出现错误；④小王对待前来办理业务的相关部门人员，面无表情、态度冷淡，甚至刁难。

要求：

小王这样做对吗？谈谈你的看法。

分析与启示：

小王的做法是不对的。①会计人员工作岗位应有计划地进行轮换，这样有利于会计人员全面熟悉核算与监督业务，不断提高技能和素质。这样才能做到"业务精湛"；②小王将成本核算资料复印给其爱人单位，违背"诚信为本、保守秘密"会计人员的基本职业素养，还泄露了企业的商业秘密；③小王成天满腹牢骚，工作漫不经心，违背了爱岗敬业的要求；④会计人员要有服务意识、要以诚相待，小王没有做到"客观公正"。

■■■ 案例篇 |
——分批法及其应用

视频：服装的生产工艺与组织管理

成本计算的分批法，也称订单法，是指将产品的批别或订单作为成本计算对象，归集生产耗费，计算产品成本的一种方法。

单件、小批生产企业，一般是按照事先规定的规格和数量，或购买单位的订货单组织生产的。企业生产计划部门要根据生产任务的要求和内容等，签发生产任务通知单（工作命令单），生产车间凭以组织生产。财会部门按照产品批别，以每一批或每一订货单的产品作为成本计算对象，设置产品成本明细账，据以归集生产耗费，计算产品成本。因此，在实际工作中，小批单件单步骤生产和管理上不要求分步骤计算产品成本的多步骤生产企业，如重型机械制造、船舶制造、印刷、服装加工，以及企业的新产品试制、自制设备、自制模具、专项工程等，均可采用分批法计算产品成本。

采用分批法计算产品成本，成本计算对象就是产品的批别。在小批单件生产中，产品的种类和每批产品的批量，大多是根据购买单位的订货单确定的，因而按批、按件计算产品成本，往往也就是按照订货单计算产品成本。但有时分批法的成本计算对象，不是购货单位的订货单，而是企业生产计划部门签发的生产任务通知单。这时，会计部门应根据生产任务通知单确定的批号设立产品成本明细账，组织成本核算。如果一张订货单有规定几种产品，或虽然只有一种产品但其数量大而又要求分批交货时，企业生产计划部门可以将这些订货单按照产品品种划分批别，或将同类产品划分数批组织生产。如果在一张订货单中只规定一种产品，但其属于大型复杂产品，价值高，生产周期长，也可以按照产品的组成部分分批组织生产，分批计算成本。如果在同一时期内，企业接到不同购货单位生产同一产品的几张订货单，生产计划部门也可以将其合并为一批组织生产，并按一个批次组织成本核算。

在分批法下，各批产品成本明细账的设立和结算，应与生产周期，即生产任务通知单的签发和结束密切配合，协调一致，各批或各订货单产品的成本总额，要在完工月份的月末计算确定，完工产品的成本计算是不定期的。因此，分批法的成本计算期与产品的生产周期一致，而与会计报告期不一致。

按照分批法计算产品成本，由于成本的计算期与产品的生产周期一致，因而月末计算产品成本时，一般不存在在完工产品与在产品之间分配耗费的问题。尤其是在单件生产中，产品完工前，基本生产成本明细账上所归集的成本，就是在产品成本；产品完工后，基本生产成本明细账上所归集的成本，就是产成品成本。在小批量生产中，由于批内产品一般都能同时完工，或者在相距不久的时间内全部完工，月末计算成本时，或是全部已经完工，或者全部没有完工，一般不存在在完工产品与在产品之间分配耗费的问题。但如果批内产品有跨月陆续完工且要求陆续交付的情况，在月末计算成本时，一部分产品已完工，另一部分产品尚未完工，这时每批归集的生产耗费就要在完工产品与在产品之间进行分配。如果批内跨月陆续完工的产品数量占全部批量的比重较小，为简化核算，可以采用按计划单位成本、定额单位成本或近期相同产品的实际单位成本计算完工产品成本，从基本生产成本明细账中转出，剩余数额即为在产品成本。在该批产品全部完工时，还应计算该批产品的实际总成本和单位成本，但对已经转账的完工产品成本，不作账面调整。

分批法成本计算程序，一般按如下几个步骤进行：

（1）首先，以产品生产批别设置基本生产成本明细账，以直接材料、直接人工、制造费用等成本项目设置专栏（或专行），归集各批产品的生产耗费；同时设置其他成本费用明细账。

（2）编制各种耗费分配表，将本月发生的生产耗费分配计入各批产品成本，也即分配记入按产品生产批别开设的各基本生产成本明细账。将发生的期间费用分别分配记入"销售费用""管理费用"和"财务费用"明细账。

具体依次包括：

① 分配要素耗费。将发生的材料耗费、燃料耗费、外购动力耗费、职工薪酬耗

费、折旧费、利息费用及其他支出等要素耗费进行分配，根据各项生产耗费的原始凭证或汇总原始凭证编制各要素耗费分配表，分配各项要素耗费，并登记"基本生产成本""辅助生产成本""制造费用""管理费用"等明细账。

②归集分配跨期耗费。将发生的跨期耗费，按照权责发生制，编制待摊费用和预提费用分配表，分配计入受益期的产品成本，并登记"辅助生产成本""制造费用"等明细账。

③归集分配辅助生产成本。辅助生产成本的分配，根据"辅助生产成本"明细账归集的成本及辅助生产车间提供的劳务量，编制辅助生产成本分配表，采用适当的方法，将辅助生产成本在各受益部门之间分配，并登记"基本生产成本""制造费用""管理费用"等明细账。

④归集分配制造费用。制造费用的分配，根据"制造费用"明细账归集的耗费，编制制造费用分配表，采用适当的方法，将制造费用进行分配，并登记"基本生产成本""废品损失"等明细账。

⑤归集分配废品损失。废品损失的分配，是根据"废品损失"明细账归集确认的废品净损失，编制废品损失分配表，将发生的废品净损失分配计入合格品的成本，并登记"基本生产成本明细账"。

（3）归集分配生产耗费，计算并结转完工产品成本。生产成本在完工产品和月末在产品之间分配，是将各产品"基本生产成本"明细账归集的生产成本，分别采用一定的方法，在完工产品和月末在产品之间分配，计算出各种完工产品的总成本和单位成本。再根据所计算出的完工产品总成本和单位成本，汇总编制"完工产品成本汇总表"，结转完工产品成本。

【案例导入】

嘉尚服装厂是一家以生产衬衫为主的小型服装厂，根据客户订单要求组织小批量产品生产。该企业产品原料以化纤面料为主，辅助材料如缝纫线、纽扣、衬布、包装袋等。嘉尚服装厂生产组织及组织机构如图 2-1 所示。

根据组织衬衣生产的需要，该厂各设置一个基本生产车间和辅助生产车间。基本生产车间完成成衣的整套生产，生产过程分为设计裁剪、缝纫加工、平整包装（包括锁眼、钉扣、质检、包装）三大步骤，辅助生产车间为供电车间，专为基本生产车间供电。为了保证企业各项工作有序地展开，完成经营目标，还在厂部设立了计划采购部、仓管部（下设材料和成品仓库）、生产计划部、财务部、人力资源部和厂长办公室等职能部门。

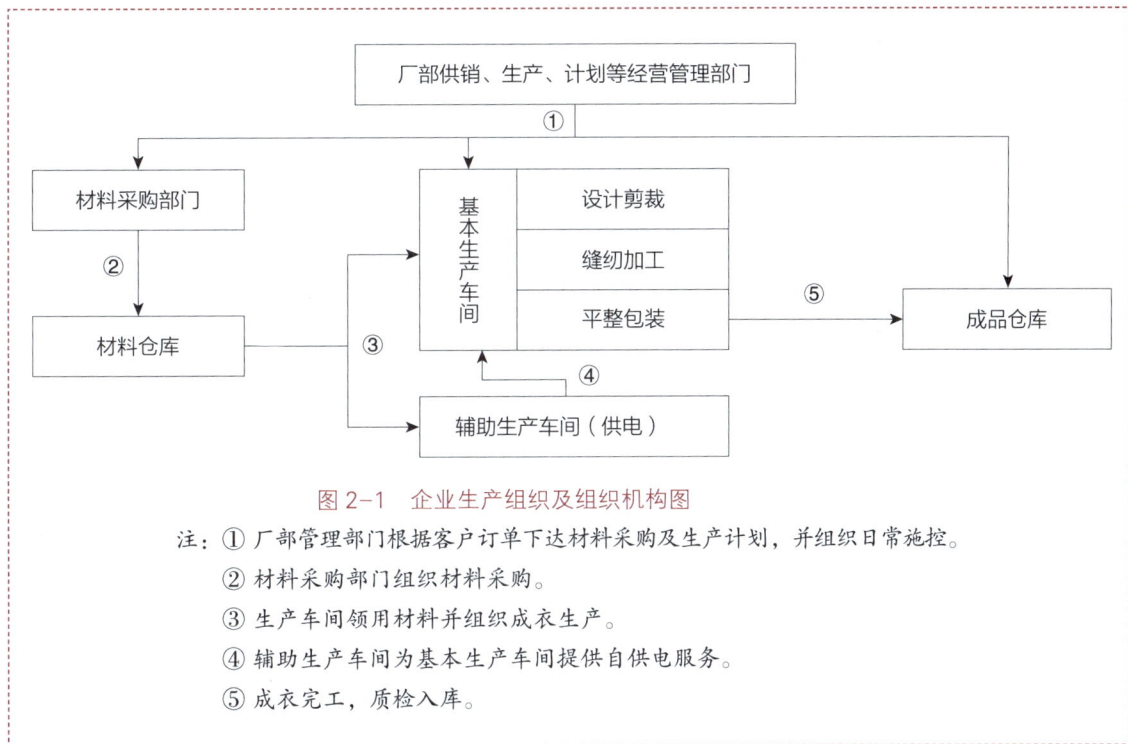

图 2-1　企业生产组织及组织机构图

注：① 厂部管理部门根据客户订单下达材料采购及生产计划，并组织日常施控。

② 材料采购部门组织材料采购。

③ 生产车间领用材料并组织成衣生产。

④ 辅助生产车间为基本生产车间提供自供电服务。

⑤ 成衣完工，质检入库。

2021 年 5 月，嘉尚服装厂产品订单批次及其生产情况如表 2-1 所示。

表 2-1　　　　　　　　　嘉尚服装厂产品订单批次及其生产情况表

批次	产品名称	投产时间	投产数量	预计完工时间	本月完工数量	备注
7515 批	女式短袖衬衣	2021.4.20	29 500 件	2021.5	29 500 件	质检中发现废品 120 件，实际入库 29 380 件
7551 批	男式短袖衬衣	2021.5.2	7 200 件	2021.5	3 600 件	要求本月部分交货
7552 批	男式长袖衬衣	2021.5.10	4 800 件	2021.5	4 800 件	
7553 批	女式长袖衬衣	2021.5.12	8 500 件	2021.6	0 件	

■【业务操作】■

一、设置成本费用明细账户

根据嘉尚服装厂的生产组织与经营特点，该企业开设以下成本核算账户：

（1）设置"基本生产成本"明细账，包括"基本生产成本——7515 批次""基本生产成本——7551 批次""基本生产成本——7552 批次""基本生产成本——7553 批次"，各明细账下按"直接材料""燃料及动力""直接人工""制造费用""废品损失"等成本项目设置明细栏目。明细账账页格式见表 2-2 至表 2-5。

表2-2

基本生产成本明细账

一级科目：基本生产成本　　　　产品名称：女式短袖衬衣　　　　生产批号：7515　　　　产量：29 500　　　　投产日期：2021.4.20

二级科目：7515批　　第　　　页　　　完工日期：2021.5

2021年 月	日	凭证字号	摘要	直接材料 十	万	千	百	十	元	角	分	燃料及动力 十	万	千	百	十	元	角	分	直接人工 十	万	千	百	十	元	角	分	制造费用 十	万	千	百	十	元	角	分	废品损失 十	万	千	百	十	元	角	分	合计 十	万	千	百	十	元	角	分
5	1		期初余额	1	4	0	2	5	0	0	0			7	2	1	6	8	0			8	7	5	0	0	0			2	1	4	3	0	0									1	5	8	3	5	9	8	0
31	1	1	分配材料耗费			8	5	3	2	0	0																																			8	5	3	2	0	0
31	4	4	分配人工耗费																		2	1	2	5	0	0	0																			2	1	2	5	0	0	0
31	7	7	分配辅助成本										2	1	7	8	3	2	0																										2	1	7	8	3	2	0
31	8	8	分配制造费用																											7	8	5	7	0	0											7	8	5	7	0	0
31	9	9	结转废品损失				6	0	5	2	1				1	1	7	9	7				1	2	2	0	3					4	0	6	8				1	8	5	8	9				8	8	5	8	9
31	11	11	分配废品损失																																				1	8	5	8	9				1	8	5	8	9
31			本月耗费合计	1	4	8	1	7	6	7	9		2	8	8	8	2	0	3		2	9	8	7	7	9	7			9	9	5	9	3	2				1	8	5	8	9	2	1	7	0	8	2	0	0
31	12	12	结转完工产品	1	4	8	1	7	6	7	9		2	8	8	8	2	0	3		2	9	8	7	7	9	7			9	9	5	9	3	2									2	1	7	0	8	2	0	0

表 2-3

基本生产成本明细账

一级科目：基本生产成本　　产品名称：男式短袖衬衣　　生产批号：7551　　产量：7 200　　

二级科目：7551 批　　投产日期：2021.5.2　　完工日期：2021.5

2021年 月	日	凭证字号	摘要	直接材料	燃料及动力	直接人工	制造费用	废品损失	合计
5	31	1	分配材料耗费	48137.60					48137.60
5	31	4	分配人工耗费			42500.00			42500.00
5	31	7	分配辅助成本		43566.40				43566.40
5	31	8	分配制造费用				15714.00		15714.00
5	31		本月耗费合计	48137.60	43566.40	42500.00	15714.00		149918.00
5	31	12	结转完工产品	26737.60	22766.40	25500.00	8914.00		83918.00
5	31		在产品成本	21400.00	2080.00	17000.00	6800.00		66000.00

表 2-4

基本生产成本明细账

一级科目：基本生产成本　　　　产品名称：男式长袖衬衣　　　　生产批号：7552　　　　产量：4 800　　　　投产日期：2021.5.10

二级科目：7552 批　　　完工日期：2021.5　　第　　页

2021年		凭证字号	摘要	直接材料								燃料及动力								直接人工								制造费用								废品损失								合计							
月	日			十	万	千	百	十	元	角	分	十	万	千	百	十	元	角	分	十	万	千	百	十	元	角	分	十	万	千	百	十	元	角	分	十	万	千	百	十	元	角	分	十	万	千	百	十	元	角	分
5	31	1	分配材料耗费		2	9	3	9	8	4	0																																		2	9	3	9	8	4	0
	31	4	分配人工耗费																		6	3	7	5	0	0	0																		6	3	7	5	0	0	0
	31	7	分配辅助成本										6	5	3	4	9	6	0																										6	5	3	4	9	6	0
	31	8	分配制造费用																										2	3	5	7	1	0	0										2	3	5	7	1	0	0
	31		本月耗费合计		2	9	3	9	8	4	0		6	5	3	4	9	6	0		6	3	7	5	0	0	0		2	3	5	7	1	0	0									1	8	2	0	6	9	0	0
	31	12	结转完工产品		2	9	3	9	8	4	0		6	5	3	4	9	6	0		6	3	7	5	0	0	0		2	3	5	7	1	0	0									1	8	2	0	6	9	0	0

表 2-5

基本生产成本明细账

一级科目：基本生产成本　　　　　　　　　生产批号：7553　　　　　　投产日期：2021.5.12
二级科目：7553 批　　　产品名称：女式长袖衬衣　　产量：8 500　　　　完工日期：2021.6

第___页

2021年 月	日	凭证字号	摘要	直接材料	燃料及动力	直接人工	制造费用	废品损失	合计
5	31	1	分配材料耗费	25238.00					25238.00
	31	4	分配人工耗费			85000.00			85000.00
	31	7	分配辅助生产成本		87132.80				87132.80
	31	8	分配制造费用				31428.00		31428.00
	31		本月成本合计	25238.00	87132.80	85000.00	31428.00		228798.80

"基本生产成本"明细账的设置与成本计算对象密切相关。在分批法下，为了计算各个批次产品的成本，需要按照产品的批别来开设明细账。在这种开设方式下，基本生产成本明细账归集各批别产品发生的生产耗费，计算各批别的生产成本。同时，在各个基本生产成本明细账下，按照成本项目设置专栏，这样有利于对成本构成作出分析，从而为成本控制和成本降低奠定基础。

在实际生产中，如果同一订单中包含几种不同种类的产品，为了考核和分析各种产品成本计划的完成情况，便于生产管理，可以按照产品的品种分批组织生产，将一张订单拆分为多个批次进行核算，计算产品成本；如果购货单位订单中只要求生产一种产品，但数量较大或购货单位要求分批交货，可以把同一张订单中的产品数量划分为数个批次组织生产，计算产品成本；如果每张订单中的订货数量过少，不便于组织生产，也可以把几个订单中的同种产品合并为一批来组织生产，计算产品成本。总之，批次的确定以订单为基础，可以对订单进行合并，也可以进行分拆。

（2）设置"辅助生产成本"明细账。为了反映辅助生产车间，即供电车间发生的各种耗费，按车间开设"辅助生产成本"明细账，并按成本项目设置专栏。明细账账页格式见表2-6。

（3）设置"制造费用"明细账。为了反映生产车间的间接成本，企业应按照车间开设"制造费用"明细账。嘉尚服装厂供电车间属于单品种的辅助生产车间，间接耗费也较少，故不单独核算其制造费用。辅助生产车间的间接耗费直接在"辅助生产成本"明细账下的相应专栏中核算。嘉尚服装厂只开设基本生产车间的制造费用明细账。明细账账页的格式见表2-7。

（4）设置"废品损失"明细账。根据嘉尚服装厂的具体情况，废品损失发生比较频繁，因此专门开设"废品损失"明细账进行核算。明细账账页格式见表2-8。

（5）设置"销售费用"明细账。为了反映销售部门及产品销售过程中发生的各种耗费，设置"销售费用"明细账。明细账账页格式见表2-9。

（6）设置"管理费用"明细账。为了反映厂部管理部门发生的各种耗费，设置"管理费用"明细账。明细账账页格式见表2-10。

（7）设置"财务费用"明细账。为了反映筹资过程中发生的各种耗费，设置"财务费用"明细账。明细账账页格式见表2-11。

二、各项要素耗费的分配

（一）审核各项要素耗费的有关原始凭证和原始凭证汇总表

成本核算组首先对材料仓库、动力、设备、劳资等有关部门核算员传递来的各领发料凭证汇总表、外购动力清单、职工薪酬结算汇总表和其他货币支出明细表等进行审核，监督材料、燃料、外购动力、职工薪酬支出和其他货币支出的合法性，检查是否符合国家的有关法律、制度，有无违法乱纪、违反会计制度的现象；监督

表 2-6

辅助生产成本明细账

一级科目：辅助生产成本　　　　生产车间：供电车间

二级科目：供电车间

第　　页　　单位：元

2021年 月 日	凭证字号	摘要	费用项目 原材料	燃料	薪酬费	折旧费	水电费	修理费	办公费	其他	合计
5 31	1	分配材料耗费	8160 00								8160 00
31	2	分配燃料耗费		3060 00							3060 00
31	3	分配外购动力					2870 00				2870 00
31	4	分配人工耗费			13334 72						13334 72
31	5	计提折旧				1190 00					1190 00
31	6	分配其他耗费								5000 00	5000 00
31		本月合计	8160 00	3060 00	13334 72	1190 00	2870 00			5000 00	21738 32
31	7	分配转出	8160 00	3060 00	13334 72	1190 00	2870 00			5000 00	21738 32

表2-7

制造费用明细账

一级科目：制造费用　　生产车间：基本生产车间

二级科目：基本生产车间

第___页　单位：元

2021年 月	日	凭证字号	摘要	材料费用	燃料及动力	人工费用	折旧费	水费	办公费	其他	合计
5	31	1	分配材料耗费	56000							56000
	31	2	分配燃料耗费		24000						24000
	31	3	分配外购动力		35000						35000
	31	4	分配人工耗费			515000					515000
	31	5	计提折旧				118100				118100
	31	6	分配其他耗费							88000	88000
	31	7	本月合计	56000	59000	515000	118100			88000	857000
	31	8	分配转出	56000	59000	515000	118100			88000	857000

表 2-8

废品损失明细账

一级科目：<u>废品损失</u>
二级科目：<u>7515 批</u>

产品名称：

生产批号：批 7515

第　　页

2021年		凭证字号	摘要	直接材料								燃料及动力								直接人工								制造费用								合计							
月	日			十	万	千	百	十	元	角	分	十	万	千	百	十	元	角	分	十	万	千	百	十	元	角	分	十	万	千	百	十	元	角	分	十	万	千	百	十	元	角	分
5	31	9	结转废品损失				6	0	5	2	1				1	1	7	9	7				1	2	2	0	3					4	0	6	8				8	8	5	8	9
		10	结转残料赔偿				1	0	0	0	0																				6	0	0	0	0				7	0	0	0	0
		11	分配废品损失																																			1	8	5	8	9

销售费用明细账

表2-9

一级科目：销售费用　　　　　　　　　　　　　　　　　　第____页
二级科目：　　　　　　　　　　　　　　　　　　　　　　单位：元

2021年 月	日	凭证字号	摘要	广告费	运输费	人工费	折旧费	保险费	办公费	其他	合计
5	31	1	分配材料耗费						1120.00		1120.00
	31	2	分配燃料耗费							600.00	600.00
	31	3	分配外购动力							1400.00	1400.00
	31	4	分配人工耗费			19680.00					19680.00
	31	5	计提折旧				6250.00				6250.00
	31	6	分配其他耗费							6800.00	6800.00
	31		本月合计			19680.00	6250.00		1120.00	8800.00	35850.00
	31		结转当期损益			19680.00	6250.00		1120.00	8800.00	35850.00

表 2-10

管理费用明细账

一级科目：管理费用
二级科目：＿＿＿＿＿

第＿＿页
单位：元

2021年 月	日	凭证字号	摘要	材料费	燃料及动力费	人工费	折旧费	招待费	办公费	修理费	税金	其他	合计
5	31	1	分配材料耗料费	168000									168000
	31	2	分配燃料耗费		120000								120000
	31	3	分配外购动力									210000	210000
	31	4	分配人工费			743000							743000
	31	5	计提折旧				1880000						1880000
	31	6	分配其他耗费									3660000	3660000
	31		本月合计	168000	120000	743000	1880000					3870000	6781000
	31		结转当期损益	168000	120000	743000	1880000					3870000	6781000

表 2-11

财务费用明细账

一级科目：财务费用　　　　　　　　　　　　　　　　　第　　　页

二级科目：　　　　　　　　　　　　　　　　　　　　　单位：元

2021年		凭证		摘要	费用项目																													合计						
月	日	字	号		利息费用							手续费							汇兑损失							其他														
					万	千	百	十	元	角	分	万	千	百	十	元	角	分	万	千	百	十	元	角	分	万	千	百	十	元	角	分	万	千	百	十	元	角	分
5	31		6	分配利息费用		5	0	0	0	0	0																								5	0	0	0	0	0
	31			本月合计		5	0	0	0	0	0																								5	0	0	0	0	0
	31			结转当期损益		5	0	0	0	0	0																								5	0	0	0	0	0

材料、燃料、外购动力、职工薪酬支出和其他货币支出的合理性，检查是否符合企业目标和成本计划；检查有无铺张、浪费的行为发生；对成本管理中存在的问题和管理制度中存在的漏洞，及时加以制止和纠正，以保证原始数据的正确性。各要素耗费有关原始凭证汇总表如表 2-12 ~ 表 2-18 所示。

表 2-12　　　　　　　　　　　　　材料发料凭证汇总表

编制部门:材料仓库　　　　　　　　2021 年 5 月

领料单位	材料名称	用途	数量单位	数量	单价/元	金额/元
基本生产车间	长丝的确良	7551	米	14 020	3.10	43 462
基本生产车间	小格的确良	7552	米	7 800	3.44	26 832
基本生产车间	印花府绸	7553	米	10 700	1.90	20 330
基本生产车间	衬布	7515	米	1 550	2	3 100
基本生产车间	衬布	7551	米	1 080	2	2 160
基本生产车间	衬布	7552	米	480	2	960
基本生产车间	衬布	7553	米	1 300	2	2 600
基本生产车间	扣子、线等辅助材料	7515				4 016
基本生产车间	扣子、线等辅助材料	7551				2 170
基本生产车间	扣子、线等辅助材料	7552				1 376
基本生产车间	扣子、线等辅助材料	7553				1 900
基本生产车间	包装箱	四批产品共同耗用	个	4 000	0.6	2 400
基本生产车间	打印纸	管理用	盒	2	280	560
供电车间	脱硫剂	生产用	吨	2	3 800	7 600
供电车间	打印纸	管理用	盒	2	280	560
销售部门	打印纸	管理用	盒	4	280	1 120
厂部管理部门	打印纸	管理用	盒	6	280	1 680
合计						122 826

仓库主管:高红　　　　材料主管:李明　　　　材料保管:马会　　　　填制:杨阳

表 2-13　　　　　　　　　　　燃料发料凭证汇总表

编制部门:材料仓库　　　　　　　　　2021 年 5 月

领料单位	材料名称	用途	数量/吨	单价/元	金额/元
基本生产车间	无烟煤	取暖	4	600	2 400
供电车间	无烟煤	生产	50	600	30 000
供电车间	无烟煤	取暖	1	600	600
销售部门	无烟煤	取暖	1	600	600
厂部管理部门	无烟煤	取暖	2	600	1 200
合计			58		34 800

仓库主管:高红　　　　　材料主管:李明　　　　　材料保管:马会　　　　　填制:杨阳

表 2-14　　　　　　　　　　　部门用电清单

编制部门:动力科　　　　　　　　　2021 年 5 月

用电单位	用途	用电量/千瓦时	单价	金额
基本生产车间	管理用	5 000	0.7	3 500
供电车间	生产用	40 000	0.7	28 000
供电车间	管理用	1 000	0.7	700
销售部	管理用	2 000	0.7	1 400
厂部管理部门	管理用	3 000	0.7	2 100
合计		51 000		35 700

配电室主管:蒋宏　　　　　查表员:曾帅　　　　　审核:李建　　　　　填制:夏智

表 2-15

基本生产车间职工薪酬结算单

编制部门:人力资源部　　　　　2021 年 5 月

单位:元

姓名	基本工资	奖金	津贴和补贴		加班加点工资	应扣工资		其他薪酬	应付薪酬	各项扣款			实发薪酬
			夜班	午餐		病假	事假			电费	水费	小计	
王小莉	2 200	600	30	60	300		100	200	3 290	89.30	67.50	156.80	3 133.00
杨璐璐	2 400	600	50	60	400		200	300	3 610	94.30	80.40	174.70	3 435.30
陈彤	2 200	600		60	400			200	3 460	100.40	68.70	169.10	3 290.90
刘卫国	2 400	600	100	60	400	1 000	3 000	200	3 760	73.90	87.10	161	3 599
…	…	…	…	…	…	…	…	…	…	…	…	…	…
合计	130 000	60 000	2 000	6 000	30 000	1 000	3 000	40 000	264 000	8 600	7 400	16 000	248 000

表2-16

编制部门:人力资源部

职工薪酬结算汇总

2021年5月

单位:元

部门名称	人员类别	人数	基本工资	奖金	津贴和补贴		加班工资	应扣工资		其他薪酬	应付薪酬	各项扣款			实发薪酬	部门工资核算员签章
					夜班	午餐		病假	事假			电费	水费	小计		
基本生产车间	生产工人		100 000	54 000	1 900	5 400	27 000	1 000	2 800	28 000	212 500	7 721	6 702	14 423	198 077	
	管理人员		30 000	6 000	100	600	3 000		200	12 000	51 500	879	698	1 577	49 923	
供电车间	生产工人		56 000	26 000	2 000	3 500	12 800	500	600	11 300	110 500	3 472	2 987	6 459	104 041	
	管理人员		10 000	2 500	950	2 500	3 800		700	3 922	22 972	864	639	1 503	21 469	
销售部人员			12 500	750	800	600	1 230		100	3 900	19 680	877	597	1 474	18 206	
厂部人员			3 600	1 800	150	180	900			800	7 430	305	158	463	6 967	
合计			212 100	91 050	5 900	12 780	48 730	1 500	4 400	59 922	424 582	14 118	11 781	25 899	398 683	

财务主管:高善文　　审核:杨伊琳　　填制:王春丽

表 2-17　　　　　　　　　　　　固定资产折旧计算表

编制部门:设备科　　　　　　　　　　2021 年 5 月　　　　　　　　　　单位:元

使用部门	固定资产项目	上月折旧额	上月增加固定资产		上月减少固定资产		本月折旧额
			原值	折旧额	原值	折旧额	
基本生产车间	厂房	3 500	—	—	—	—	3 500
	机器设备	6 810	500 000	2 500	200 000	1 000	8 310
	小计	10 310	500 000	2 500	200 000	1 000	11 810
供电车间	厂房	3 700	—	—	—	—	3 700
	机器设备	7 200	100 000	1 000			8 200
	小计	10 900	100 000	1 000			11 900
销售部	房屋	850	—	—	—	—	850
	管理设备	600	26 000	1 000			1 600
	汽车	2 200	160 000	1 600			3 800
	小计	3 650	186 000	2 600			6 250
厂部	房屋	7 600	—	—	—	—	7 600
	管理设备	1 200	35 000	700			1 900
	汽车	4 500	480 000	4 800	—	—	9 300
	小计	13 300	515 000	5 500			18 800
合计		38 160	1 301 000	11 600	200 000	1 000	48 760

财务主管:高善文　　　　记账:赵婷婷　　　　审核:杨伊琳　　　　填制:李真

表 2-18　　　　　　　　　　　　货币支出明细表

2021 年 5 月　　　　　　　　　　金额单位:元

部门或用途	利息	办公费	招待费	水费	保险费	劳保费	其他	合计
基本生产车间		5 000		1 500	1 000	600	700	8 800
供电车间		3 000		1 000	500	200	300	5 000
销售部		4 000		500	2 000	100	200	6 800
厂部		15 000	9 000	3 000	4 000	600	5 000	36 600
筹资	5 000							5 000
合计	5 000	27 000	9 000	6 000	7 500	1 500	6 200	62 200

财务主管:高善文　　　　记账:赵婷婷　　　　审核:杨伊琳　　　　填制:郝运来

（二）编制各项要素耗费分配表，并据以编制记账凭证

1. 材料耗费的分配

材料耗费的分配，需编制材料耗费分配表（见表 2-19），并据以编制材料耗费

表 2–19　　　　　　　　　　　　材料耗费分配表

2021 年 5 月　　　　　　　　　　　　　　　　　单位:元

应借科目		成本或费用项目	直接计入	分配计入			合计
				分配标准（投产量）	分配率	分配金额	
基本生产成本	7515 批	直接材料	7 116	29 500		1 416	8 532
	7551 批	直接材料	47 792	7 200		345.60	48 137.60
	7552 批	直接材料	29 168	4 800		230.40	29 398.40
	7553 批	直接材料	24 830	8 500		408	25 238
	小计		108 906	50 000	0.048	2 400	111 306
制造费用	基本生产车间	材料费	560				560
辅助生产成本	供电车间	材料费	8 160				8 160
销售费用		办公费	1 120				1 120
管理费用		材料费	1 680				1 680
合计			120 426			2 400	122 826

财务主管:高善文　　　　记账:赵婷婷　　　　审核:杨伊琳　　　　填制:王春丽

分配的记账凭证。[①]

分配材料耗费会计分录:

借:基本生产成本——7515 批　　　　　　8 532

　　　　　　　　——7551 批　　　　　　48 137.6

　　　　　　　　——7552 批　　　　　　29 398.4

　　　　　　　　——7553 批　　　　　　25 238

　　制造费用——基本生产车间　　　　　　560

　　辅助生产成本——供电车间　　　　　　8 160

　　销售费用——办公费　　　　　　　　1 120

　　管理费用——办公费　　　　　　　　1 680

　　贷:原材料　　　　　　　　　　　　　　122 826

　　　表 2-12 显示，基本生产车间领用的包装箱，是四批产品共同领用，属间接计入成本，需要计算分配后计入各批产品成本。根据企业会计制度的规定，材料间

[①] 由于篇幅所限，除情境篇外均以会计分录代替记账凭证，下同。

接计入成本采用本月产品产量比例分配计算各批产品应承担的包装箱成本。其计算处理过程如下：

（1）计算包装箱耗费分配率。

包装箱耗费分配率＝2 400÷（7 200＋4 800＋8 500＋29 500）＝0.048（元）

（2）计算各批产品应承担的包装箱成本。

7515 批：29 500×0.048＝1 416（元）

7551 批：7 200×0.048＝345.6（元）

7552 批：4 800×0.048＝230.4（元）

7553 批：8 500×0.048＝408（元）

2. 燃料耗费的分配

燃料耗费的分配需编制燃料耗费分配表（见表 2-20），并据以编制耗费分配的记账凭证。

表 2-20　　　　　　　　　　　　燃料耗费分配表

2021 年 5 月　　　　　　　　　　　　　　　　　单位：元

应借科目		成本或费用项目	直接计入	分配计入			合计
				分配标准	分配率	分配金额	
制造费用	基本生产车间	燃料及动力	2 400				2 400
辅助生产成本	供电车间	材料	30 600				30 600
销售费用		其他	600				600
管理费用		其他	1 200				1 200
合计			34 800				34 800

财务主管：高善文　　　　记账：赵婷婷　　　　审核：杨伊琳　　　　填制：王春丽

分配燃料耗费会计分录：

借：制造费用——基本生产车间　　　　　2 400

　　辅助生产成本——供电车间　　　　　30 600

　　销售费用——其他　　　　　　　　　600

　　管理费用——其他　　　　　　　　　1 200

　　贷：燃料　　　　　　　　　　　　　　　34 800

3. 外购动力耗费的分配

外购动力耗费的分配需编制外购动力分配表（见表 2-21），并据以编制记账凭证。

表 2-21　　　　　　　　　　　　外购动力耗费分配表

2021 年 5 月　　　　　　　　　　　　　　　单位:元

应借科目		成本或费用项目	直接计入	分配计入			合计
				分配标准	分配率	分配金额	
制造费用	基本生产车间	水电费	3 500				3 500
辅助生产成本	供电车间	水电费	28 700				28 700
销售费用		水电费	1 400				1 400
管理费用		水电费	2 100				2 100
合计			35 700				35 700

财务主管:高善文　　　　记账:赵婷婷　　　　审核:杨伊琳　　　　填制:王春丽

分配外购动力会计分录:

借:制造费用——基本生产车间　　　　　　　3 500

　　辅助生产成本——供电车间　　　　　　　28 700

　　销售费用——水电费　　　　　　　　　　1 400

　　管理费用——水电费　　　　　　　　　　2 100

　　贷:应付账款　　　　　　　　　　　　　　　35 700

4. 职工薪酬耗费的分配

职工薪酬耗费的分配需编制职工薪酬耗费分配表（见表 2-22），并据以编制记账凭证。

表 2-22　　　　　　　　　　　　职工薪酬耗费分配表

2021 年 5 月　　　　　　　　　　　　　　　单位:元

应借科目	成本或耗费项目	直接计入	分配计入	合计
基本生产成本	7515 批　直接人工		21 250	21 250
	7551 批　直接人工		42 500	42 500
	7552 批　直接人工		63 750	63 750
	7553 批　直接人工		85 000	85 000
	小计		212 500	212 500
制造费用	薪酬耗费	51 500		51 500
辅助生产成本	薪酬耗费	133 472		133 472
销售费用	薪酬耗费	19 680		19 680
管理费用	薪酬耗费	7 430		7 430
合计		212 082	212 500	424 582

财务主管:高善文　　　　记账:赵婷婷　　　　审核:杨伊琳　　　　填制:王春丽

分配职工薪酬耗费会计分录：

借：基本生产成本——7515 批　　　　　　21 250
　　　　　　　　——7551 批　　　　　　42 500
　　　　　　　　——7552 批　　　　　　63 750
　　　　　　　　——7553 批　　　　　　85 000
　　制造费用——基本生产车间　　　　　　51 500
　　辅助生产成本——供电车间　　　　　133 472
　　销售费用——人工费　　　　　　　　　19 680
　　管理费用——人工费　　　　　　　　　 7 430
　　贷：应付职工薪酬　　　　　　　　　　　　　424 582

根据职工薪酬结算汇总表，嘉尚服装厂基本生产车间生产工人职工薪酬为 212 500 元，属于直接人工中的间接计入成本。生产批次 7515、7551、7552、7553 的服装分别耗用人工工时 2 000 小时、4 000 小时、6 000 小时和 8 000 小时。

案例展示

（1）计算生产服装的职工薪酬耗费分配率

$$职工薪酬耗费分配率 = \frac{212\,500}{2\,000 + 4\,000 + 6\,000 + 8\,000} = 10.625$$

（2）计算批次 7515、7551、7552、7553 服装所耗费的人工：

7515 批：$2\,000 \times 10.625 = 21\,250$（元）

7551 批：$4\,000 \times 10.625 = 42\,500$（元）

7552 批：$6\,000 \times 10.625 = 63\,750$（元）

7553 批：$8\,000 \times 10.625 = 85\,000$（元）

5. 折旧费的分配

折旧费的分配需编制折旧费分配表（见表 2-23），并据以编制记账凭证。

表 2-23　　　　　　　　　　　折旧费分配表

2021 年 5 月　　　　　　　　　　　　　　单位:元

应借科目	成本或费用项目	金额
制造费用	基本生产车间	11 810
辅助生产成本	供电车间	11 900
销售费用	销售部	6 250
管理费用	厂部	18 800
合计		48 760

财务主管:高善文　　　　记账:赵婷婷　　　　审核:杨伊琳　　　　填制:王春丽

分配折旧费会计分录：

借：制造费用——基本生产车间　　　　11 810

　　辅助生产成本——供电车间　　　　11 900

　　销售费用——折旧费　　　　　　　 6 250

　　管理费用——折旧费　　　　　　　18 800

　　贷：累计折旧　　　　　　　　　　　　　　48 760

6. 利息及其他支出的分配

利息及其他支出的分配需编制利息及其他支出分配表（见表 2-24），并据以编制记账凭证。

表 2-24　　　　　　　　　　　利息及其他支出分配表

2021 年 5 月　　　　　　　　　　单位：元

应借科目		成本或费用项目	金额
制造费用	基本生产车间	其他	8 800
辅助生产成本	供电车间		5 000
销售费用			6 800
管理费用			36 600
财务费用			5 000
合计			62 200

财务主管：高善文　　　记账：赵婷婷　　　审核：杨伊琳　　　填制：王春丽

分配其他耗费会计分录：

借：制造费用——基本生产车间　　　　 8 800

　　辅助生产成本——供电车间　　　　 5 000

　　销售费用——其他　　　　　　　　 6 800

　　管理费用——其他　　　　　　　　36 600

　　财务费用——利息费用　　　　　　 5 000

　　贷：银行存款　　　　　　　　　　　　　62 200

（三）登记成本费用明细账

企业会计稽核人员对上述单证进行审核后，成本核算组据以登记相应成本费用明细账，如表 2-2 至表 2-11 所示。

（四）传递资料

成本核算组将有关凭证和各项要素耗费分配表传递给总账会计。

三、辅助生产成本的归集与分配

（一）归集辅助生产成本

成本核算组根据前已述及的各种要素耗费分配表以及记账凭证，据以登记各成本费用明细账，归集相应的成本。其中，辅助生产车间发生的各种耗费已经全部归集计入辅助生产成本明细账的有关项目，供电车间分配前发生耗费为 217 832 元（见表 2-6）。

（二）编制辅助生产成本分配表，并据以编制记账凭证

根据辅助生产产品劳务供应统计表（见表 2-25）编制辅助生产成本分配表（见表 2-26）及记账凭证，采用直接分配法分配辅助生产成本。

表 2-25　　　　　　　　　　　辅助生产产品劳务供应统计表

2021 年 5 月

接受产品、劳务部门		供电车间/千瓦时
基本生产车间	7515 批耗用	43 566.4
	7551 批耗用	87 132.8
	7552 批耗用	130 699.2
	7553 批耗用	174 265.6
合计		435 664.0

财务主管：高善文　　　　　　　　审核：杨伊琳　　　　　　　　制表：李勇

表 2-26　　　　　　　　　　　　辅助生产成本分配表

2021 年 5 月

辅助生产车间名称			供电车间
待分配成本/元			217 832
劳务供应数量总额/千瓦时			435 664
耗费分配率（单位成本）/元			0.5
基本生产耗用	基本生产成本——7515 批	数量/千瓦时	43 566.4
		金额/元	21 783.2
	基本生产成本——7551 批	数量/千瓦时	87 132.8
		金额/元	43 566.4
	基本生产成本——7552 批	数量/千瓦时	130 699.2
		金额/元	65 349.6
	基本生产成本——7553 批	数量/千瓦时	174 265.6
		金额/元	87 132.8
合计			217 832.0

财务主管：高善文　　　　　　　　审核：杨伊琳　　　　　　　　填制：王春丽

辅助生产成本分配表（见表 2-26）有关数据计算如下：

（1）计算直接分配率。

供电车间直接分配率 = 217 832 ÷ 435 664 = 0.5（元）

（2）计算各批产品应承担的辅助生产成本。

7515 批：43 566.4 × 0.5 = 21 783.20（元）

7551 批：87 132.8 × 0.5 = 43 566.40（元）

7552 批：130 699.2 × 0.5 = 65 349.60（元）

7553 批：174 265.6 × 0.5 = 87 132.80（元）

分配辅助生产成本会计分录：

借：基本生产成本——7515 批　　　　　　21 783.2

　　　　　　　　——7551 批　　　　　　43 566.4

　　　　　　　　——7552 批　　　　　　65 349.6

　　　　　　　　——7553 批　　　　　　87 132.8

　　贷：辅助生产成本——供电车间　　　　　217 832

（三）登记成本费用明细账

企业会计稽核人员对上述单证进行审核后，成本核算组据以登记相应成本费用明细账。如表 2-2 至表 2-6 所示。

（四）传递资料

成本核算组将有关凭证和分配表传递至总账会计。

四、制造费用的归集与分配

（一）制造费用的归集

成本核算组根据前述各种要素费用分配表、辅助生产成本分配表，以及相应的记账凭证，据以登记各成本费用明细账。其中，基本生产车间发生的各间接耗费全部归集记入制造费用明细账的有关项目（见表 2-7）。

（二）编制制造费用分配表，并据以编制记账凭证

根据产量记录确定的各批产品所耗生产工时情况，按基本生产车间每批产品的实际生产工时分配制造费用，编制制造费用分配表（见表 2-27）及相应的记账凭证。

表 2-27　　　　　　　　　　　　制造费用分配表

2021 年 5 月

应借科目	费用项目	生产工时 / 小时	分配率	分配金额 / 元
基本生产成本	批次 7515	2 000		7 857
	批次 7551	4 000		15 714
	批次 7552	6 000		23 571

续表

应借科目	费用项目	生产工时 / 小时	分配率	分配金额 / 元
	批次 7553	8 000		31 428
合计		20 000	3.928 5	78 570

财务主管:高善文　　　　　审核:杨伊琳　　　　　填制:张辰

分配制造费用会计分录:

借:基本生产成本——7515 批　　　　　　　7 857
　　　　　　——7551 批　　　　　　　15 714
　　　　　　——7552 批　　　　　　　23 571
　　　　　　——7553 批　　　　　　　31 428
　　贷:制造费用——基本生产车间　　　　　78 570

（三）登记各成本费用明细账

企业会计稽核人员对上述单证进行审核后，成本核算组据以登记相应成本费用明细账（见表 2-2 ~ 表 2-5、表 2-7 ）。

（四）传递资料

成本核算组将有关凭证和制造费用分配表传递至总账会计。

五、废品损失的归集与分配

（一）计算结转不可修复废品成本

嘉尚服装厂月底批次 7515 本月全部完工，经产量质检，发现不可修复废品 120 件，经查找原因，均是由于生产工人操作不当所致。质检人员填制"废品通知单"（见表 2-28 ），交成本核算组。

表 2-28

废品通知单

车间：基本生产车间　　　　　　　　　　　　　　　　　　　　批次：7515

原工作通知单号	批次	工序	计量单位	废品数量		
				工废	料废	退修
101	7515	3	件	120	0	0
废品原因						
工废品	工人裁剪不当造成					
退修品	裁剪不当，无法修复，予以报废					
责任者			追偿废品			备注
姓名	工种	工号	数量	单价	金额	
肖伟	裁剪	1287	90	5	450	废品经查属责任赔偿
王彤	裁剪	1253	30	5	150	

检验员：王朝　　　　　　　生产组长：赵伟　　　　　　　责任人：肖伟　　王彤

（1）成本核算组根据表 2-2、表 2-19、表 2-22 等有关资料，填制废品报废成本计算单（见表 2-29）。表 2-29 中废品损失的计算如下：

① 废品的直接材料损失：

$$\frac{8\ 532 + 140\ 250}{29\ 500} \times 120 = 605.21（元）$$

② 废品的燃料及动力损失：

$$\frac{21\ 783.2 + 7\ 216.8}{29\ 500} \times 120 = 117.97（元）$$

③ 废品的直接人工损失：

$$\frac{8\ 750 + 21\ 250}{29\ 500} \times 120 = 122.03（元）$$

④ 废品的制造费用损失：

$$\frac{2\ 143 + 7\ 857}{29\ 500} \times 120 = 40.68（元）$$

表 2-29　　　　　　　　　　　　　废品报废成本计算单

车间：基本生产车间　　生产批号：101　　产品批号：7515　　废品数量：120　　金额单位：元

项目	数量 / 件	直接材料	燃料及动力	直接人工	制造费用	合计
总成本	29 500	148 782	29 000	30 000	10 000	217 782
单位成本		5.043 5	0.983 1	1.016 9	0.339 0	7.382 5
废品成本	120	605.21	117.97	122.03	40.68	885.89

财务主管：高善文　　　　　　　审核：杨伊琳　　　　　　　制表：张辰

（2）成本核算组根据废品报废成本计算单，编制不可修复废品报废成本记账凭证，并据以登记基本生产成本明细账（见表 2-2）和废品损失明细账（见表 2-8）。

结转废品损失会计分录：

借：废品损失——7515 批　　　　　　　　　　885.89

　　贷：基本生产成本——7515 批　　　　　　　　885.89

（3）成本核算组根据领料单（又称"残料交库单"见表 2-30）和废品通知单（见表 2-28），编制残料入库及向责任人索赔的记账凭证，并据以登记废品损失明细账（见表 2-8）。

表 2-30

领　料　单

用料单位：基本生产车间　　　　　　　　2021 年 5 月

材料名称	计量单位	领料日期		
用途	原批次7515衬衣报废，残料交库			
请领	实发	数量	单价	发料金额合计
120	120	120	0.833 3	100

财务主管：高善文　　　　记账：　　　　　审核：杨伊琳　　　　制表：张辰

结转残料残值及责任人赔偿会计分录：

借：原材料　　　　　　　　　　　　　　　100

　　其他应收款——肖伟　　　　　　　　　450

　　其他应收款——王彤　　　　　　　　　150

　　贷：废品损失——7515 批　　　　　　　　700

（二）分配废品净损失

（1）根据废品损失明细账（见表 2-8），计算废品净损失，即不可修复废品的报废成本扣除残料残值的余额，编制废品损失分配表（见表 2-31）。

表 2-31　　　　　　　　　　　废品损失分配表

2021 年 5 月　　　　　　　　　　　　　　　　单位：元

总账科目	明细科目	分配标准	分配金额
基本生产成本	7515 批		185.89
合计			185.89

财务主管：高善文　　　　　　审核：杨伊琳　　　　　制表：张辰

（2）编制废品损失分配的记账凭证，将废品净损失转入同批合格品成本。

分配废品损失会计分录：

借：基本生产成本——7515 批　　　　　　　185.89

　　贷：废品损失——7515 批　　　　　　　　185.89

（三）登记基本生产成本明细账

成本核算组稽核人员对上述单证进行审核后，登记基本生产成本明细账（见表 2-2）以及废品损失明细账（见表 2-8）。

（四）成本核算组将有关凭证和废品损失分配表传递至总账会计

六、完工产品成本的计算与结转

（一）按产品批别归集生产耗费

成本核算组在对各要素耗费登记各批别产品成本明细账的基础上，按照成本项目结出基本生产成本明细账的本月发生额合计，如表 2-2 ~ 表 2-5 所示。

（二）编制完工产品和在产品成本计算单

根据基本生产成本明细账以及产品入库单（见表 2-32 ~ 表 2-34），编制完工产品和在产品成本计算单（见表 2-35 ~ 表 2-39），计算各批次完工产品和月末在产品成本。

表 2-32

产品入库单

交库单位：基本生产车间　　　　　　　　2021 年 5 月 25 日

产品批号	产品名称	计量单位	交库数量	备注
7515批	女式短袖衬衣	件	29 380	

车间负责人：　　　　　　仓库管理员：侯宝麟　　　　　　制单：侯宝麟

表 2-33

产品入库单

交库单位：基本生产车间　　　　　　　　2021 年 5 月 23 日

产品批号	产品名称	计量单位	交库数量	备注
7551批	男式短袖衬衣	件	3 600	

车间负责人：　　　　　　仓库管理员：侯宝麟　　　　　　制单：侯宝麟

表 2-34

产 品 入 库 单

交库单位：基本生产车间　　　　　　2021 年 5 月 23 日

产品批号	产品名称	计量单位	交库数量	备注
7552批	男式长袖衬衣	件	4 800	

车间负责人：　　　　　　　　仓库管理员：侯宝麟　　　　　　　　制单：侯宝麟

　　7515 批次产品本月全部完工，期末"基本生产成本"明细账中所记录的耗费额合计即为完工产品成本，无须在完工产品与在产品之间进行分配。

表 2-35　　　　　　　　　　完工产品与在产品成本计算单

产品批号：7515　　　　　　产品名称：女式短袖衬衣　　　　　2021 年 5 月　　金额单位：元

项目	累计生产成本	生产量			月末在产品	完工产品成本	完工产品单位成本
		完工产量/件	在产品产量	合计			
直接材料	148 176.79	29 380		29 380		148 176.79	5.04
燃料及动力	28 882.03	29 380		29 380		28 882.03	0.98
直接人工	29 877.97	29 380		29 380		29 877.97	1.02
制造费用	9 959.32	29 380		29 380		9 959.32	0.34
废品损失	185.89	29 380		29 380		185.89	0.01
合计	217 082.00	29 380		29 380		217 082.00	7.39

　　7551 批次产品本月部分完工且要求部分交货，因此期末"基本生产成本明细账"中所记录的耗费额需在完工产品和在产品之间进行分配，嘉尚服装厂采用在产品按定额成本计价的方法分配完工产品和在产品成本（见表 2-36）。

　　各工序在产品数量及单位定额成本如表 2-37 所示。

表 2-36

完工产品与在产品成本计算单

产品批号:7551　　产品名称:男式短袖衬衣　　2021 年 5 月　　金额单位:元

项目	累计生产成本	完工产量	月末在产品成本									在产品成本总成本	完工产品成本	完工产品单位成本
			第一工序			第二工序			第三工序					
			单位定额	在产品数量/件	在产品成本	单位定额	在产品数量/件	在产品成本	单位定额	在产品数量/件	在产品成本			
直接材料	48 137.6		5.5		5 500	6		12 000	6.5		3 900	21 400	26 737.6	7.43
燃料及动力	43 566.4		4		4 000	6		12 000	8		4 800	20 800	22 766.4	6.32
直接人工	42 500		2.5		2 500	5		10 000	7.5		4 500	17 000	25 500	7.08
制造费用	15 714		1		1 000	2		4 000	3		1 800	6 800	8 914	2.47
废品损失														
合计	149 918	3 600	13	1 000	13 000	19	2 000	38 000	25	600	15 000	66 000	83 918	23.31

表 2-37　　　　　　　　　　7551 批次产品各工序定额资料

金额单位:元

		第一工序在产品	第二工序在产品	第三工序在产品
数量 / 件		1 000	2 000	600
成本项目	直接材料	5.5	6	6.5
	燃料及动力	4	6	8
	直接人工	2.5	5	7.5
	制造费用	1	2	3
	废品损失	0	0	0
	合计	13	19	25

　　7552 批次产品本月全部完工,期末"基本生产成本"明细账中所记录的耗费额合计即为完工产品成本,无须在完工产品与在产品之间进行分配(见表 2-38)。

表 2-38　　　　　　　　　　完工产品与在产品成本计算单

产品批号:7552　　　　　产品名称:男式长袖衬衣　　　　　2021 年 5 月　　　　　金额单位:元

项目	累计生产成本	生产数量 / 件			月末在产品	完工产品成本	完工产品单位成本
		产成品	在产品	合计			
直接材料	29 398.4					29 398.4	6.12
燃料与动力	65 349.6					65 349.6	13.61
直接人工	63 750					63 750	13.28
制造费用	23 571					23 571	4.91
废品损失							
合计	182 069	4 800		4 800		182 069	37.92

　　7553 批次产品本月全部未完工,期末"基本生产成本"明细账所记录的耗费额合计即为在产品成本(见表 2-39)。

表 2-39　　　　　　　　　　完工产品与在产品成本计算单

产品批号:7553　　　　　产品名称:女式长袖衬衣　　　　　2021 年 5 月　　　　　金额单位:元

项目	累计生产成本	生产数量 / 件			月末在产品	完工产品成本	完工产品单位成本
		产成品	在产品	合计			
直接材料	25 238				25 238		
燃料与动力	87 132.8				87 132.8		
直接人工	85 000				85 000		
制造费用	31 428				31 428		
废品损失							
合计	228 798.8		8 500	8 500	228 798.8		

视频：
分批法

提示窗

在分批法下，生产耗费在完工产品与在产品之间的分配有其自身的特点。

在单件生产中，产品在完工以前，生产成本明细账所记录的生产耗费全是在产品的成本，完工时，生产成本明细账下的所有生产耗费全是完工产品成本，因此月末计算产品成本时，并不存在在完工产品和在产品之间分配的问题。

在小批量生产中，由于产量不大，批内产品往往同时完工，或者在相距不久的时间内全部完工。因此，在月末计算成本时，也不存在在完工产品与在产品之间分配的问题。但当批内产品跨月陆续完工并随时交付购货单位时，月末计算产品成本就需要在完工产品与在产品之间进行分配，计算出完工产品的成本。如果批内跨月陆续完工的情况不多，月末完工产品的数量占批量比重较小时，可以采用简化的方法计算。如采用计划单位成本、定额单位成本或接近相同产品的实际单位成本计算完工产品成本，从基本生产成本明细账中转出，剩余数量即为在产品成本；待该批产品全部完工以后，再计算该批产品的实际总成本和单位成本。

（三）编制产成品成本汇总表

根据各批次完工产品与在产品成本计算单（见表 2-35、表 2-36、表 2-38），汇总编制产成品成本汇总表，如表 2-40 所示。

表 2-40　　　　　　　　　　　产成品成本汇总表

2021 年 5 月　　　　　　　　　　　　　　　　　金额单位：元

批号及名称	产量/件	直接材料	燃料及动力	直接人工	制造费用	废品损失	合计
7515 批	29 380	148 176.79	28 882.03	29 877.97	9 959.32	185.89	217 082
7551 批	3 600	26 737.6	22 766.4	25 500	8 914		83 918
7552 批	4 800	29 398.4	65 349.6	63 750	23 571		182 069

（四）编制结转完工产品成本的记账凭证

根据产品入库单（见表 2-32 ～ 表 2-34）及完工产品与在产品成本计算单（见表 2-35、表 2-36、表 2-38），编制结转完工产品成本的记账凭证。

结转完工产品成本会计分录：

借：库存商品——7515 批　　　　　　　　217 082

　　　　　——7551 批　　　　　　　　 83 918

　　　　　——7552 批　　　　　　　　182 069

　　贷：基本生产成本——7515 批　　　　　　　　217 082

　　　　　　　　——7551 批　　　　　　　　 83 918

　　　　　　　　——7552 批　　　　　　　　182 069

（五）登记基本生产成本明细账

在审核有关凭证资料的基础上，登记各批次产品的生产成本明细账，转出完工产品成本，并结出各基本生产成本明细账的在产品成本，如表2-2～表2-5所示。

（六）传递凭证

成本核算组将有关凭证传递至总账会计。

七、简化的分批法

在单件小批生产的企业或车间，同一月份投产的产品批次往往很多，有的多至几十批甚者上百批，且月末未完工的批数也较多。在这种情况下，如果采用前述分批法计算各批产品成本，将当月发生的加工成本全部分配给各批产品，而不管各批产品是否完工，各种加工成本在各批产品的分配和登记工作就极为繁重。由此，为了简化核算，在这类企业或车间就可以采用简化分批法。

简化分批法也称不分批计算在产品成本的分批法，是指在计算各批次产品的成本时，只对完工的各批次产品分配结转燃料及动力、直接人工及制造费用等加工成本，对未完工的各批次产品，不分配加工成本，也不计算在产品成本，而是将其累计起来，在生产成本二级账（基本生产成本）中以总额反映。

简化分批法适用于同一月份投产的产品批数很多，且月末未完工批数也较多的企业。如果月末完工的批数较多，则不宜采用。因为在这种情况下，大多数批次的产品仍然需要分配登记加工成本，因此达不到简化核算的目的。另外，由于加工成本累计计算分配率，在各月加工成本水平相差悬殊的情况下采用简化分批法会出现各月加工耗费以高补低的不合理现象，因此在此情况下也不宜采用简化分批法。

简化分批法与一般的分批法相比，具有以下特点：

（1）在账户设置上，简化分批法必须在基本生产成本总账和按批次开设的基本生产成本明细账之间，增设基本生产成本二级账，按月归集企业或车间所有批次产品的生产成本以及生产工时资料。另外，在按批次开设的基本生产成本明细账中增设生产工时栏，用以记录相应批次产品所耗的生产工时。

（2）在账户的登记上，各批次基本生产成本明细账在没有完工产品的月份，只登记该批产品当月发生的直接材料以及所耗的生产工时，不登记各项加工成本。所有批次产品发生的全部成本均累计在基本生产成本二级账中。而对于有完工产品的批次，当月除了在基本生产成本明细账中仍然要登记该批次产品发生的直接材料成本以及所耗生产工时外，还要分配计入应由完工产品负担的加工成本。

（3）在加工成本的分配上，对于未完工的各批产品的加工成本，仍以总额保留在基本生产成本二级账中，反映的是全部月末在产品成本，而不进行分配，也不计算各批次产品的月末在产品成本。对各批完工产品分配加工成本，是通过计算累计

加工成本分配率进行分配的。其计算公式如下:

$$\frac{\text{全部产品某项累计}}{\text{加工成本分配率}} = \frac{\text{全部产品该项累计加工成本}}{\text{全部产品累计生产工时}}$$

$$\frac{\text{某批完工产品应负担}}{\text{的某项加工成本}} = \frac{\text{该批完工产品}}{\text{累计生产工时}} \times \frac{\text{该项累计加工}}{\text{成本分配率}}$$

案例展示

　　宏运公司小批生产多种产品,产品批次多且生产周期较长,为了简化产品成本的计算工作,采用简化的分批法计算成本。该公司 2021 年 5 月份各批产品的生产情况见表 2-41。

表 2-41　　　　　　　　　　宏运公司产品批次明细表

2021 年 5 月

批次	产品名称	投产日期	批量	完工日期	完工产品数量/件	在产品数量/件	本月实际生产工时/小时
0701	A 产品	3 月 19 日	10	5 月 21 日	10	0	20 000
0704	B 产品	4 月 6 日	10	5 月 26 日	8	2	15 000
0706	C 产品	4 月 11 日	15		0	15	25 000
0709	D 产品	5 月 14 日	8		0	8	10 000

　　(1)设置基本生产成本二级账和产品生产成本明细账。

　　宏运公司设置的基本生产成本二级账见表 2-42,按产品批次设置的产品生产成本明细账见表 2-43 至表 2-46。

　　(2)登记月初在产品成本和本月发生生产耗费。表 2-42 显示,宏运公司基本生产成本二级账中,月初在产品的生产工时和成本由 4 月份基本生产成本二级账的生产工时和生产成本资料结转而来;表 2-43 至表 2-46 各批次产品生产成本明细账中,月初在产品及生产工时和直接材料成本也由 4 月份各批次产品生产成本明细账的生产工时和生产成本资料结转而来。

　　宏运公司本月发生的直接材料耗费和生产工时,根据本月直接材料耗费分配表和生产工时记录,基本生产成本二级账和各批次产品生产成本明细账应进行平行登记;本月发生的各项加工成本,根据各项耗费分配表登记在基本生产成本二级账中,不记入各批次产品生产成本明细账中。

　　(3)根据基本生产成本二级账资料,计算本月产品全部累计加工成本分配率。

　　直接人工累计分配率 = 300 000 ÷ 150 000 = 2

　　制造费用累计分配率 = 360 000 ÷ 150 000 = 2.4

（4）根据本月完工产品生产工时和累计加工成本分配率，计算本月完工产品应负担的间接计入耗费。

宏运公司本月完工 A 产品应负担的加工成本：

直接人工：65 000×2＝130 000（元）

制造费用：65 000×2.4＝156 000（元）

宏运公司 B 产品本月投产 10 件，累计完成生产工时 30 000 小时，本月完工 8 件，单位产品定额工时为 3 500 小时，本月完工产品生产工时为 28 000 小时，月末在产品生产工时为 2 000 小时。本月完工 8 件 B 产品应负担的加工成本：

直接人工：28 000×2＝56 000（元）

制造费用：28 000×2.4＝67 200（元）

宏运公司本月完工产品应负担的加工成本合计：

直接人工：130 000＋56 000＝186 000（元）

制造费用：156 000＋67 200＝223 200（元）

（5）计算完工产品的生产成本，并依据完工产品成本的计算结果，登记基本生产成本二级账和各批产品生产成本明细账，见表 2-42 至表 2-46。

表 2-42　　　　　　　　　　宏运公司基本生产成本二级账

生产单位:基本生产车间　　　　　　2021 年 5 月　　　　　　金额单位:元

月	日	摘要	直接材料	生产工时 / 小时	直接人工	制造费用	合计
5	1	月初在产品成本	400 000	80 000	120 000	180 000	700 000
	31	本月发生生产耗费	121 000	70 000	180 000	180 000	481 000
	31	累计生产耗费	521 000	150 000	300 000	360 000	1 181 000
	31	累计加工成本分配率			2	2.4	
	31	本月完工转出	380 400	93 000	186 000	223 200	789 600
	31	月末在产品成本	140 600	57 000	114 000	136 800	391 400

表 2-43　　　　　　　　　　宏运公司产品生产成本明细账

产品批号:0701　　　　　　购货单位:翔飞公司　　　　　　投产日期:3 月

产品名称:A 产品　　　　　批量:10 件　　　金额单位:元　　完工日期:5 月

月	日	摘要	直接材料	生产工时 / 小时	直接人工	制造费用	合计
3	31	本月发生生产耗费	130 000	30 000			
4	30	本月发生生产耗费	70 000	15 000			
	30	累计生产耗费	200 000	45 000			
5	31	本月发生生产耗费	50 000	20 000			

续表

月	日	摘要	直接材料	生产工时 / 小时	直接人工	制造费用	合计
	31	累计生产耗费	250 000	65 000			
	31	累计加工成本分配率			2	2.4	
	31	本月转出完工产品成本	250 000	65 000	130 000	156 000	536 000
	31	本月完工产品单位成本	25 000		13 000	15 600	53 600

表 2-44　　　　　　　　　　　　　　宏运公司产品生产成本明细账

产品批号:0704　　　　　　　　购货单位:爱宇公司　　　　　　　　投产日期:4 月
产品名称:B 产品　　　　　　　批量:10 件(本月完工 8 件)　金额单位:元　　完工日期:

月	日	摘要	直接材料	生产工时 / 小时	直接人工	制造费用	合计
4	30	本月发生生产耗费	150 000	15 000			
5	31	本月发生生产耗费	13 000	15 000			
	31	累计生产耗费	163 000	30 000			
	31	累计加工成本分配率			2	2.4	
	31	本月转出完工产品成本	130 400	28 000	56 000	67 200	253 600
	31	本月完工产品单位成本	16 300		7 000	8 400	31 700
	31	月末在产品成本	32 600	2 000			

表 2-45　　　　　　　　　　　　　　宏运公司产品生产成本明细账

产品批号:0706　　　　　　　　购货单位:天域公司　　　　　　　　投产日期:4 月
产品名称:C 产品　　　　　　　批量:15 件　　　金额单位:元　　　完工日期:

月	日	摘要	直接材料	生产工时 / 小时	直接人工	制造费用	合计
4	30	本月发生生产耗费	50 000	20 000			
5	31	本月发生生产耗费	18 000	25 000			
	31	累计生产耗费	68 000	45 000			

表 2-46　　　　　　　　　　　　　　宏运公司产品生产成本明细账

产品批号:0709　　　　　　　　购货单位:乐达公司　　　　　　　　投产日期:5 月
产品名称:D 产品　　　　　　　批量:8 件　　　金额单位:元　　　完工日期:

月	日	摘要	直接材料	生产工时 / 小时	直接人工	制造费用	合计
5	31	本月发生生产耗费	40 000	10 000			
	31	累计生产耗费	40 000	10 000			

【案例小结】

分批法成本计算工作流程如图 2-2 所示。

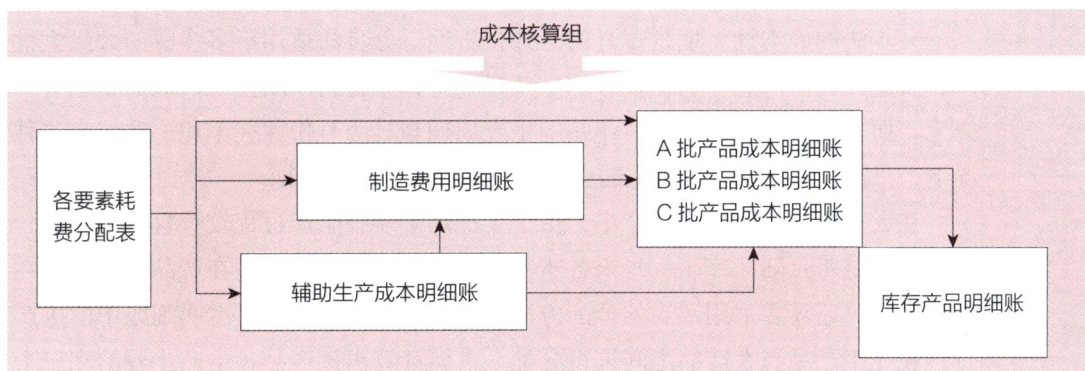

成本核算组

图 2-2　分批法成本计算工作流程

案例篇 Ⅱ
——分步法及其应用

产品成本计算的**分步法**，是按照产品的生产步骤归集生产耗费，计算产品成本的一种方法。

分步法主要适用于大量大批、多步骤，且管理上要求提供步骤成本资料的机械制造、冶金、纺织等生产企业。这些企业的生产过程往往存在若干个生产步骤，各个步骤上的半成品或者作为商品对外销售，或者为本企业多种产品共同耗用，或者其成本资料作为同行业成本考核分析的重要指标。为了加强这类企业的成本管理，不仅要按照产品品种归集生产耗费，计算产品成本，而且还要按照产品的生产步骤归集生产耗费，计算各个生产步骤上的半成品成本，提供各种产品及其各生产步骤成本计划执行情况的资料。

分步法的成本计算对象是各种产品的生产步骤。采用分步法计算产品成本时，应按照产品的生产步骤设立基本生产成本明细账。如果只生产一种产品，成本计算对象就是该种产成品及其所经过的各生产步骤，明细账可按产品的生产步骤开立。如果生产多种产品，成本计算对象则是各种产成品及其所经过的各生产步骤，成本明细账则应分别按照每种产品的各个生产步骤开立。在实际工作中，产品成本计算的分步与产品生产实际步骤的划分不一定完全一致。一般而言，在按生产步骤设立车间的企业中，分步计算成本也就是分车间计算成本。但如果企业生产规模很大，

视频：麻坯
布生产工艺
与组织管理

视频：
分步法-1

车间内又分成几个生产步骤，管理上又要求分步计算成本，则应在车间内再分步计算成本；相反，如果企业规模很小，管理上也不要求按每一车间分别计算成本，则可以把几个车间合并为一个步骤计算成本。

分步法的成本计算期是每月的会计报告期。分步法适用于多步骤的大量大批生产，大量大批生产意味着在较长的生产过程中，原材料不断投入，继而不断有产品完工，而且是跨月陆续完工，产品的生产周期与日历月份往往不相一致。在这种情况下，只能把按日历月份确定的会计报告期作为成本计算期。

在大量大批的多步骤生产中，由于生产环节多、生产过程较长且可以间断，产品往往都是跨月陆续完工，月末各步骤一般都存在一定数量的在产品。因此，在成本计算时，还需要采用适当的分配方法，将汇集在基本生产成本明细账中的生产耗费，在完工产品与在产品之间进行分配，进而计算出该产品各生产步骤的完工半成品（最后步骤为完工产成品）和在产品成本。

产品生产在分步骤进行的情况下，上一步骤生产的半成品是下一步骤的加工对象。因此，为了计算各种产品的产成品成本，还需要采用适当的方法，按照产品品种，分别结转各步骤成本，最终计算出每种产品的总成本和单位成本。采用分步法计算产品成本，各步骤之间还需进行成本结转，这是分步法的一个重要特点。在实际工作中，各步骤成本的计算和结转可以采用逐步结转分步法或平行结转分步法。

【案例 A 导入】

苏城纺织厂是一家小型纺织企业，拥有棉纺纱锭 10 000 锭，织机 100 台，主要产品有纱和坯布两大系列，纱类产品主要有 10~60 支纯棉及涤棉、腈棉、粘胶棉，年产量 1 000 吨。坯布类产品主要有 1.4 米及以下的各类梭织布，年产量在 100 万米左右。梭织布生产由纺纱和织布两个车间连续加工制成。纺纱车间经清棉、梳棉、条卷、精梳、并条、粗纱、细纱、络筒、捻线、摇纱、成包等工序后制成的棉纱，交半成品库验收；织布车间按所需棉纱数量向半成品库领用继续加工，经整经、浆纱、穿经、织造等工序，生产特种棉布。该企业生产组织及机构设置如图 2-3 所示。

苏城纺织厂 2021 年 4 月份产量记录如表 2-47 所示，原材料在生产开始时一次全部投入，各车间（步骤）在产品加工程度均为 50%。该厂财会部门采用逐步结转分步法计算棉纱和棉布成本，第一步骤完工半成品与月末在产品、第二步骤完工产成品与月末在产品成本的分配均采用约当产量法进行。本月各项耗费已分配记入纺纱车间（第一步骤）60 支纯棉纱基本生产成本明细账（见表 2-48）和织布车间（第二步骤）K401 特种棉布基本生产成本明细账（见表 2-50）。

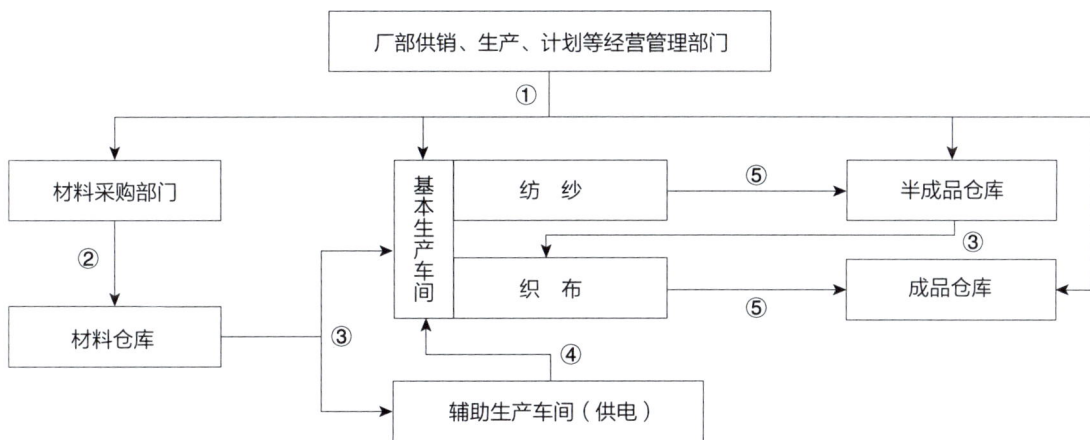

图 2-3　企业生产组织及组织机构图

注：① 厂部管理部门下达生产及材料采购计划，并组织日常施控；

② 材料采购部门组织材料采购；

③ 生产车间领用材料和半成品并组织生产；

④ 辅助生产车间为基本生产车间提供自供电服务；

⑤ 棉纱、棉布完工，质检入库。

表 2-47　　　　　　　　产 量 记 录

棉纱单位:吨
棉布单位:米

2021 年 4 月

项目	纺纱车间(棉纱)	织布车间(特种棉布)
月初在产品数量	15	25 000
本月投入产品数量	85	95 000
本月完工产品数量	90	100 000
月末在产品数量	10	20 000

■【职业判断与基本技能】■

　　逐步结转分步法（或称顺序结转分步法）是按照产品生产加工步骤的顺序，先后在各个生产步骤上逐步计算并结转本步骤的半成品成本，每一步骤的半成品成本由本步骤发生的耗费和上步骤转入的半成品成本构成，直至最后步骤累计计算出产成品成本的一种成本计算方法。该方法是为了计算各步骤半成品成本而采用的一种分步法，因此也称计列半成品成本分步法。逐步结转分步法适用于半成品具有独立经济意义、半成品外销式、管理上要求提供半成品成本资料的连续加工式多步骤大量大批生产的企业。

视频:
分步法-2

运用逐步结转分步法计算产品成本，其一般程序是：

（1）根据产品生产在第一步骤上发生的料、工、费，计算出第一步骤半成品的成本。当某一步骤半成品完工，实物转入半成品仓库或直接转入下一步骤加工时，其成本也随之转入"自制半成品明细账"或下一步骤"基本生产成本明细账"。

（2）将上一步骤转入第二步骤的半成品成本，加上本步骤所耗用的料、工、费，在该步骤"基本生产成本明细账"下进行归集和分配，计算出第二步骤半成品成本。随着第二步骤生产过程的完成，本步骤半成品实物的转移，其半成品成本也相应结转到第三步骤。按照加工顺序依次类推，逐步计算和结转半成品成本，直至最后计算出产成品成本。

就某一步骤的成本计算方法而言，分步法实际上还是品种法。可以说，逐步结转分步法实质上是品种法的多次连续应用。需要注意的是，逐步结转分步法下的在产品是狭义的在产品，不包括各步骤已完工的半成品，只包括在各个步骤加工中的在产品。

逐步结转分步法成本核算程序如图 2-4 所示。

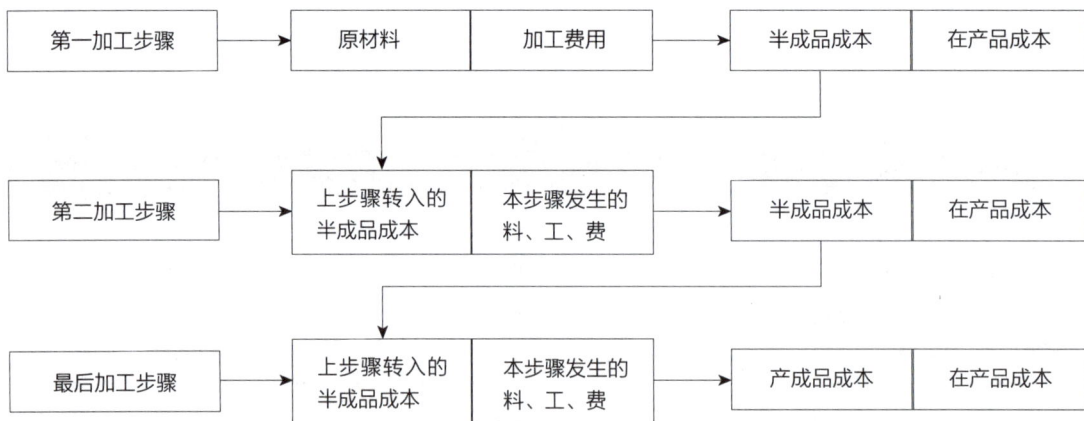

图 2-4　逐步结转分步法成本核算程序图

在逐步结转分步法下，苏城纺织厂采用了"综合结转法"，即将各步骤所耗上一步骤半成品的成本，综合转入各该步骤成本计算单所设立的"直接材料"或"半成品"项目。

■【业务操作】■

一、核算纺纱车间（第一步骤）棉纱的生产成本

（1）成本核算组根据上月有关数据及本月各耗费分配表，登记纺纱车间 60 支纯棉纱"基本生产成本明细账"月初在产品成本及本月生产耗费（见表 2-48）。

表 2-48 　　　　　　　　　　　基本生产成本明细账

车间名称:纺纱车间　　　　　　产品:60 支纯棉纱　　　　　　　　金额单位:元

月	日	摘要	数量/吨	直接材料	直接人工	制造费用	成本合计
4	1	月初在产品成本	15	360 000	105 000	150 000	615 000
	30	本月生产耗费	85	840 000	180 000	277 500	1 297 500
	30	累计生产耗费	100	1 200 000	285 000	427 500	1 912 500
	30	在产品约当总产量(吨)		100	95	95	
	30	半成品单位成本		12 000	3 000	4 500	19 500
	30	完工半成品成本	90	1 080 000	270 000	405 000	1 755 000
	30	月末在产品成本	10	120 000	15 000	22 500	157 500

（2）采用约当产量法分配计算纺纱车间完工半成品和在产品成本，并将计算结果登记纺纱车间 60 支纯棉纱"基本生产成本明细账"（见表 2-48 ）。

① 直接材料耗费的分配：

约当总产量 = 90 + 10 = 100 （吨）

棉纱直接材料单位成本（分配率）= 1 200 000 ÷ 100 = 12 000

棉纱应承担的直接材料耗费 = 90 × 12 000 = 1 080 000 （元）

月末在产品直接材料耗费 = 10 × 12 000 = 120 000 （元）

② 人工耗费的分配：

约当总产量 = 90 + 10 × 50% = 95 （吨）

棉纱人工耗费单位成本（分配率）= 285 000 ÷ 95 = 3 000

棉纱应承担的直接人工耗费 = 90 × 3 000 = 270 000 （元）

月末在产品直接人工耗费 = 10 × 50% × 3 000 = 15 000 （元）

③ 制造费用的分配：

约当总产量 = 90 + 10 × 50% = 95 （吨）

棉纱制造费用单位成本（分配率）= 427 500 ÷ 95 = 4 500

棉纱应承担的制造费用 = 90 × 4 500 = 405 000 （元）

月末在产品制造费用 = 10 × 50% × 4 500 = 22 500 （元）

二、半成品出入库的账务处理

（1）纺纱车间棉纱完工验收入库后，成本核算组根据纺纱车间送交的半成品入库单，编制结转半成品成本的会计分录，并据以登记入账。"自制半成品明细账"，如表 2-49 所示。

借：自制半成品（60 支纯棉纱）　　　　　　1 755 000

　　贷：基本生产成本（纺织车间 60 支纯棉纱）　1 755 000

表 2-49　　　　　　　　　　　　自制半成品明细账

半成品：60 支纯棉纱

摘要	收入			发出			结存		
	数量	单位成本	金额	数量	单位成本	金额	数量	单位成本	金额
期初结存							20	17 850	357 000
本期入库	90	19 500	1 755 000						
本期发出				95	19 200	1 824 000			
期末结存							15	19 200	288 000

（2）成本核算组根据半成品库送交的半成品领料单，编制半成品领用的会计分录，并据以登记入账（见表 2-49、表 2-50）。

借：基本生产成本（织布车间特种布）　　　1 824 000

贷：自制半成品（60 支纯棉纱）　　　　　　1 824 000

三、核算织布车间（第二步骤）K401 特种棉布的生产成本

（1）成本核算组根据半成品领用单及各有关耗费分配表，登记织布车间 K401 特种棉布"基本生产成本明细账"，如表 2-50 所示。

（2）采用约当产量法分配计算完工特种棉布的生产成本和在产品成本，并登记基本生产成本明细账（见表 2-50）。

产成品及在产品计算分配如下：

① 直接材料耗费的分配：

约当总产量 = 100 000 + 20 000 = 120 000（米）

产成品直接材料单位成本（分配率）= 2 172 000 ÷ 120 000 = 18.1

完工产成品应承担的直接材料耗费 = 100 000 × 18.1 = 1 810 000（元）

月末在产品应承担的直接材料耗费 = 20 000 × 18.1 = 362 000（元）

② 直接人工耗费的分配：

约当总产量 = 100 000 + 20 000 × 50% = 110 000（米）

产成品直接人工单位成本（分配率）= 429 000 ÷ 110 000 = 3.9

完工产成品直接人工耗费 = 100 000 × 3.9 = 390 000（元）

月末在产品直接人工耗费 = 20 000 × 50% × 3.9 = 39 000（元）

③ 制造费用的分配：

约当总产量 =100 000 + 20 000 × 50% = 110 000（米）

产成品制造费用单位成本（分配率）= 594 000 ÷ 110 000 = 5.4

完工产成品应承担的制造费用 = 100 000 × 5.4 = 540 000（元）

月末在产品制造费用 = 20 000 × 50% × 5.4 = 54 000（元）

表 2-50　　　　　　　　　　　基本生产成本明细账

车间名称:织布车间　　　　　　　产品名称:K401 特种棉布　　　　　　　金额单位:元

月	日	摘要	产量/米	直接材料(或半成品)	直接人工	制造费用	成本合计
4	1	月初在产品成本	25 000	348 000	120 000	180 000	648 000
	30	本月生产耗费	95 000	1 824 000	309 000	414 000	2 547 000
	30	累计生产耗费	120 000	2 172 000	429 000	594 000	3 195 000
	30	在产品约当总产量		120 000	110 000	110 000	
	30	产品单位成本		18.1	3.9	5.4	27.4
	30	完工产成品成本	100 000	1 810 000	390 000	540 000	2 740 000
	30	月末在产品成本	20 000	362 000	39 000	54 000	455 000

四、完工产成品验收入库的账务处理

成本核算组根据成品库送交的产成品入库单,结转产成品成本,编制记账凭证并据以登记入账,如表 2-50、表 2-51 所示。

借:库存商品（K401 特种棉布）　　　　　2 740 000
　　贷:基本生产成本（织布车间——K401 特种棉布）

　　　　　　　　　　　　　　　　2 740 000

表 2-51　　　　　　　　　　　库存商品明细账

产品名称:K401 特种棉布　　　　　　　　　　　　　　　金额单位:元

摘要	收入			发出			结存		
	数量/米	单位成本	金额	数量/米	单位成本	金额	数量/米	单位成本	金额
期初结存							105 000	27.4	2 877 000
本期入库	100 000	27.4	2 740 000						
本期发出				180 000	27.4	4 932 000			
期末结存							25 000	27.4	685 000

五、综合结转法的成本还原

从表 2-50 反映的完工产品的各成本项目看,未能真实反映出产品成本的原始构成情况。该表"直接材料"项目的 1 810 000 元并非生产 100 000 米特种棉布所耗的材料成本,而是包含着纺纱车间直接人工和制造费用的一种"综合性成本";"直接人工" 390 000 元和"制造费用" 540 000 元,也只是特种棉布发生在织布车间的直接人工耗费和制造费用。因此,按逐步结转分步法（综合结转法）计算的各步骤半成品成本,尤其是最后一个步骤的产成品成本,不能真正反映产品的成本结构。

视频:
分步法-3

苏城纺织厂成本核算组为了能够从整个企业的角度考核和分析产品成本的构成和水平，将综合结转法下计算的产成品成本进行成本还原，即将本月产成品成本中所耗上一步骤半成品的综合成本，还原成直接材料、直接人工和制造费用等原始成本项目，从而取得按原始成本项目反映的产成品成本资料。

该成本核算组按照**"项目比重还原法"**进行成本还原，其基本做法是：编制"产品成本还原表"（见表2-52），从最后一个生产步骤起，将产成品成本中所耗上一步骤半成品的综合成本，按照上一步骤本月完工半成品成本项目的比重（即成本结构），进行分解还原；如此自后而前逐步分解还原，直至第一步骤；最后，将分步还原后相同的成本项目加以汇总，即可取得按原始成本项目反映的产成品成本资料。

表2-52　　　　　　　　　　产品成本还原表

2021年4月　　　　　　　　　　　　　金额单位：元

项目	还原前产成品总成本	本月所产半成品成本	本月所产半成品成本结构	产成品成本中半成品成本还原	还原后产成品成本	还原后产成品单位成本
行次	(1)	(2)	(3)	(4)	(5)=(1)+(4)	(6)
产量/米	100 000				100 000	
半成品成本	1 810 000			-1 810 000		
直接材料		(1 080 000)	61.538 5%	1 113 847	1 113 847	11.138 5
直接人工	390 000	(270 000)	15.384 6%	278 461	668 461	6.684 6
制造费用	540 000	(405 000)	23.076 9%	417 692	957 692	9.576 9
合计	2 740 000	(1 755 000)	100%	0	2 740 000	27.40

计算程序如下：

（1）计算上一步骤完工半成品的各成本项目比重：

$$\text{纺纱车间完工半成品直接材料成本项目比重} = \frac{\text{该车间完工半成品直接材料耗费金额}}{\text{该车间完工半成品成本合计}} \times 100\%$$

$$= \frac{1\,080\,000}{1\,755\,000} \times 100\% = 61.538\,5\%$$

$$\text{纺纱车间完工半成品直接人工成本项目比重} = \frac{\text{该车间完工半成品直接人工耗费金额}}{\text{该车间完工半成品成本合计}} \times 100\%$$

$$= \frac{270\,000}{1\,755\,000} \times 100\% = 15.384\,6\%$$

$$\text{纺纱车间完工半成品制造费用成本项目比重} = \frac{\text{该车间完工半成品制造费用金额}}{\text{该车间完工半成品成本合计}} \times 100\%$$

$$= \frac{405\,000}{1\,755\,000} \times 100\% = 23.076\,9\%$$

（2）计算织布车间半成品成本项目还原值：

$$\frac{\text{半成品直接材料}}{\text{成本项目还原值}} = \frac{\text{本月产成品耗用}}{\text{半成品成本}} \times \frac{\text{纺纱车间完工半成品}}{\text{直接材料成本项目比重}}$$

$$= 1\ 810\ 000 \times 61.538\ 5\% = 1\ 113\ 847（元）$$

$$\frac{\text{半成品直接人工}}{\text{成本项目还原值}} = \frac{\text{本月产成品耗用}}{\text{半成品成本}} \times \frac{\text{纺纱车间完工半成品}}{\text{直接人工成本项目比重}}$$

$$= 1\ 810\ 000 \times 15.384\ 6\% = 278\ 461（元）$$

$$\frac{\text{半成品制造费用}}{\text{成本项目还原值}} = \frac{\text{本月产成品耗用}}{\text{半成品成本}} \times \frac{\text{纺纱车间完工半成品}}{\text{制造费用成本项目比重}}$$

$$= 1\ 810\ 000 \times 23.076\ 9\% = 417\ 692（元）$$

（3）计算产成品还原后各成本项目金额：

产成品成本中直接材料耗费 = 1 113 847（元）

产成品成本中直接人工耗费 = 278 461 + 390 000 = 668 461（元）

产成品成本中制造费用 = 417 692 + 540 000 = 957 692（元）

成本还原计算结果，如表 2-52 所示。

综合结转法下的成本还原方法，除苏城纺织厂采用的"项目比重还原法"之外，还有"成本还原分配率还原法"。

成本还原分配率还原法，是按照本月完工产品所耗上步骤半成品成本占本月所产该种产品总成本的比例进行成本还原。计算过程如下：

（1）计算成本还原分配率：

$$\text{成本还原分配率} = \frac{\text{本月产成品所耗上一步骤半成品成本}}{\text{本月所产该种完工半成品成本合计}}$$

（2）计算半成品各成本项目还原值：

$$\text{半成品某成本项目还原值} = \frac{\text{上步骤完工半成品}}{\text{该成本项目金额}} \times \text{还原分配率}$$

（3）计算产成品还原后各成本项目金额：

在成本还原的基础上，将各步骤还原前和还原后相同的成本项目金额相加，即可计算出产成品还原后各成本项目金额，从而取得按原始成本项目反映的产成品成本资料。

逐步结转分步法按照结转的半成品成本在下一步骤基本生产成本明细账中的反映方法，除苏城纺织厂采用的"综合结转法"之外，还有逐步结转分步法下的"分项结转法"。

分项结转法是将各步骤所耗上步骤半成品成本，按照成本项目分项转入该步骤基本生产成本明细账对应的成本项目。如果半成品通过半成品库收发，在自制半成品明细账中登记半成品成本时，也要按照成本项目分别予以登记。

　　采用分项结转法结转半成品成本，可以直接提供按原始成本项目反映的企业产品成本资料，便于从整个企业的角度考核和分析产品成本计划的执行情况，无须进行成本还原。但该方法成本结转工作比较复杂，而且在各步骤完工产品成本中反映不出所耗上一步骤半成品成本和本步骤加工耗费数额，不便于进行各步骤完工产品的成本分析。因此，分项结转分步法一般适用于在管理上不要求计算各步骤完工产品所耗半成品成本和本步骤加工耗费，而要求按原始成本项目计算产品成本的企业。

【案例 B 导入】

　　津门泵业有限责任公司是集设计、开发、制造、销售于一体的专业制造厂家，公司创业十几年来，始终致力于科技与管理的创新，开发出适合于工矿企业、建筑工地、城市供水、农田排灌、石油化工、工业水处理、地源热泵空调行业、提取地下高温水等各行业用泵。公司主要产品有：井用潜水泵、热水潜水泵、污水潜水泵、潜水排污泵、潜水轴流泵、矿用潜水泵、海水潜水泵、高扬程潜水泵、耐腐蚀潜水泵等泵类产品。

　　该公司潜水泵主要由泵壳、端盖、叶轮、电机四部分组成，其中除电机等组件为外购配件外，其他组件均自行组织生产。公司按照潜水泵生产的工艺技术特点和管理要求，除设置生产、计划、供销、财务等职能部门外，还设置了铸造、金工和装配三个基本生产车间。公司生产组织及机构设置如图 2-5 所示。

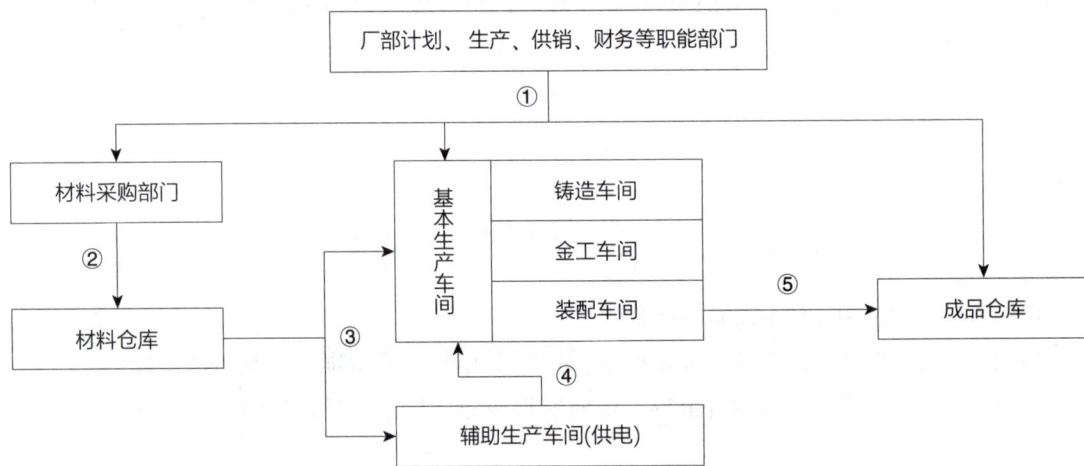

图 2-5　公司生产组织及机构设置图

　　注：① 厂部管理部门下达生产及材料采购计划，并日常施控；
　　　　② 材料采购部门组织材料采购；
　　　　③ 生产车间领用材料及外购配件，并组织生产；
　　　　④ 辅助生产车间为基本生产车间提供自供电服务；
　　　　⑤ 潜水泵完工，质检入库。

公司成本核算组根据产品的生产特点和成本管理的要求，采用平行结转分步法和定额比例分配法计算产品成本。井用潜水泵有关定额资料如表 2-53 所示。

表 2-53　　　　　　　　　　　　井用潜水泵定额资料汇总表

2021 年 4 月

车间份额	月初在产品(5)		本月投入(45)			本月产成品	
	定额材料耗费/元	定额工时/小时	定额材料耗费/元	定额工时/小时	产量/件	定额材料耗费/元	定额工时/小时
铸造车间份额	750	50	6 750	450	—	5 250	350
金工车间份额	150	250	1 350	3 600		1 050	3 150
装配车间份额	3 000	150	27 000	1 350	—	21 000	1 050
合计	3 900	450	35 100	5 400	35	27 300	4 550

■ 【职业判断与基本技能】 ■

平行结转分步法（或称不计算半成品成本法），是指在计算产成品成本时，不计算各步骤所产半成品的成本，也不计算各步骤所耗上一步骤半成品的成本，而只计算各步骤发生的其他各项耗费以及这些耗费中应该计入产成品成本的"份额"。月末将同一产品各步骤成本计算单中这些份额平行结转汇总后，即可计算出该种产品的产成品成本。

视频：
分步法-4

由于平行结转分步法无法提供各步骤完工半成品的成本，平行结转分步法主要适用于在成本管理上要求分步归集生产耗费，但不需要提供半成品成本的大量大批、多步骤生产的企业。

采用平行结转分步法，半成品成本在生产过程中不随半成品的实物转移而结转。某一步骤半成品完工后，虽然实物转入半成品仓库或直接转入下一步骤加工，但其耗费仍停留在本步骤的"基本生产成本明细账"，而不转入"自制半成品明细账"或下一步骤"基本生产成本明细账"。在该方法下，各生产步骤不计算半成品成本，各步骤"基本生产明细账"只归集本步骤发生的耗费，不归集从上步骤转入的半成品成本。只有当企业的产成品入库时，才将各步骤耗费中应计入产成品成本的"份额"从各步骤"基本生产成本明细账"中转出，平行结转汇总计算完工产成品的成本。采用该方法，每一生产步骤的生产耗费也要在其完工产品与月末在产品之间进行分配，但这里的完工产品，是指企业最后完工的产品，而某步骤完工产品耗费，是该步骤生产耗费中用于产成品成本的份额。与此相联系，这里的在产品是广义在产品，即指尚未生产完工的全部在产品和半成品，包括：①尚在本步骤加工中的在产品，即狭义在产品；②本步骤已完工转入半成品库的半成品；③已从半成品库转到以后各步骤进一步加工、尚未最后产成的产品。因此，这里的在产品成本，是指包括这三个部分的广义在产品的耗费，尽管后两部分的实物已经从本步骤转出，但其耗费尚未转出，仍留在本步骤基本生产成本明细账中。也就是说，在平行结转分步法下，对各步骤发生的生产耗费（不包括所耗上一步骤的半成品成本），要计算这些耗费在产成品成本中所占的份额和广义在产品成本中所占的份额，在产成品与广义在产品之间进行分配。

运用平行结转分步法计算产品成本，其一般程序是：

（1）按产品和加工步骤设置成本明细账。

（2）各步骤成本明细账分别按成本项目归集本步骤发生的生产耗费（不包括耗用上一步骤半成品的成本）。

（3）月末将各步骤归集的生产耗费在产成品与广义的在产品之间进行分配，计算各步骤耗费中应计入产成品成本的份额。

（4）将各步骤耗费中应计入产成品成本的份额按成本项目平行结转，汇总计算出产成品的总成本及单位成本。

平行结转分步法成本核算程序如图 2-6 所示。

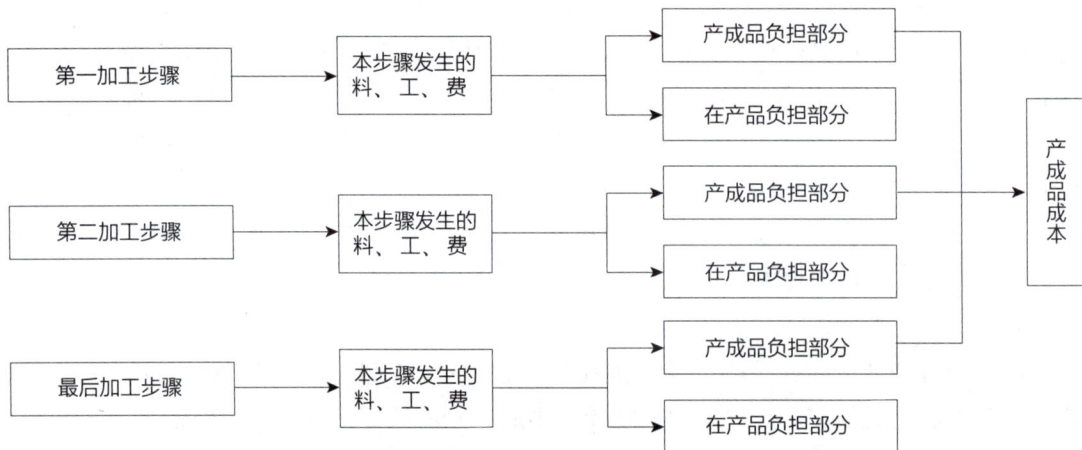

图 2-6　平行结转分步法成本核算程序

现将津门泵业有限责任公司成本核算组采用平行结转分步法计算井用潜水泵成本案例展示如下。

■【业务操作】■

一、计算铸造车间应计入产成品成本的份额

成本核算组根据上月有关数据及本月各要素耗费分配表，将有关耗费记入铸造车间井用潜水泵"基本生产成本明细账"，如表 2-54 所示。

表 2-54　　　　　　　　　基本生产成本明细账

车间名称:铸造车间　　　　　　　产品:井用潜水泵　　　　　　　产量:35 台

月	日	摘要	直接材料 / 元	直接人工 / 小时	制造费用 / 元	成本合计 / 元
4	1	月初在产品成本	800	550	1 200	2 550
	30	本月生产耗费	7 200	45 000	11 700	63 900
	30	生产耗费累计	8 000	45 550	12 900	66 450
	30	分配率	1.07	91.1	25.8	
	30	计入产成品成本份额	5 617.5	31 885	9 030	46 532.5
	30	月末广义在产品成本	2 382.5	13 665	3 870	19 917.5

铸造车间应计入产成品成本的份额计算如下:

（1）采用倒挤的方法计算月末广义在产品定额材料耗费和定额工时:

月末广义在产品定额材料耗费 $= 750 + 6\ 750 - 5\ 250 = 2\ 250$（元）

月末广义在产品定额工时 $= 50 + 450 - 350 = 150$（小时）

（2）计算各耗费分配率:

$$直接材料耗费分配率 = \frac{8\ 000}{5\ 250 + 2\ 250} = 1.07$$

$$直接人工耗费分配率 = \frac{45\ 550}{350 + 150} = 91.1$$

$$制造费用分配率 = \frac{12\ 900}{350 + 150} = 25.8$$

（3）计算应计入产成品成本的份额:

直接材料应计入产成品成本的份额 $= 5\ 250 \times 1.07 = 5\ 617.5$（元）

直接人工应计入产成品成本的份额 $= 350 \times 91.1 = 31\ 885$（元）

制造费用应计入产成品成本的份额 $= 350 \times 25.8 = 9\ 030$（元）

（4）计算月末广义在产品成本:

广义在产品成本直接材料耗费 $= 8\ 000 - 5\ 617.5 = 2\ 382.5$（元）

广义在产品成本直接人工耗费 $= 45\ 550 - 31\ 885 = 13\ 665$（元）

广义在产品成本制造费用 $= 12\ 900 - 9\ 030 = 3\ 870$（元）

二、计算金工车间应计入产成品成本的份额

根据上月有关数据及本月各要素耗费分配表，将金工车间有关耗费计入金工车间井用潜水泵"基本生产成本明细账"，如表 2-55 所示。

表 2-55　　　　　　　　　　　　基本生产成本明细账

车间名称:金工车间　　　　　　　　产品:井用潜水泵　　　　　　　　产量:35 台

月	日	摘要	直接材料 / 元	直接人工 / 小时	制造费用 / 元	成本合计 / 元
4	1	月初在产品成本	220	2 400	5 200	7 820
	30	本月生产耗费	2 250	21 600	47 200	71 050
	30	生产耗费累计	2 470	24 000	52 400	78 870
	30	分配率	1.65	6.23	13.61	
	30	计入产成品成本份额	1 732.5	19 624.5	42 871.5	64 228.5
	30	月末广义在产品成本	737.5	4 375.5	9 528.5	14 641.5

金工车间应计入产成品成本的份额计算如下:

（1）采用倒挤的方法计算月末广义在产品定额材料耗费和定额工时:

月末广义在产品定额材料耗费 = 150 + 1 350 − 1 050 = 450（元）

月末广义在产品定额工时 = 250 + 3 600 − 3 150 = 700（小时）

（2）计算各耗费分配率:

$$直接材料耗费分配率 = \frac{2\,470}{1\,050 + 450} = 1.65$$

$$直接人工耗费分配率 = \frac{24\,000}{3\,150 + 700} = 6.23$$

$$制造费用分配率 = \frac{52\,400}{3\,150 + 700} = 13.61$$

（3）计算应计入产成品成本的份额:

直接材料应计入产成品成本的份额 = 1 050 × 1.65 = 1 732.50（元）

直接人工应计入产成品成本的份额 = 3 150 × 6.23 = 19 624.50（元）

制造费用应计入产成品成本的份额 = 3 150 × 13.61 = 42 871.50（元）

（4）计算月末广义在产品成本:

广义在产品成本直接材料耗费 = 2 470 − 1 732.5 = 737.50（元）

广义在产品成本直接人工耗费 = 24 000 − 19 624.5 = 4 375.50（元）

广义在产品成本制造费用 = 52 400 − 42 871.5 = 9 528.50（元）

三、计算装配车间应计入产成品成本的份额

根据上月有关数据及本月各要素耗费分配表,将装配车间有关耗费计入该车间井用潜水泵"基本生产成本明细账",如表 2-56 所示。

表 2-56　　　　　　　　　　基本生产成本明细账

车间名称:装配车间　　　　　　　　产品:井用潜水泵　　　　　　　产量:35 台

月	日	摘要	直接材料 / 元	直接人工 / 元	制造费用 / 元	成本合计 / 元
4	1	月初在产品成本	3 410	1 600	1 400	6 410
	30	本月生产耗费	30 500	14 800	13 100	58 400
	30	生产耗费累计	33 910	16 400	14 500	64 810
	30	分配率	1.13	10.93	9.67	
	30	计入产成品成本份额	23 730	11 476.5	10 153.5	45 360
	30	月末广义在产品成本	10 180	4 923.5	4 346.5	19 450

装配车间应计入产成品成本的份额计算如下:

（1）采用倒挤的方法计算月末广义在产品定额材料耗费和定额工时:

月末广义在产品定额材料耗费 = 3 000 + 27 000 − 21 000 = 9 000（元）

月末广义在产品定额工时 = 150 + 1 350 − 1 050 = 450（小时）

（2）计算各耗费分配率:

$$直接材料耗费分配率 = \frac{33\ 910}{21\ 000 + 9\ 000} = 1.13$$

$$直接人工耗费分配率 = \frac{16\ 400}{1\ 050 + 450} = 10.93$$

$$制造费用分配率 = \frac{14\ 500}{1\ 050 + 450} = 9.67$$

（3）计算应计入产成品成本的份额:

直接材料应计入产成品成本的份额 = 21 000 × 1.13 = 23 730（元）

直接人工应计入产成品成本的份额 = 1 050 × 10.93 = 11 476.50（元）

制造费用应计入产成品成本的份额 = 1 050 × 9.67 = 10 153.50（元）

（4）计算月末广义在产品成本:

广义在产品成本直接材料耗费 = 33 910 − 23 730 = 10 180（元）

广义在产品成本直接人工耗费 = 16 400 − 11 476.5 = 4 923.50（元）

广义在产品成本制造费用 = 14 500 − 10 153.5 = 4 346.50（元）

四、计算完工产品成本

成本核算组将铸造车间、金工车间和装配车间基本生产成本明细账中应计入产成品成本的份额，平行结转汇总计入井用潜水泵"产品成本汇总表"，如表 2-57 所示。

表 2-57 　　　　　　　　　　　产品成本汇总表

产品名称:井用潜水泵　　　　　　　2021 年 4 月

车间份额	产量/台	直接材料/元	直接人工/元	制造费用/元	成本合计/元
铸造车间份额		5 617.5	31 885	9 030	46 532.5
金工车间份额		1 732.50	19 624.50	42 871.50	64 228.50
装配车间份额		23 730	11 476.50	10 153.50	45 360
合计	35	31 080	62 986	62 055	156 121
单位成本		888	1 799.60	1 773	4 460.6

五、结转完工验收入库的产品成本

成本核算组根据成品库提交的井用潜水泵"产品入库单"和"生产成本汇总表"等资料,编制产品验收入库的记账凭证,结转完工井用潜水泵的生产成本。

借:库存商品(井用潜水泵)　　　　　　　156 121
　　贷:基本生产成本——铸造车间　　　　　　46 532.50
　　　　　　　　　　——金工车间　　　　　　64 228.50
　　　　　　　　　　——装配车间　　　　　　45 360

正确确定各步骤生产耗费中应计入产成品成本的份额,即每一生产步骤的生产耗费正确地在完工产成品和广义在产品之间进行分配,是应用这一方法的关键所在。在平行结转分步法下,通常采用约当产量法、定额比例分配法进行耗费的分配,以确定各步骤耗费中应计入产成品成本的份额。

首先,采用定额比例分配法计算应计入产成品成本的份额。采用定额比例分配法计算应计入产成品成本的份额,就是将各步骤生产耗费按照完工产成品与月末广义在产品定额消耗量或定额耗费的比例进行分配,以确定各步骤耗费中应计入产成品成本的份额。其中直接材料,按原材料的定额消耗量或定额成本的比例分配;直接人工等加工成本,一般按定额工时比例分配。

某步骤应计入产成品成本的份额分配计算公式为:

$$\text{耗费分配率} = \frac{\text{该步骤月初在产品成本} + \text{该步骤本月发生的生产耗费}}{\text{完工产成品在该步骤定额消耗量(定额耗费)} + \text{月末该步骤广义在产品定额消耗量(定额耗费)}}$$

由于广义在产品的实物分散在各个生产步骤和半成品仓库,具体的盘存、计算比较复杂,通常采用倒挤的方法计算。计算公式为:

$$\text{月末广义在产品定额消耗量(定额耗费、定额工时)} = \text{月初在产品定额消耗量(定额耗费、定额工时)} + \text{本月投入产品定额消耗量(定额耗费、定额工时)} - \text{本月完工产成品定额消耗量(定额耗费、定额工时)}$$

$$\frac{\text{计入产成品}}{\text{成本的份额}} = \frac{\text{完工产成品定额消耗量}}{\text{（或定额耗费等）}} \times \frac{\text{耗费}}{\text{分配率}}$$

其次，采用约当产量法计算应计入产成品成本的份额。采用约当产量法计算应计入产成品成本的份额，就是将各步骤生产耗费按照完工产成品的数量与月末广义在产品约当产量的比例进行分配，以确定各步骤耗费中应计入产成品成本的份额。计算公式为：

$$\frac{\text{某步骤应计入产}}{\text{成品成本的份额}} = \frac{\text{产成品}}{\text{产量}} \times \frac{\text{单位产成品耗用该}}{\text{步骤半成品数量}} \times \frac{\text{该步骤半成品}}{\text{单位成本}}$$

上式中"该步骤半成品单位成本"按下式计算：

$$\frac{\text{某步骤半成}}{\text{品单位成本}} = \frac{\text{该步骤月初在产品成本} + \text{该步骤本月生产耗费}}{\frac{\text{完工产品所耗该}}{\text{步骤半成品数量}} + \frac{\text{该步骤月末广义}}{\text{在产品约当产量}}}$$

上式中"该步骤月末广义在产品约当产量"按下式计算：

$$\frac{\text{某步骤月末}}{\text{广义在产品}} = \frac{\text{该步骤完工转}}{\text{入半成品仓库}} + \frac{\text{该步骤完工转入以}}{\text{后各步骤正在加工}} + \frac{\text{该步骤月末}}{\text{狭义在产品}}$$
$$\text{约当产量} \qquad \text{的半成品数量} \qquad \text{的在产品数量} \qquad \text{约当产量}$$

逐步结转分步法和平行结转分步法是分步法应用的两种具体方法，这两种方法在成本管理的要求、成本计算的方式以及在产品的含义等方面均有所不同。现比较如下。

首先，两种方法体现了不同的成本管理要求。成本管理的要求上，逐步结转分步法是计算半成品成本的分步法，平行结转分步法是不计算半成品成本的分步法。是否需要计算半成品成本，取决于成本管理的要求。如果企业自制半成品对外销售，或某种半成品为企业多种产品共同耗用，在成本管理上就需要计算半成品成本，成本计算就应该采用逐步结转分步法。逐步结转分步法可以为分析和考核各生产步骤半成品成本计划的完成情况，为正确地计算半成品的销售成本提供资料。如果企业半成品种类较多，且不对外销售，在成本管理上也不要求计算半成品的成本，就采用平行结转分步法。这样，各生产步骤可以同时计算应计入产成品成本的份额，无须逐步计算和结转半成品的成本。

其次，两种方法采用的成本计算方式不同。逐步结转分步法是按照生产步骤，逐步计算和结转半成品成本，直到最后步骤计算出完工产品的成本。虽然可以确定各步骤的半成品成本及完工产品成本，但各生产步骤的成本核算需要等待上一步骤的成本核算结果。如果半成品采用综合结转法，为反映企业产品成本的构成，还须进行成本还原。采用分项结转法，尽管可以直接提供按原始成本项目反映的成本构成，不需要成本还原，但各步骤成本结转比较复杂。逐步结转分步法核算

工作量较大，不便于核算工作的分工，核算工作的效率也比较低。平行结转分步法是将各生产步骤应计入产成品成本的份额，经平行结转确定产品成本的，各步骤应计入产成品成本的份额可以同时计算，无须等待，可以简化和加速成本核算工作。

最后，在产品的含义不同。在逐步结转分步法下，各步骤的完工产品是指各该步骤完工半成品（只有最后一个步骤才是完工产成品），而在产品是指各该步骤狭义的在产品，即正在各该步骤加工中的在产品。该方法半成品成本随实物转移而结转，各生产步骤在产品成本的发生地和在产品的所在地是一致的，有利于在产品和半成品的管理。在平行结转分步法下，各生产步骤完工产品均指在企业已完成全部生产加工过程、验收入库的产成品，而在产品是指广义的在产品，既包括尚在本步骤加工中的在产品（即狭义在产品），也包括本步骤已完工转入半成品库的半成品，还包括已从半成品库转到以后各步骤进一步加工、尚未最终完工的产品。在平行结转分步法下，半成品实物因继续加工已经转移，但半成品的成本仍留在上一步骤，各生产步骤在产品成本的发生地和在产品的所在地往往不一致，因而不利于在产品和半成品的管理。

■【案例小结】■

逐步结转分步法成本计算工作流程如图 2-7 所示，平行结转分步法成本计算工作流程如图 2-8 所示。

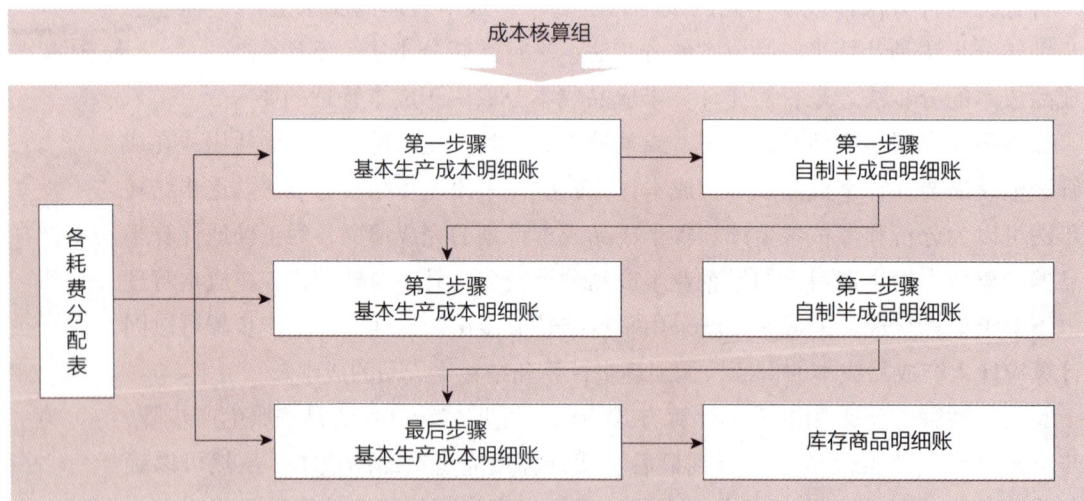

图 2-7　逐步结转分步法成本计算工作流程

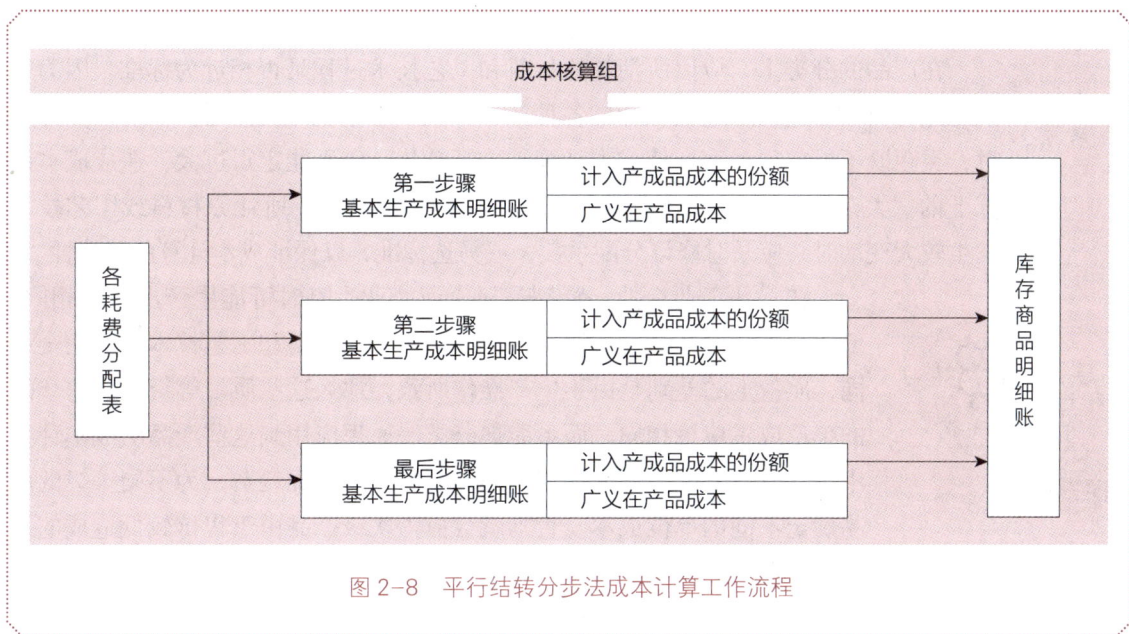

图 2-8　平行结转分步法成本计算工作流程

▌▌▌案例篇 Ⅲ
——分类法及其应用

　　分类法是按产品类别归集生产耗费、计算各类产品成本，再分析计算类内各种产品成本的一种成本计算方法。分类法是品种法的发展和延续，该方法首先以产品的类别作为成本计算对象，按类设置基本生产成本明细账，归集各类产品的生产耗费，计算各类产品的总成本；然后，按一定的方法，将各类产品总成本在类内各个品种、规格的产品之间进行分配，计算确定类内各品种、规格产品的成本。

　　在一些制造企业中，生产的产品品种、规格繁多，若按产品的品种、规格归集生产耗费，计算产品成本，则会使成本计算工作极为繁重。在这种情况下，为了简化成本计算工作，可以对不同品种、规格的产品按照一定标准来进行分类，采用分类法来计算产品成本。

　　分类法与生产的类型无直接关系，它可以在各种类型的生产中应用，凡是产品品种、规格繁多而且又可以按一定标准分类的大量生产企业或车间，均可以采用分类法计算成本。例如，无线电厂生产的各种组件、针织厂生产的各种不同规格和种类的针织品、食品厂生产的各种饼干和面包、灯泡厂生产的各种类别和瓦数的灯泡、钢铁厂生产的各种型号和规格的生铁、钢锭和钢材，化学试剂厂生产的各种化学制剂等。它们的生产类型有所不同，但都可以采用分类法计算产品成本。另外，分类法还适用于联产品、副产品和等级品生产的企业，以及除主

要产品以外，企业生产零星产品的成本计算。

在产品的分类上，应以所消耗原材料和工艺技术过程是否相近为标准。因为所消耗原材料和工艺技术过程相近的各种产品，成本水平也往往接近。在对产品分类时，类距既不能定得过小，使成本计算工作复杂化；也不能定得过大，造成成本计算上的"大杂烩"，影响成本计算的正确性。当产品结构、所耗原材料或工艺技术发生较大变动时，应及时修订分配系数，或另选标准，以保证成本计算的正确性。

在一些工业企业，特别是轻工业企业，有时可能生产出品种相同，但质量不同的产品。如果这些产品所用的原材料和工艺技术过程完全相同，质量上的差别是由于生产操作所致，那么这些质量等级不同的产品的单位成本应该相同，而不能把分类法原理应用到这些产品的成本计算中去。也就是说，不能按照它们的不同售价分配耗费，为不同等级的产品确定不同的单位成本。否则就会掩盖次级产品由于售价较低造成的损失，不利于企业加强成本管理，提高产品质量。如果不同质量的产品是由于所用原材料的质量或工艺技术上的要求不同而产生的，则这些产品应是同一品种不同规格的产品，可归为一类，采用分类法计算其成本。

【案例导入】

红星灯泡厂大批量生产白炽灯、日光灯和节能灯三大类共计六十余个品种和规格的产品，其中 40 W、60 W、100 W 白炽灯灯泡具有类似的结构和生产工艺，耗用相同的原材料，且开工时一次投入。财会部门根据企业生产工艺技术的特点和管理要求，结合产品品种规格繁多的实际情况，为简化成本计算工作，采用分类法计算产品成本。

【业务操作】

一、划分产品类别，开立成本计算单

红星灯泡厂根据其产品所用原材料和生产工艺技术过程的不同，将 60 余个品种和规格的产品划分为白炽灯、日光灯和节能灯 3 大类、12 小类别，按照产品的小类别开立了产品成本明细账，在各小类产品成本明细账中，按产品成本项目分设专栏，按类归集产品的生产耗费，计算各类产品的成本。40 W、60 W、100 W 白炽灯灯泡具有类似的结构和生产工艺，耗用相同的原材料，且开工时一次投入。据此，灯泡厂财会部门会同有关部门将上述产品归为白炽灯 A 类产品，为"白炽灯 A"开立了产品成本明细账，在该明细账下，按"直接材料""直接人工""制造费用"成本项目分设专栏。2021 年 4 月初及当月发生的生产耗费如表 2-60 所示。

二、确定标准产品和类内产品系数

红星灯泡厂采用分类法结合品种法计算成本，类内各完工产品和在产品的耗费，均折合成标准产品产量和标准约当产量计算。根据"白炽灯 A"类产品本月生产及完工情况，产量大、规格折中的 60 W 白炽灯作为标准产品，将该标准产品分配标准额的系数定为"1"，40 W 和 100 W 白炽灯的系数计算如下：

$$40 \text{ W 白炽灯标准产量系统} = \frac{\text{该产品定额成本}}{\text{标准产品定额成本}} = \frac{1.6}{2} = 0.8$$

$$100 \text{ W 白炽灯标准产量系统} = \frac{\text{该产品定额成本}}{\text{标准产品定额成本}} = \frac{2.2}{2} = 1.1$$

"白炽灯 A"类产品标准产量系数及实际产量如表 2-58 所示。

表 2-58　　　　　　　　白炽灯 A 类产品标准产量系数及实际产量明细表

2021 年 4 月

产品名称	类内产品综合定额成本/元	折合标准产量系数	完工产量/个	在产品	
				数量/个	完工率
40 W	1.6	0.8	30 000	10 000	50%
60 W	2	1	60 000	5 000	40%
100 W	2.2	1.1	40 000	8 000	60%

在实际工作中，分配类内各种产品成本，将分配标准折合成相对固定的系数，按照固定系数分配同类产品内各种产品的成本的方法，通常称作"系数分配法"。该方法的关键是合理确定系数，即类内各种产品之间的比例关系。系数一经确定，在一定时期内稳定不变。

提示窗

采用系数分配法时，首先要在类内产品中选择一种产量大、生产稳定、规格适中的产品作为标准产品，将标准产品的单位系数确定为"1"；在此基础上，将类内其他产品与标准产品比较，分别求得其他产品与标准产品的比例，即系数。每一种产品的系数确定后，将类内各产品的实际产量与该产品的系数相乘，折算为标准产量（或称总系数），就为计算类内产品耗费分配率，进而计算类内各种产品的实际成本和单位成本，提供了分配标准。

需要强调的是：用标准产品与类内其他产品相比较，确定各产品的系数时，对比的标准一般应选择与产品技术特征（如产品的体积、长度、性能、质量和重量等）相关、与产品的原材料消耗定额（如定额消耗量等）相关，或与产品的经济价值（如计划成本、定额成本、售价等）相关。

三、根据类内产品系数和实际产量，计算标准产量

根据白炽灯 A 类各规格产品的标准产量系数及实际产量，将类内各产品的实际产量折合为标准产量（或称为总系数），计算公式如下：

$$\begin{array}{l}\text{类内 40 W 灯泡完工产品}\\\text{材料耗费标准产量}\end{array} = \begin{array}{l}\text{该完工}\\\text{产品数量}\end{array} \times \begin{array}{l}\text{产量}\\\text{系数}\end{array} = 30\ 000 \times 0.8 = 24\ 000\ (\text{个})$$

$$\begin{array}{l}\text{类内 40 W 灯泡在产品}\\\text{材料耗费标准产量}\end{array} = \begin{array}{l}\text{该在产}\\\text{品数量}\end{array} \times \begin{array}{l}\text{产量}\\\text{系数}\end{array} = 10\ 000 \times 0.8 = 8\ 000\ (\text{个})$$

$$\begin{array}{l}\text{类内 40 W 灯泡完工产品}\\\text{其他耗费标准产量}\end{array} = \begin{array}{l}\text{该完工}\\\text{产品数量}\end{array} \times \begin{array}{l}\text{产量}\\\text{系数}\end{array} = 30\ 000 \times 0.8 = 24\ 000\ (\text{个})$$

$$\begin{array}{l}\text{类内 40 W 灯泡}\\\text{在产品其他耗费}\\\text{标准产量}\end{array} = \begin{array}{l}\text{该在产}\\\text{品数量}\end{array} \times \begin{array}{l}\text{产量}\\\text{系数}\end{array} \times \begin{array}{l}\text{在产品}\\\text{完工率}\end{array} = 10\ 000 \times 0.8 \times 50\% = 4\ 000\ (\text{个})$$

白炽灯 A 类各规格产品标准产量的计算如表 2-59 所示。

表 2-59 　　　　　　　　　标准产量计算表

2021 年 4 月 　　　　　　　　　　　　　　　　　　　　单位：个

产品名称	原材料耗费的标准产量		其他耗费的标准产量	
	完工产品	在产品	完工产品	在产品
40 W	$30\ 000 \times 0.8 = 24\ 000$	$10\ 000 \times 0.8 = 8\ 000$	$30\ 000 \times 0.8 = 24\ 000$	$10\ 000 \times 0.8 \times 50\% = 4\ 000$
60 W	$60\ 000 \times 1 = 60\ 000$	$5\ 000 \times 1 = 5\ 000$	$60\ 000 \times 1 = 60\ 000$	$5\ 000 \times 1 \times 40\% = 2\ 000$
100 W	$40\ 000 \times 1.1 = 44\ 000$	$8\ 000 \times 1.1 = 8\ 800$	$40\ 000 \times 1.1 = 44\ 000$	$8\ 000 \times 1.1 \times 60\% = 5\ 280$
合计	128 000	21 800	128 000	11 280

四、计算确定类内产品生产成本

以 2021 年 4 月份白炽灯 A 类产品各成本项目生产耗费总额（见表 2-60）为分配对象，以相应的成本项目标准产品产量总数（即总系数）为分配标准，计算确定各该产品项目的耗费分配率：

$$\begin{array}{l}\text{材料耗费}\\\text{分配率}\end{array} = \frac{\text{材料耗费本期发生额} + \text{期初余额}}{\text{完工产品标准总产量} + \text{在产品标准总产量}}$$

$$= \frac{100\ 000 + 49\ 800}{128\ 000 + 21\ 800} = \frac{149\ 800}{149\ 800} = 1$$

$$\begin{array}{l}\text{人工耗费}\\\text{分配率}\end{array} = \frac{\text{人工耗费本期发生额} + \text{期初余额}}{\text{完工产品标准总产量} + \text{在产品标准总产量}}$$

$$= \frac{58\ 000 + 11\ 640}{128\ 000 + 11\ 280} = \frac{69\ 640}{139\ 280} = 0.5$$

$$\frac{制造费用}{分配率}=\frac{制造费用本期发生额+期初余额}{完工产品标准总产量+在产品标准总产量}$$

$$=\frac{28\ 800+6\ 020}{128\ 000+11\ 280}=\frac{34\ 820}{139\ 280}=0.25$$

各项耗费分配率确定后，根据类内各产品完工产品和在产品的标准产量，即可计算确定各该产品相应的完工产品和在产品成本。40 W 白炽灯月末完工产品和在产品实际成本计算如下：

$$\frac{40\ W\ 灯泡完工}{产品材料成本}=\frac{该完工产品}{标准产量}\times\frac{材料耗费}{分配率}=24\ 000\times1=24\ 000（元）$$

$$\frac{40\ W\ 灯泡月末在}{产品材料成本}=\frac{该在产品}{标准产量}\times\frac{材料耗费}{分配率}=8\ 000\times1=8\ 000（元）$$

$$\frac{40\ W\ 灯泡完工}{产品人工成本}=\frac{该完工产品}{标准产量}\times\frac{人工耗费}{分配率}=24\ 000\times0.5=12\ 000（元）$$

$$\frac{40\ W\ 灯泡月末在}{产品人工成本}=\frac{该在产品}{标准产量}\times\frac{人工耗费}{分配率}=4\ 000\times0.5=2\ 000（元）$$

$$\frac{40\ W\ 灯泡完工}{产品制造费用成本}=\frac{该完工产品}{标准产量}\times\frac{制造费用}{分配率}=24\ 000\times0.25=6\ 000（元）$$

$$\frac{40\ W\ 灯泡月末在}{产品制造费用成本}=\frac{该在产品}{标准产量}\times\frac{制造费用}{分配率}=4\ 000\times0.25=1\ 000（元）$$

$$\frac{40\ W\ 灯泡完工}{产品实际总成本}=\frac{材料}{成本}+\frac{人工}{成本}+\frac{制造}{费用}=24\ 000+12\ 000+6\ 000=42\ 000（元）$$

$$\frac{40\ W\ 灯泡月末在}{产品实际成本}=\frac{材料}{成本}+\frac{人工}{成本}+\frac{制造}{费用}=8\ 000+2\ 000+1\ 000=11\ 000（元）$$

白炽灯 A 类内各完工产品和在产品实际成本计算结果如表 2–60 所示。

表 2–60　　　　　　　　　　　产品成本计算单

产品类别:白炽灯 A 类　　　　　　　　　　　　　　　　　金额单位:元
类内品种:40 W、60 W、100 W　　　　　　　　　　　　　数量单位:个

2021 年		摘要	直接材料	直接人工	制造费用	合计
月	日					
(略)		月初在产品成本	49 800	11 640	6 020	67 460
		本月生产耗费	100 000	58 000	28 800	186 800
		生产耗费合计	149 800	69 640	34 820	254 260
		分配率	1	0.5	0.25	—

续表

2021年		摘要		直接材料	直接人工	制造费用	合计
月	日						
		完工产品成本		128 000	64 000	32 000	224 000
		月末在产品成本		21 800	5 640	2 820	30 260
		40 W 灯泡 完工产品成本	标准产量	24 000	24 000	24 000	—
			实际成本	24 000	12 000	6 000	42 000
		40 W 灯泡 在产品成本	标准产量	8 000	4 000	4 000	—
			实际成本	8 000	2 000	1 000	11 000
		60 W 灯泡 完工产品成本	标准产量	60 000	60 000	60 000	—
			实际成本	60 000	30 000	15 000	105 000
		60 W 灯泡 在产品成本	标准产量	5 000	2 000	2 000	—
			实际成本	5 000	1 000	500	6 500
		100 W 灯泡 完工产品成本	标准产量	44 000	44 000	44 000	—
			实际成本	44 000	22 000	11 000	77 000
		100 W 灯泡 在产品成本	标准产量	8 800	5 280	5 280	—
			实际成本	8 800	2 640	1 320	12 760

类内产品生产耗费的分配方法，除上述系数法外，对定额基础较好、各项消耗定额比较齐全、准确和稳定的企业，还可以采用定额比例法，即按类内各种产品的定额消耗指标比例分配该类生产耗费的方法。

提示窗

采用定额比例法，类内生产耗费分配率及分配额计算公式如下：

$$某类产品某项耗费分配率 = \frac{该类完工产品该项耗费总额}{该类内各种产品该项耗费的定额成本（定额消耗量）}$$

$$类内某完工产品某成本项目应分摊的实际成本 = 类内该种产品该项耗费的定额成本（或定额消耗量） \times 该类产品该项费用分配率$$

■■【案例小结】■

分类法成本计算工作流程如图 2-9 所示。

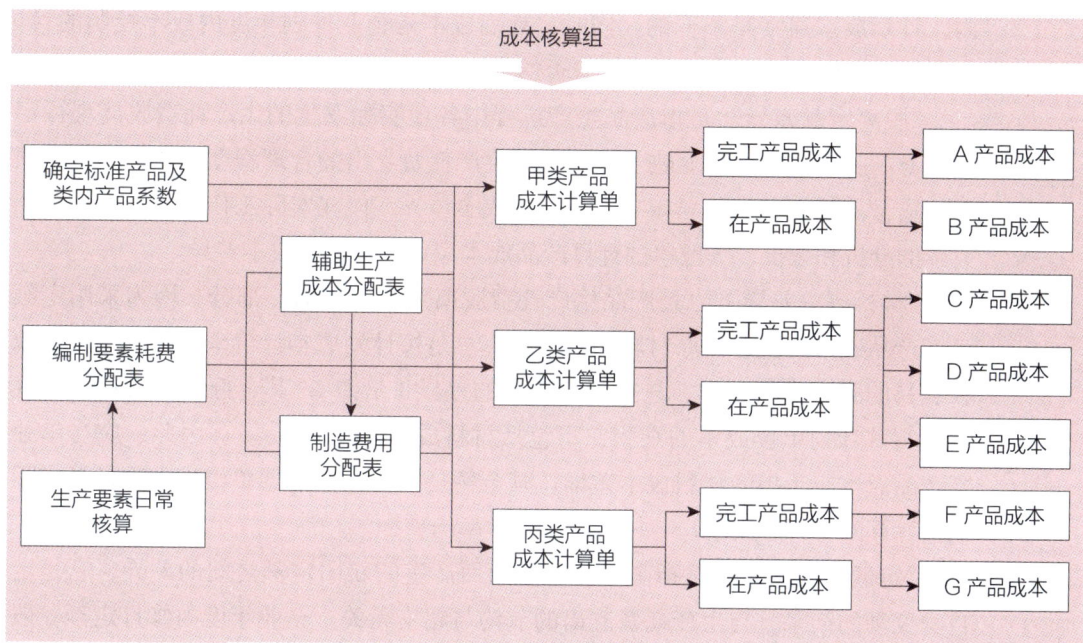

图 2-9　分类法成本计算工作流程

■■■案例篇Ⅳ
——定额法及其应用

定额法是为了加强定额管理和成本控制，以产品定额成本为基础，及时核算和监督实际生产耗费和产品成本脱离定额的差异而采用的一种产品成本计算方法。采用定额法计算产品成本，实际成本的计算公式如下：

$$实际成本 = 定额成本 \pm 脱离定额差异 \pm 材料成本差异 \pm 定额变动差异$$

"定额成本"是指根据企业现行材料消耗定额、工时定额、费用定额以及其他有关资料计算的一种成本控制目标，因此产品定额成本的制订过程也是对产品成本事前控制的过程。定额成本是计算产品实际成本的基础，也是企业对生产耗费进行事中控制和事后分析的依据。定额成本作为计算产品实际成本的基础和生产耗费日

常（事中）控制的依据，是根据企业现行消耗定额制订的。随着生产技术的进步和劳动生产率的提高，定额成本在年度内有可能因消耗定额的修订而变动。计划成本是根据企业计划期（通常为年度）内的平均消耗定额制订的，在计划期（年度）内，计划成本通常是不变的。同时，计划成本是企业计划年度内成本控制的目标，是考核和分析企业成本计划完成与否的依据。

"脱离定额差异"是指产品生产过程中各项实际发生的生产耗费脱离现行定额的差异。脱离定额差异反映了企业各项生产耗费支出的合理程度和执行现行定额的工作质量。脱离定额差异应当包括材料成本差异，但在实际工作中，为了便于产品成本的分析和考核，一般单独计算产品成本应负担的材料成本差异。

"材料成本差异"也是产品生产耗费脱离定额差异的一部分。因为采用定额法计算产品成本的企业，原材料的日常核算总是按计划成本计价来组织的，所以原材料项目的脱离定额差异，只指消耗数量的差异（量差），其金额为原材料消耗数量差异与其计划单位成本的乘积，不包括材料成本差异（价差）。因此，应当单独计算产品成本应负担的材料成本差异，其金额是该产品按计划单位成本和材料实际消耗量计算的材料总成本，与材料成本差异率的乘积。

"定额变动差异"是指由于修订定额而产生的新旧定额之间的差异，它是定额自身变动的结果，与生产耗费支出的节约与超支无关。企业年度内修订定额一般在月初进行，在有定额变动的月份，本月投入产品的定额成本是按新定额计算的，只有月初在产品的定额成本是按旧定额计算的。因此，定额变动差异是指月初在产品账面定额成本与按新定额计算的定额成本之间的差异。

定额法是一种成本计算与管理相结合的方法，该方法与企业生产类型没有直接联系。在定额管理制度比较健全，定额管理基础工作比较好，产品生产已经定型，各项消耗定额比较准确、稳定的企业均可采用定额法计算产品生产成本。

定额法的一般核算程序是：

（1）制订成本定额。采用定额法计算产品成本，财会部门首先应当会同计划、生产、技术等部门根据企业现行消耗定额和成本定额，按照企业确定的成本项目，分产品品种（成本核算对象）分别制订产品（零部件）成本定额。成本定额制订后，要编制出各种产品（零部件）的成本定额表。为便于进行成本分析和考核，定额成本采用的成本项目和计算方法，应当与计划成本、实际成本采用的成本项目和计算方法一致。

（2）核算定额成本及脱离定额差异。在生产耗费发生时，应将实际生产耗费区分为符合定额的耗费和脱离定额的差异，将符合定额的耗费和脱离定额的差异分别核算，并予以汇总。

（3）在本月完工产品和月末在产品之间分配成本差异。月末，应将月初结转和本月发生的脱离定额差异、材料成本差异和定额变动差异分别汇总，按照企业确定的成本计算方法，在本月完工产品和月末在产品之间进行分配。为了简化成本核算工作，材料成本差异和定额变动差异可以全部由本月完工产品成本负担，月末在产品只分摊脱离定额差异。

（4）计算本月完工产品的实际总成本和单位成本。以本月完工产品的定额成本为基础，加上或减去各项成本差异，计算出本月完工产品的实际总成本。本月完工产品的实际总成本除以完工产品总产量，即为完工产品的实际单位成本。

【案例导入】

苏旭照明器材有限公司专业生产、销售各种户外道路照明灯，主要产品有高杆灯、景观灯、单臂双臂道路灯、庭院灯、草坪灯、泛光灯、组合灯，喷泉、雕塑、交通信号灯，太阳能系列灯以及灯柱灯杆配套等设施。该公司产品生产稳定，各项消耗定额比较准确，为加强定额管理和成本控制，采用定额法计算产品成本。2021 年 1 月该公司接受客户订单，大量生产道路灯、景观灯、庭院灯三种产品。财务核算规定：产品的定额变动差异和材料成本差异由产成品成本负担，脱离定额差异在完工产品和在产品之间按定额成本比例进行分配。

【业务操作】

一、制订定额成本

苏旭照明器材有限公司接受客户订单，大量生产宫廷式道路灯、景观灯、庭院灯三种产品。2021 年 1 月宫廷式道路灯实际投产量为 110 件。财会部门会同公司计划、生产和技术部门制订了有关零件定额卡、部件定额卡、产品消耗定额计算表和产品定额成本计算汇总表，如表 2-61 ~ 表 2-64 所示。

表 2-61　　　　　　　　　　　　零件定额卡

零件编号:J001　　　　　　　零件名称:A　　　　　　　　2021 年 1 月

材料编号	材料名称	计量单位	材料消耗定额
K200	H	千克	8
K201	M	千克	10
工序	工时定额 / 小时		累计工时定额 / 小时
1	5		5
2	7		12
3	8		20

表 2-62

部件定额卡

2021 年 1 月　　　　　　　　　　　　　　实物计量单位:千克

部件编号:B601　　　　　　　　　部件名称:B　　　　　　　金额计量单位:元

工序或 耗用零 件名称	耗用 零件 数量	材料定额成本							工时 消耗 定额
		H 材料			M 材料			材料金 额合计	
		数量	计划单价	金额	数量	计划单价	金额		
J001	1	8	8	64	10	9	90	154	20
J002	4	20	8	160	40	9	360	520	50
J003	2	10	8	80	20	9	180	260	10
组装									20
合计		38	8	304	70	9	630	934	100

表 2-63　　　　　　　　　　　　单位产品消耗定额计算表

产品名称:宫廷式道路灯　　　　　　　　2021 年 1 月　　　　　　　　　金额单位:元

工序或耗用 部件名称	耗用部件 数量	材料耗费定额		工时消耗定额	
		部件定额	产品定额	部件定额	产品定额
B601	1	934	934	100	100
B602	2	783	1 566	200	400
B603	4	500	2 000	200	800
装配					200
合计		—	4 500	—	1 500

表 2-64　　　　　　　　　　　　单位产品定额成本计算汇总表

2021 年 1 月　　　　　　　　　　　　　　　　金额单位:元

产品 名称	直接材 料定额 成本	工时消 耗定额	直接人工		制造费用		定额 成本合计
			计划小时 工资率	定额	计划小时 制造费用率	定额	
道路灯	4 500	1 500	4	6 000	2	3 000	13 500
景观灯	2 500	500	4	2 000	2	1 000	5 500
庭院灯	3 000	1 000	4	4 000	2	2 000	9 000

产品的定额成本应按照成本项目分别制订,包括直接材料、直接人工和制造费用定额成本。

$$\text{直接材料}\atop\text{定额成本} = {\text{产品原材料}\atop\text{定额耗用量}} \times {\text{原材料计划}\atop\text{单位成本}}$$

$$\begin{array}{l}直接人工\\定额成本\end{array} = \begin{array}{l}产品生产\\定额工时\end{array} \times \begin{array}{l}计划小时\\工资率\end{array}$$

$$\begin{array}{l}制造费用\\定额成本\end{array} = \begin{array}{l}产品生产\\定额工时\end{array} \times \begin{array}{l}计划小时\\制造费用率\end{array}$$

其中：材料计划单位成本即材料购入时的计划单位成本；计划小时工资率可按车间或按整个企业综合计算；计划小时费用率应视各车间耗费水平以及产品在各车间的定额工时比例不同，按车间分别计算，计算公式如下：

$$\begin{array}{l}计划小时\\费用率\end{array} = \frac{预计车间制造费用预算总额}{预计定额工时总数}$$

产品单位定额成本的制订，还应考虑产品的构造情况，如果产品零部件不多，一般先计算零件的定额成本，然后再汇总计算部件定额成本和产成品定额成本。如果产品的零、部件较多，为简化成本计算工作量，也可以不计算零件定额成本，而直接计算部件定额成本，然后汇总计算产成品定额成本；或者根据零、部件定额卡和原材料计划单价、计划小时工资率、计划制造费用率，直接计算产成品定额成本。

二、计算定额成本及脱离定额差异

（一）直接材料定额成本及脱离定额差异的计算

苏旭照明器材有限公司根据单位产品材料定额成本（见表 2-64）和实际消耗材料数量（见表 2-65），采用"盘存法"计算直接材料脱离定额差异。

盘存法是通过按期盘点的方法来核算材料定额成本和脱离定额的差异。即根据完工产品数量和在产品盘存数量确定本期投产产品数量，并根据本期投产数量及其材料投料方式和原材料的消耗定额，计算材料的定额耗用量。同时，根据限额领料单、超额领料单、代用领料单、退料单等凭证以及车间余料的盘存资料，计算出材料的实际耗用量。其计算公式如下：

$$\begin{array}{l}本期产品\\投产数量\end{array} = \begin{array}{l}本期完工\\产品数量\end{array} + \begin{array}{l}期末在\\产品数量\end{array} - \begin{array}{l}期初在\\产品数量\end{array}$$

$$\begin{array}{l}材料定额\\耗用量\end{array} = \begin{array}{l}本期产品\\投产数量\end{array} \times \begin{array}{l}材料消\\耗定额\end{array}$$

$$\begin{array}{l}材料实际\\耗用量\end{array} = \begin{array}{l}材料期初\\结存量\end{array} + \begin{array}{l}本期材料\\领用量\end{array} - \begin{array}{l}本期\\退料量\end{array} - \begin{array}{l}材料期末\\结存量\end{array}$$

将材料的实际耗用量与定额耗用量进行比较，计算出原材料脱离定额的差异。但应注意的是，如果材料是随生产进度陆续投入，在产品还需耗用原材料，那么公式中的期末在产品数量应折算为约当产量。

在盘存法下，一般按月，也可以按工作班、工作日、周、旬等按期进行材料

盘点。

该公司编制的"直接材料成本定额和脱离定额差异汇总表",如表 2-65 所示。

表 2-65　　　　　　　　　直接材料成本定额和脱离定额差异汇总表

产品名称:宫廷式道路灯

投产数量:110 件　　　　　　　　　　　2021 年 1 月　　　　　　　　　　　金额单位:元

材料名称	材料编号	计量单位	计划单价	定额耗用量			实际耗用量		脱离定额差异	
				单位定额	耗用量	金额	耗用量	金额	数量	金额
H 材料	C200	千克	8	200	22 000	176 000	21 700	173 600	−300	−2 400
M 材料	C201	千克	9	260	28 600	257 400	27 800	250 200	−800	−7 200
其他材料	—	元	—	560	—	61 600	—	61 700		100
合计						495 000		485 500	—	−9 500

注:① 直接材料定额成本 = 产量 × 产品定额 = 110×4 500 = 495 000(元);

　　② 材料脱离定额差异 = 485 500 − 495 000 = −9 500(元)。

直接材料脱离定额差异是指生产过程中产品实际耗用材料数量与其定额耗用量之间的差异,其计算公式如下:

$$直接材料脱离定额差异 = \Sigma \left[\left(\begin{matrix} 某材料实 \\ 际耗用量 \end{matrix} - \begin{matrix} 该材料定 \\ 额耗用量 \end{matrix} \right) \times \begin{matrix} 该材料 \\ 计划单价 \end{matrix} \right]$$

提示窗

在实际工作中,除运用盘存法计算直接材料脱离定额差异外,还可以使用限额领料单法和切割核算法等方法。

(1)限额领料单法。采用定额法计算产品成本时,为了加强材料费用的控制,应当实行"限额领料单"(定额领料)制度。符合定额的原材料应当根据"限额领料单"领用。因为增加产品产量而需要增加用料,应按规定程序办理追加限额手续后,属于定额内用料,可以根据"限额领料单"领用;减少产品产量时,应当扣减"限额领料单"上的领料限额。

除增加产品产量发生的增加用料以外,因其他原因发生的超额用料,属于材料脱离定额的差异,应当用专设的"超额材料领料单"(也可以用普通领料单以不同颜色或加盖专用戳记加以区别)等差异凭证,经过一定的审批手续领料。采用代用材料或利用废料时,应在"限额领料单"中注明,并在原定限额内扣除。生产任务完成后,应当根据车间余料填制"退料单",办理退料手续或假退料手续。

"超额材料领料单"上的材料数额,属于材料脱离定额的超支差异;"退料单"中所列材料数额和"限额领料单"中的材料余额,都是材料脱离定额的节约差异。

(2)切割核算法。为了更好地控制用料差异,对于需要切割才能使用的材料,如板材、棒材等,可以通过"材料切割核算单"来计算材料脱离定额的差异,控制用料。

"材料切割核算单"（见表 2-66）应当按切割材料的批别开立，"材料切割核算单"中填列发交切割材料的种类、数量、消耗定额以及应切割的毛坯数量；切割完成后，再填写实际切割成的毛坯数量和材料的实际消耗量等。根据切割的毛坯数量和消耗定额，计算出材料的定额耗用量后，可以与实际耗用量相比较，确定脱离定额的差异。

表 2-66　　　　　　　　　　　　材料切割核算单

材料编号、名称：K200F　　　计量单位：千克　　　　　计划单价：8 元
产品名称：丙产品　　　　　　零件编号名称：L401　　　切割人：王玉
图纸号：1086　　　　　　　　切割日期：××××年 6 月 16 日
机床号：0577　　　　　　　　完工日期：××××年 6 月 23 日

发料数量	退回余料数量		材料实际消耗量		废料实际收回量
288	12		276		10
单位产品消耗定额	单位回收废料定额	应切割成毛坯数量	实际切割成毛坯数量	材料定额消耗量	废料定额回收量
6	0.2	46	44	264	8.8
材料脱离定额差异		废料脱离定额差异			脱离差异原因	责任者

数量	金额	数量	单价	金额	脱离差异原因	责任者
12	96	−1.2	1.5	−1.8	技术不熟练且未按设计图纸切割，增加了毛边，减少了毛坯	王玉

表 2-66 中，有关数据的计算过程如下：

应切割数量 = 276 ÷ 6 = 46（件）

材料定额耗用量 = 44 × 6 = 264（千克）

废料定额回收量 = 44 × 0.2 = 8.8（千克）

材料脱离定额差异 =（276 − 264）× 8 = 96（元）

废料脱离定额差异 =（8.8 − 10）× 1.5 = −1.8（元）

表 2-66 中，材料脱离定额差异 96 元为不利（超支）差异。由于废料回收价值可以冲减材料成本，实际回收废料 10 千克，比定额回收废料 8.8 千克多了 1.2 千克，可以多冲减材料成本 1.8 元，因此用负数表示。由于废料脱离定额差异是在减少了切割数量 2 件（46-44）以后形成的，该厂多回收废料 1.8 元不能评价为有利（节约）差异。只有实际切割成毛坯数量等于或者大于应切割毛坯的数量，才可以将超定额回收废料的差异，认定为有利（节约）差异。

（二）直接人工定额成本及脱离定额差异的计算

苏旭照明器材有限公司 2021 年 1 月生产宫廷式道路灯、景观灯、庭院灯三种产品，本月三种产品实际生产工时为 401 000 小时，其中宫廷式道路灯 170 000 小

时，景观灯 100 000 小时，庭院灯 131 000 小时；本月三种产品定额工时 410 000 小时，其中宫廷式道路灯 172 000 小时，景观灯 110 000 小时，庭院灯 128 000 小时；本月实际产品生产工人职工薪酬为 1 644 100 元；本月计划小时工资率为 4 元（1 640 000 ÷ 410 000）；实际小时工资率为 4.1 元（1 644 100 ÷ 401 000）。该公司根据上述资料计算有关数据，编制"直接人工成本定额和脱离定额差异汇总表"，如表 2-67 所示。

表 2-67　　　　　　直接人工成本定额和脱离定额差异汇总表

2021 年 1 月

金额单位：元

产品名称	定额人工成本			实际人工成本			脱离定额差异
	定额工时	计划小时工资率	定额工资	实际工时	实际小时工资率	实际工资	
宫廷式道路灯	172 000		688 000	170 000		697 000	9 000
景观灯	110 000		440 000	100 000		410 000	−30 000
庭院灯	128 000		512 000	131 000		537 100	25 100
合计	410 000	4	1 640 000	401 000	4.1	1 644 100	4 100

表 2-67 有关数据计算如下：

$$宫廷式道路灯直接人工定额成本 = 该产品按实际产量计算的定额工时 × 计划小时工资率$$

$$= 172\ 000 × 4 = 688\ 000（元）$$

$$宫廷式道路灯直接人工实际成本 = 该产品实际工时 × 实际小时工资率$$

$$= 170\ 000 × 4.1 = 697\ 000（元）$$

$$宫廷式道路灯直接人工脱离定额的差异 = 该产品直接人工实际耗费总额 − 该产品直接人工定额耗费总额$$

$$= 697\ 000 − 688\ 000 = 9\ 000（元）$$

直接人工脱离定额差异因采用工资形式不同而有所区别。

（1）在计件工资制下，生产工人的工资属于直接计入成本，因此按计件单价支付的工资以及按工资的一定比例计提的职工其他薪酬就是定额的直接人工。因废料而支付的计件工资、支付给工人的奖金、津贴以及按这部分金额计提的薪酬，属于脱离定额的差异，要用单独的差异凭证"工资补付单"并经过一定的审批手续反映。

（2）在计时工资制下，直接人工属于间接计入成本，其脱离定额的差异平时不能按产品直接计算，所以平时只以工时进行考核，只有在月末实际生产工人工资总额和产品生产总工时确定以后，才能按以下公式计算：

$$\frac{计时小时}{工资率} = \frac{按计划产量计算的直接人工定额耗费}{按计划产量计算的定额生产工时总数}$$

$$\begin{array}{l}某产品直接人工\\定额耗费\end{array} = \begin{array}{l}该产品按实际产量\\计算的定额工时\end{array} \times \begin{array}{l}计划小时\\工资率\end{array}$$

$$\begin{array}{l}某产品直接人工\\脱离定额差异\end{array} = \begin{array}{l}该产品直接人工\\实际耗费总额\end{array} - \begin{array}{l}该产品直接人工\\定额耗费总额\end{array}$$

（三）制造费用脱离定额差异的计算

苏旭照明器材有限公司 2021 年 1 月生产的宫廷式道路灯、景观灯、庭院灯三种产品，本月三种产品实际生产工时为 401 000 小时，其中宫廷式道路灯 170 000 小时，景观灯 100 000 小时，庭院灯 131 000 小时；本月三种产品实际完成定额工时 410 000 小时，其中宫廷式道路灯 172 000 小时，景观灯 110 000 小时，庭院灯 128 000 小时；本月实际制造费用总额为 826 060 元，本月制造费用计划分配率为每小时 2 元（820 000 ÷ 410 000），实际分配率为每小时 2.06 元（826 060 ÷ 401 000）。该公司根据有关资料编制的"制造费用定额和脱离定额差异汇总表"如表 2-68 所示。

表 2-68　　　　　　　　　　　制造费用定额和脱离定额差异汇总表

2021 年 1 月　　　　　　　　　　　　　　　　　金额单位:元

产品名称	定额制造费用			实际制造费用			脱离定额差异
	完成定额工时 / 小时	计划小时制造费用率	定额制造费用	实际工时 / 小时	实际小时制造费用率	实际制造费用	
宫廷式道路灯	172 000		344 000	170 000		350 200	6 200
景观灯	110 000		220 000	100 000		206 000	−14 000
庭院灯	128 000		256 000	131 000		269 860	13 860
合计	410 000	2	820 000	401 000	2.06	826 060	6 060

注:① $\begin{array}{l}宫廷式道路灯\\定额制造费用\end{array} = \begin{array}{l}该产品按实际产量\\计算的定额工时\end{array} \times \begin{array}{l}计划小时\\制造费用率\end{array} = 172\,000 \times 2 = 344\,000(元);$

② $\begin{array}{l}宫廷式道路灯\\实际制造费用\end{array} = 实际工时 \times \begin{array}{l}实际小时\\制造费用率\end{array} = 170\,000 \times 2.06 = 350\,200(元);$

③ $\begin{array}{l}宫廷式道路灯制造\\费用脱离定额差异\end{array} = \begin{array}{l}该产品实际\\制造费用总额\end{array} - \begin{array}{l}该产品定额\\制造费用总额\end{array} = 350\,200 - 344\,000 = 6\,200(元)。$

三、计算定额变动差异

苏旭照明器材有限公司 2021 年 1 月生产的宫廷式道路灯从本月 1 日起实行新

的材料消耗定额，直接人工和制造费用定额不变。单位产品新的直接材料费用定额为 4 500 元，旧的直接材料费用定额为 4 680 元。甲产品月初在产品按旧定额计算的直接材料费用为 93 600 元（见表 2-69）。

宫廷式道路灯月初在产品定额变动差异计算如下：

$$\frac{定额变动}{系数} = \frac{单位产品新的材料消耗定额}{单位产品旧的材料消耗定额} = \frac{4\ 500}{4\ 680} = 0.96$$

$$\frac{月初在产品}{定额变动差异} = \frac{按旧定额计算的月初}{在产品材料定额成本} \times \left(1 - \frac{定额变动}{系数}\right)$$

$$= 93\ 600 \times (1 - 0.96) = 3\ 744（元）$$

本任务案例中宫廷式道路灯产品由于单位产品材料定额成本由 4 680 元调低到 4 500 元，导致月初在产品定额成本减少了 3 744 元。

苏旭照明器材有限公司宫廷式道路灯产品定额变动差异的登记如产品成本明细账（见表 2-69）所示。

采用定额法计算产品成本，当消耗定额或生产耗费的计划价格修订之后，定额成本也应随之及时调整。一般情况下，定额成本的修订是在月初、季初或年初进行的。

在定额变动的月份，新定额一般在月初开始实行，当月投入的产品耗费，都应按新定额计算。但定额变动后，从上月转来的月初在产品的定额成本仍然是按旧定额计算的，因而必须将月初在产品定额成本按新定额予以修订，计算出月初在产品新的定额成本和定额变动差异。其计算公式如下：

$$\frac{月初在产品}{定额变动差异} = \frac{月初在产品按旧定额}{计算的定额成本} - \frac{月初在产品按新定额}{计算的定额成本}$$

在产品零部件种类较多的情况下，为了简化计算工作，可按照单位产品系数折算的方法计算：

$$\frac{定额变动}{系数} = \frac{按新定额计算的单位产品成本}{按旧定额计算的单位产品成本}$$

$$\frac{月初在产品}{定额变动差异} = \frac{按旧定额计算的}{月初在产品定额成本} \times \left(1 - \frac{定额}{变动系数}\right)$$

四、分配材料成本差异

在定额法下，为了加强对产品成本的考核和分析，材料日常核算都按计划成本进行，即材料定额成本和材料脱离定额差异，都按材料的计划单位成本计算。因此，在月末计算产品实际成本时，还必须将材料的计划单位成本调整为实际单位成本。

苏旭照明器材有限公司 2021 年 1 月生产的宫廷式道路灯本月所耗直接材料费

用定额成本为 495 000 元，材料脱离定额的差异为 −9 500 元（见表 2–69），本月材料成本差异率为 −1.2%。

该公司根据上述资料，计算宫廷式道路灯本月应负担的材料成本差异：

$$宫廷式道路灯应负担的材料成本差异 = \left(该产品材料定额成本 \pm 材料脱离定额差异\right) \times 材料成本差异分配率$$

$$= (495\,000 - 9\,500) \times (-1.2\%) = -5\,826（元）$$

五、计算与结转产品实际成本

苏旭照明器材有限公司根据 2021 年 1 月宫廷式道路灯相关资料，如"直接材料费用定额和脱离定额差异汇总表"（见表 2–65）、"直接人工费用定额和脱离定额差异汇总表"（见表 2–67）、"制造费用定额和脱离定额差异汇总表"（见表 2–68）等，将本月实际发生的生产耗费记入该产品产品成本计算单，计算和分配脱离定额差异，结转完工产品的实际成本，如表 2–69 所示。

表 2–69　　　　　　　　　　　　产品成本计算单

2021 年 1 月

产品：宫廷式道路灯　　　　　　　产量：120 件　　　　　　　金额单位：元

项目		行次	直接材料	直接人工	制造费用	合计
月初在产品	定额成本	(1)	93 600	61 800	30 900	186 300
	脱离定额差异	(2)	−1 550	620	560	−370
月初在产品定额调整	定额成本调整	(3)	−3 744	0	0	−3 744
	定额变动差异	(4)	3 744	0	0	3 744
本月耗费	定额成本	(5)	495 000	688 000	344 000	1 527 000
	脱离定额差异	(6)	−9 500	9 000	6 200	5 700
	材料成本差异	(7)	−5 826	—	—	−5 826
生产耗费合计	定额成本	(8)=(1)+(3)+(5)	584 856	749 800	374 900	1 709 556
	脱离定额差异	(9)=(2)+(6)	−11 050	9 620	6 760	5 330
	材料成本差异	(10)=(7)	−5 826	—	—	−5 826
	定额变动差异	(11)=(4)	3 744	0	0	3 744
差异分配率	脱离定额差异	(12)=(9)÷(8)	−1.89%	1.28%	1.8%	—

续表

项目		行次	直接材料	直接人工	制造费用	合计
产成品成本	定额成本	(13)	540 000	720 000	360 000	1 620 000
	脱离定额差异	(14)=(13)×(12)	−10 206	9 216	6 480	5 490
	材料成本差异	(15)=(10)	−5 826	—	—	−5 826
	定额变动差异	(16)=(11)	3 744	0	0	3 744
	实际成本	(17)=(13)+(14)+(15)+(16)	527 712	729 216	366 480	1 623 408
月末在产品	定额成本	(18)=(8)−(13)	44 856	29 800	14 900	89 556
	脱离定额差异	(19)=(9)−(14)或(18)×(12)	−844	404	280	−160

注:① 第1行、第2行数据根据上月产品成本计算单填列;

② 第3行、第4行数据根据月初在产品定额调整数填列;

③ 第5行数据根据本月投产量和现行定额计算填列;

④ 第13行数据根据完工产品产量和现行定额计算填列。

定额成本、脱离定额差异、定额变动差异及材料成本差异,月末应在完工和月末在产品之间按照定额成本比例进行分配。如果各种差异数额不大,或者差异虽然较大,但各月在产品数量上比较均衡,月末在产品也可按定额成本计价,即不负担差异,差异全部由产成品负担。在计算分配完工产品与月末在产品成本时,首先计算其完工产品与在产品定额成本,然后采用定额比例法计算完工产品和月末在产品的各种差异。

计算公式如下:

$$差异分配率 = \frac{月初在产品差异 + 本月发生差异}{完工产品定额成本 + 月末在产品定额成本} \times 100\%$$

$$完工产品应负担的差异 = 完工产品定额成本 \times 差异分配率$$

$$月末在产品应负担的差异 = 月末在产品定额成本 \times 差异分配率$$

实际工作中,为简化核算,月初在产品定额变动差异和材料成本差异通常由完工产品成本负担。只对脱离定额差异在完工产品与在产品之间进行分配。如果脱离定额差异金额不大,或虽然脱离定额差异金额较大但各月在产品数量比较稳定,则脱离定额差异也可以由完工产品成本全部负担。

【案例小结】

定额法成本计算工作流程如图 2-10 所示。

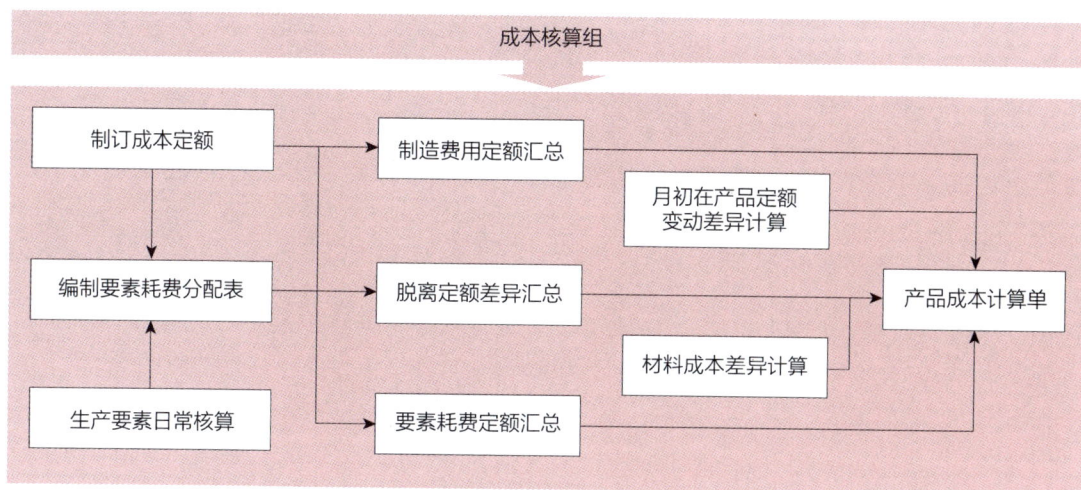

图 2-10　定额法成本计算工作流程

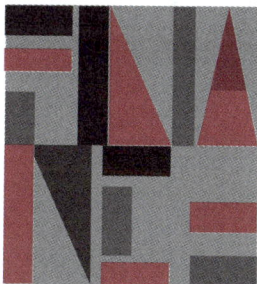

拓展篇

【学习目标】

知识目标：

1. 了解作业成本法的基本含义、相关的成本概念以及适用范围。
2. 了解标准成本法的基本含义、相关的成本概念以及适用范围。
3. 了解变动成本法的基本含义、相关的成本概念以及适用范围。
4. 了解目标成本法的基本含义、相关的成本概念以及适用范围。

能力目标：

1. 能够运用作业成本法进行成本管理与控制。
2. 能够计算各标准成本差异并进行差异处理。
3. 能够运用变动成本法核算成本，编制变动成本法下的利润表。
4. 能够运用目标成本法实施成本管理。

素养目标：

1. 培养学生树立职业信念、恪尽职守，正确核算成本，系统分析经济指标和信息，为企业生产经营提供有效支撑。
2. 培养学生目标管理的思维，确定目标并通过努力保证目标的实现。

■【德技并修】■

　　18世纪60年代以来，随着工业革命在欧洲得到蓬勃发展，资本主义社会生产力得到了极大提高。英国经济学家亚当·斯密在《国富论》中提出了劳动分工的思想，劳动分工提高了工人的熟练程度，从而提高了劳动生产率，使整个资本主义世界经济赢得了极大的经济效益，为管理形成了重要的理论根基。然而社会化大分工、分层使得社会生活日趋复杂，资本主义国家中劳资双方矛盾突出，工人也普遍认为如果他们全速工作将会导致大量工人失业，因此消极怠工以避免失业，造成生产率低，资源浪费大，企业的潜力得不到发挥。

　　在这样的背景下，泰勒的科学管理理论应运而生，其核心是运用科学的管理方法以实现资源的有效配置，追求提高生产的效率。泰勒的科学管理理念表现为以科学、规范的工作方法代替凭经验工作的方法，以确保管理任务的完成。泰勒通过确立科学的作业管理方法和改革组织管理机构的设置，实现生产过程和管理过程的科学化、标准化，以达到提高劳动生产率的目的。

　　（1）确立科学、标准的作业管理方法。泰勒的科学作业管理方法是建立在作业研究和时间研究基础上的。他认为要让每个工人都用正确的方法作业，为此应把每次操作分解成许多的动作，并继而把动作细分为动素，即动作是由哪几个动作要素所组成的，然后再研究每项动作的必要性和合理性，据此决定去掉那些不合理的动作。依据经济合理的原则，加以改进和合并，以形成标准的作业方法。在动作分解与作业分析的基础上进一步观察和分析工人完成每项动作所需要的时间，考虑到满足一些生理需要的时间和不可避免的情况而耽误的时间，为标准作业的方法制定标准的作业时间，以便确定工人的劳动定额，即1天合理的工作量。

　　（2）变革旧的管理体制，实行计划与执行职能分离的科学管理体制。泰勒认为：科学的管理方法就是找出标准、制定标准、然后按标准办事。而在传统的管理中，工人按照自己的习惯和经验来工作，工作效率由工人自己决定，经理人员对之很少协助和过问。为此，泰勒设立专门的计划部门来承担发现科学、确定标准、分配任务的职能，使计划与执行职能（执行职能是指导和协助在科学法则下工作的工人）分开。从传统管理体制到科学管理体制的变化。实际上是分工理论进一步拓展到管理领域，是管理思想发展的一大进步。泰勒的科学管理理念使管理从早期的经验管理阶段向以科学方法为手段的管理理性阶段过渡，使生产过程和管理过程成为真正的科学过程，管理从此成为一门独立的学科。

　　综上所述，标准化管理原理与科学管理原理的关系密不可分，泰勒的科学管理蕴含了标准化管理原理。

　　要求：

　　以史为鉴，在弘扬社会主义核心价值观、建设有中国特色社会主义市场经济的今天，我们应当如何科学理解和学习标准成本法？

分析与启示：

在弘扬社会主义的核心价值观、建设有中国特色社会主义市场经济的今天，共建、共治、共享繁荣昌盛、和谐美丽的现代化中国是我们共同的心愿。我们应当站在这样的哲学层面理解和学习标准成本法。

我们要积极践行社会主义核心价值观。管理者在管理过程中应倾注社会主义的人文关怀，关爱生命、关注职员的生理健康和心理健康。我们不能再把企业职员理解为亚当·斯密的完全自由市场经济中"理性经济人"；而泰勒式的标准化作业管理方式是站在资本所有者的立场——劳动者的对立面来建立管理制度，忽略了劳动者的主观能动性，主要适用于资本主义私有制下劳动密集型的机器化的大生产。2021年适逢中国共产党建党百年，也是"十四五"规划的开局之年，我国正式规划信息产业化，用信息化技术改造传统产业正式纳入议事日程，尤其对于知识信息密集型企业组织来说，企业需要的不再仅仅是员工的一双手，更需要员工的"大脑"。

我们今天在学习标准成本法的过程中需要辩证地看待这些问题，提高自己的主动性、能动性和积极性，培养创新思维。

拓展篇
——作业成本计算法及其应用

自20世纪80年代以来，由于科技飞速发展对制造业的影响，世界制造业环境发生了翻天覆地的变化，对产品生产及成本计算思路产生了重大影响，主要体现在以下几方面：

一、经济发展对消费需求的影响

世界经济持续快速发展，随着各国人民物质文化生活水平的不断提高，消费者也不断追求产品的多样性和个性化；同时，计算机技术的广泛应用使得世界成为地球村，实现经济全球化，市场竞争愈演愈烈，传统的以追求规模经济为目标的大批量生产方式，已经难以满足消费者的个性化需求。与此相适应，定制化生产——弹性制造系统取代传统的、以追求规模经济为目标的生产成为历史必然。高新技术背景下的弹性制造系统，其实质就是在计算机的控制下，从市场调研顾客偏好到取得订单、设计产品、采购原材料、生产产品、销售产品、售后追踪、研发新产品等各个环节所涉及的设备、原材料、人员等各项生产资源，有效地组合在一起协调工作，形成一个综合的自动化系统。该系统对不断变化的环境及需求具有灵活的适应性，可以迅速实现个性化的不同产品生产程序之间的转换及生产批量的转换。科技发展在生产领域的运用，为弹性制造系统提供了可靠的技术支持。传统成本计算方法适用于常规化、大批量的生产企业，面对高科技、弹性化制造系统，以数量为基础的传统成本计算方法，其局限性日益显现。

二、科技发展导致产品成本结构的变化

近几十年来，科技蓬勃发展并广泛运用于各行各业，建立在高新技术基础上的生产，其基本特征表现为电子技术与产品生产工艺流程高度融合形成的计算机数控机床、计算机辅助设计、计算机辅助工程、计算机辅助制造和机器人等在生产领域的广泛使用。这一技术革命直接导致产品成本构成的变化，直接材料、直接人工等直接成本比重显著下降，制造费用等间接成本大幅提高。20 世纪 70 年代以前，间接成本仅占人工成本的 50%～60%，而现在很多企业的间接成本已上升为人工成本的 400%～500%。以少量的人工成本为基础分配大量的制造费用，必然带来成本分配的偏差。传统成本核算方法已经不适应时代的需要，企业迫切需要新的成本核算方法。

三、计算机技术的发展为作业成本计算法提供了技术支持

作业成本计算法的基本思路起源于 20 世纪三四十年代，但其得到普遍重视却迟至 20 世纪 80 年代，究其原因，当时顾客的社会需求和临近学科的技术支持均未能够为其理论发展提供适宜的社会环境和技术基础。就成本计算技术而言，作业成本计算法与传统成本计算法的不同之处在于采用多元化的制造费用分配标准。毫无疑问，即使上述技术和社会环境乃至管理观念均具备，但如果没有现代电子计算技术的高速发展和应用，多元化的制造费用分配标准所带来的庞大计算工作量可能使得信息处理成本超过其效益，作业成本计算法充其量只能停留在理念上，而难以真正付诸实施。20 世纪 80 年代以后，电子计算技术的发展和应用，以及信息处理技术的发展为在成本计算方法上实行多元化制造费用分配标准的作业成本计算法奠定了坚实的技术基础。

正是在上述因素的综合作用下，一种以作业为基础的成本计算方法——作业成本计算法应运而生，并得到了会计界的普遍关注。

作业成本制度是以作业为核心，以资源流动为线索，以成本动因为媒介，作业成本计算与作业基础管理相结合的全面成本管理制度。

作业成本计算的基本前提是：作业消耗资源，产品消耗作业。作业成本计算法是以作业作为联系资源和成本对象的媒介，以多样化成本动因为依据，将资源追踪到作业，将作业追溯到成本对象的一种成本计算思路。

■【理论概述】◀

一、作业成本计算法的基本原理

作业成本计算法下，资源与产品成本（或劳务成本）的关系分为：直接因果、间接因果和无因果三种关系，如图 3-1 所示。

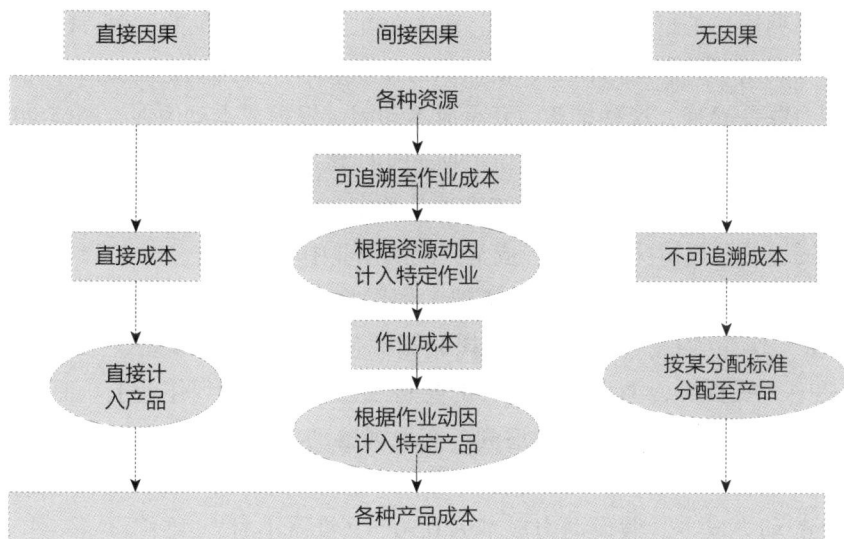

图 3-1　资源与产品成本的关系

（一）与产品成本等有直接因果关系的资源

与产品成本等有直接因果关系的资源就是通常所称的"直接成本"，它是指产品制造过程中，直接用于产品生产的材料、生产工人的职工薪酬以及其他直接耗费等。它直接计入产品的生产成本，通常称为"直接追溯成本"。

（二）与产品成本等有间接因果关系的资源

与产品成本等有间接因果关系的资源就是通常所称的"间接成本"，它是指制造企业各生产单位（分厂、车间）为组织和管理生产所发生的各种耗费，包括生产单位管理人员的职工薪酬、办公费、水电费、机物料消耗、劳动保护费、机器设备的折旧费、低值易耗品摊销等。由于在成本间接发生时，不能或不便于直接计入某一成本计算对象，所以，制造成本法下通常是按照间接成本发生的部门（地点）和用途，先通过"制造费用"账户对这些耗费进行归集，在每个会计期间终了，再按一定的标准（比如生产各种产品所耗的工时）将所归集的制造费用分配计入相关产品的生产成本之中。

与制造成本法不同的是，作业成本计算法首先根据资源与作业（或作业库、作业中心）的因果关系（即资源动因关系）将各作业所消耗的资源计入特定作业（或作业中心），然后，再根据作业与产品（或劳务）的因果关系（即作业动因）计入特定产品（或劳务）。以上分配方法就是作业成本计算法中通常所称的成本分配的"动因追溯法"。作业成本计算法的核心在于把"作业量"与传统成本计算系统中的"数量"（如人工工时、机器工时）区别开来，并主张以作业量作为分配大多数间接成本的基础。本篇讲的作业是指企业组织为了特定目的而消耗资源的活动或事项。

动因追溯法，是指依据成本动因将成本分配至各成本对象的过程。1987年，库伯和卡普兰提出了成本动因概念，他们认为作业成本计算法要把间接成本与隐藏其后的推动力联系起来，这种推动力就是成本动因。根据成本动因在资源流动中所处的位置，通常可将其分为资源动因和作业动因两类。

（1）资源动因，通俗地讲就是资源被各种作业消耗的方式和原因，它反映了作业中心对资源的消耗情况，是资源成本分配到作业中心的标准。

资源动因计量各作业对资源的需要，用以将资源成本分配到各个作业上。以"维修设备"作业为例，这项作业消耗的资源包括零部件、设备、工具、人工和能源。其中一些资源，如设备、工具的材料可以直接追溯到作业上。而其他一些资源，如动力和人工就无法直接追溯。实地观察动力消耗情况需要相应的计量仪器，而采用计量仪器有时不一定可行。结果，可能转而采用"机器小时"这一资源动因来分配动力成本。假设动力成本为0.50元/机器小时，"维修设备"作业使用了5 000机器小时，则动力成本应分配给该项作业2 500元（0.50×5 000）。这项作业的总成本等于可直接追溯的资源成本与按资源动因分配的成本之和。维修设备的总成本确定以后，便可按照作业动因将这项作业成本再分配到消耗该作业的各个对象。

（2）作业动因，通俗地讲就是各项作业被最终产品或劳务消耗的方式和原因，反映产品消耗作业的情况，是作业中心的成本分配到产品或劳务的标准。

作业动因计量各成本对象对作业的需求，用以将作业成本分配至各成本对象。例如，作业动因"维修工作小时数"可被用来将"维修设备"作业的成本进一步分配至成本对象。如果提供"维修设备"作业的成本是50元/小时，而某生产部门（如装配车间）使用了1 000维修小时，那么装配车间所应分担的作业成本就应是50 000元（50×1 000）。

（三）与产品成本等无因果关系的资源

无因果关系的资源是指不可追溯成本，其与成本对象之间没有因果联系，或追溯不具有经济可行性。把不可追溯的成本分配至各成本对象的过程称为分摊。由于不存在因果关系，所以分摊不可追溯成本往往建立在简便原则或假定关系的基础上。例如，一家工厂生产五种产品，供热和照明成本需要分配至各种产品。显然，很难找到其中的因果关系，一个简便的方法是按各产品消耗人工小时的比例分摊这些成本。任意分摊不可追溯成本将会降低整个成本分配的准确性，因而应尽可能避免。

从图3-1可知，作业成本计算法的核心是"间接成本"（即作业成本）的分配问题，也就是前已述及的作业消耗资源和产品消耗作业。

作业成本计算法的基本原理可以概括为：依据不同成本动因分别设置作业中心，再分别以各种产品所耗费的作业量分配其在该作业中心中的作业成本，然后，分别汇总各种产品的作业总成本，计算各种产品的总成本和单位成本。由此可见，作业成本计算将着眼点放在作业上，以作业为核心，依据作业对资源的消耗情况将所消耗资源的成本分配到作业，再由作业依据成本动因追踪到产品成本的形成和积累过程，由此得出最终产品成本。

作业成本计算法基本框架如图 3-2 所示。

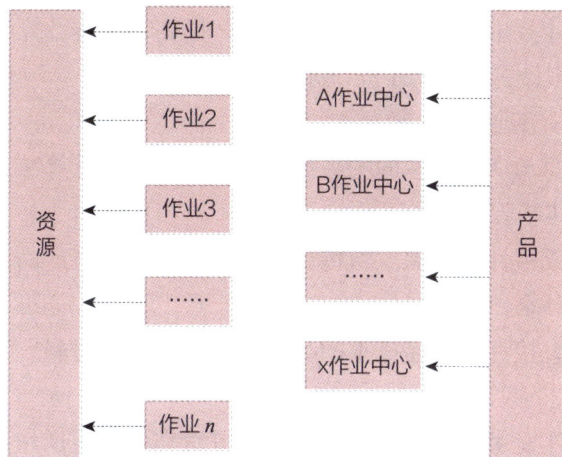

图 3-2　作业成本计算法基本框架

作业成本计算法对制造费用的核算做了根本性变革，表现为：第一，将制造费用由全厂统一或按部门归集和分配，改为由若干个作业中心分别进行归集和分配；第二，增加了分配标准，由单一标准分配改为按引起制造费用发生的多种成本动因进行分配。

二、作业成本计算法的适用范围

作业成本计算法在一定程度上弥补了传统成本计算方法的不足，并且在国内外的一些企业中广泛运用，取得了一定的效果。但是，并不是所有企业都需要采用作业成本计算法，该方法主要适用于以下类型的企业。

（一）间接成本较高的企业

随着现代企业制度的建立，企业在生产过程中广泛采用高新技术，特别是计算机技术，使得间接成本水平大幅度上升；有些企业产品的生产工艺过程复杂，并且经常需要对生产设备进行调整，发生一些调整耗费，客观上也导致了间接成本水平的提高，在这种情况之下，采用作业成本计算法可以提高成本信息的质量。

（二）生产非标准化产品较多的企业

如果产品种类较多且多是定制化产品，则间接成本发生的成本动因就多种多样，在各种产品中进行分配的情况比较复杂，采用单一的间接成本分配标准就不能准确真实地反映成本信息，为了保证成本信息的准确性，可采用作业成本计算法。

（三）广泛应用现代计算机技术的企业

由于科技飞速发展对制造业的影响以及世界经济持续快速发展，世界各国人民的物质文化生活水平不断提高，消费者对产品的多样性和个性化需求不断提升，产品生产日益高科技化和定制化。在进行成本计算时，由于需要进行诸多作业划分和成本分配等，其计算分配工作日趋复杂，如果全部采用手工操作，则难以实现成本核算目标。将现代计算机技术引入会计核算中，提高了成本计算工作的效率和准确性，为实施作业成本计算法提供了先决条件。

三、作业成本计算法的基本计算程序

结合图 3-1 资源与产品成本的关系和图 3-2 作业成本计算法基本框架，可将作业成本计算法的具体步骤汇总如下：

第一步，确定成本计算对象。与传统成本计算一样，将产品的品种、批次或者步骤作为成本计算对象。

第二步，确定直接计入产品成本的类别，即确认直接材料、直接人工等直接追溯成本项目。

第三步，确认作业类别和作业中心。确认进货作业、生产作业、质检作业、发货作业等，并确定作业中心。作业中心是生产程序的一个部分，例如，检验部门就是一个作业中心。按照作业中心披露成本信息，便于企业管理当局控制作业、评估业绩。

第四步，将资源成本分配到作业中心。将归集的资源分配到各个作业中心，每个作业中心所代表的是它所在的那个中心执行的作业。因此，该步骤的成本动因是要确认每个成本中心的资源耗用量。这一步骤的分配工作反映了作业成本计算法的基本前提，即作业量的多少决定着资源的消耗量。这种资源消耗量与作业量之间的关系就是资源动因，资源动因是本步骤分配的基础。例如，当检验部门被定义为一个作业中心时，那么，"检验小时"就成为一个资源动因。这时，许多与检验有关的成本将会归集到消耗该项资源的作业中心。

第五步，将各个作业中心的成本分配到成本对象。将各个作业中心的成本分配到最终产品或劳务上。例如，调整准备作业的成本动因是调整准备次数或调整准备小时，调整准备次数假定每次调整准备作业耗用的资源都是相同的，调整准备小时则假定资源的消耗量是随着产品所需要调整准备时数的变动而变动。这一步骤的分配工作，反映了作业成本计算法的基本前提是产出量的多少决定着作业耗用量的多少，这种作业消耗量与企业产出量之间的关系就是作业动因。

选择成本分配基础即成本动因分配作业成本。例如，抽样检验作业的成本动因是生产的批次，钢板打眼作业的成本动因是打出的眼数，组装作业的成本动因是直接人工小时。这种作业消耗量与企业产出量（成本对象）之间的关系就是前述的

"作业动因"，这是作业成本的延伸。

第六步，计算产品成本。将各产品发生的直接计入成本和各作业中心的动因追溯成本及不可追溯成本的分配额分别汇总计算出该产品的总成本和单位成本。

【案例导入】

案例1 泰山股份有限公司生产三种产品，分别是甲产品、乙产品和丙产品。甲、乙产品均为多年生产的常规产品，公司每年销售甲产品 20 000 件，销售乙产品 40 000 件，丙产品属于新开发产品，公司每年销售 4 000 件。

公司设有一个生产车间，主要工序包括零部件排序准备、自动插件、手工插件、压焊、技术冲洗及烘干、质量检验和包装。原材料和零部件均外购，泰山股份有限公司一直采用传统成本计算法计算产品成本。公司有关的成本资料如表3-1所示。

表3-1　　　　　　　　　甲、乙、丙产品的相关成本资料

项目	甲产品	乙产品	丙产品	合计
产量/件	20 000	40 000	4 000	—
直接材料/元	360 000	600 000	96 000	1 056 000
直接人工/元	120 000	240 000	36 000	396 000
制造费用/元				1 320 000
年直接人工工时/小时	90 000	23 000	10 000	33 000

请按传统成本计算法以直接人工小时作为制造费用的分配基础，计算甲、乙、丙三种产品应分配的制造费用金额及单位产品成本。

1. 分配制造费用（见表3-2）

表3-2　　　　　　　　甲、乙、丙三种产品应分摊的制造费用

项目	甲产品	乙产品	丙产品	合计
年直接人工工时/小时	9 000	23 000	1 000	33 000
分配率	132 000/33 000=40			
制造费用/元	360 000	920 000	40 000	1 320 000

2. 计算单位成本（见表3-3）

表3-3　　　　　　　　　甲、乙、丙三种产品单位成本

项目	甲产品	乙产品	丙产品
直接材料/元	360 000	600 000	96 000
直接人工/元	120 000	240 000	36 000

项目	甲产品	乙产品	丙产品
制造费用/元	360 000	920 000	40 000
合计/元	840 000	1 760 000	172 000
产量/件	20 000	40 000	4 000
单位产品成本/元	42	44	43

在传统成本计算法下，制造费用分配通常以直接人工为依据，而该公司的制造费用是直接人工的 3 倍多，且制造费用构成复杂，简单地以直接人工为依据分配制造费用很可能显失公允。而作业成本计算法是根据同类作业构成的成本库归集制造费用，并依据成本动因将其分配至各成本计算对象。

案例 2　沿用案例 1 中的数据，泰山股份有限公司在对制造费用进行详细分析后，将生产过程中的各项作业分为 8 个作业中心（即将全部制造费用划分为 8 个作业成本库），依据作业成本库归集的制造费用如表 3-4 所示。

表 3-4　　　　　　　　　依据作业成本库归集的制造费用

单位:元

制造费用项目	金额
产品装配	120 000
材料采购	200 000
材料处理及设备折旧	220 000
生产准备	120 000
产品检验	160 000
产品包装	130 000
小计:	950 000
工厂管理:	
管理人员工资	100 000
办公费等	60 000
小计:	160 000
其他制造费用:	
照明及采暖费用	50 000
房屋建筑物折旧	160 000
小计:	210 000
合计:	1 320 000

管理人员认定各作业成本库的成本动因如表 3-5 所示。

表 3-5   各作业成本库的成本动因

作业	成本动因	作业量			
		甲产品	乙产品	丙产品	合计
产品装配(产品作业)	机器小时 / 小时	2 000	3 000	2 000	7 000
材料采购(产品作业)	订单数量 / 张	200	400	800	1 400
材料处理及设备折旧(批次作业)	材料移动 / 次数	400	120	400	920
生产准备(批次作业)	准备次数 / 次数	40	20	200	260
产品检验(批次作业)	检验小时 / 小时	1 000	600	2 000	3 600
产品包装(产品作业)	包装次数 / 次数	75	50	200	325
工厂管理(维持作业)	直接人工 / 小时	9 000	23 000	2 000	33 000
其他制造费用(维持作业)	机器小时 / 小时	2 000	3 000	2 000	7 000

请按作业成本计算法分别计算甲、乙、丙三种产品应分配的制造费用金额及其单位成本。

1. 计算单位作业成本（见表 3-6）

表 3-6   单位作业成本

作业	成本动因	年制造费用 / 元	年作业量 / 件	单位作业成本 / 元
产品装配	机器小时 / 小时	120 000	7 000	17.14
材料采购	订单数量 / 张	200 000	1 400	142.86
材料处理及设备折旧	材料移动 / 次数	220 000	920	239.13
生产准备	准备次数 / 次数	120 000	260	461.54
产品检验	检验小时 / 小时	160 000	3 600	44.44
产品包装	包装次数 / 次数	130 000	325	400
工厂管理	直接人工 / 小时	160 000	33 000	4.85
其他制造费用	机器小时 / 小时	210 000	7 000	30

2. 将作业成本库的制造费用按单位作业成本分配到各产品（见表 3-7）

表 3-7　　　　作业成本库的制造费用按单位作业成本对甲、乙、丙产品的分摊表

作业	单位作业成本	甲产品		乙产品		丙产品	
		作业量/件	作业成本/元	作业量/件	作业成本/元	作业量/件	作业成本/元
产品装配	17.14	2 000.00	34 280.00	3 000.00	51 420.00	2 000.00	34 280.00
材料采购	142.86	200.00	28 572.00	400.00	57 144.00	800.00	114 288.00
材料处理及设备折旧	239.13	400.00	95 652.00	120.00	28 695.60	400.00	95 652.00
生产准备	461.54	40.00	18 461.60	20.00	9 230.80	200.00	92 308.00
产品检验	44.44	1 000.00	44 440.00	600.00	26 664.00	2 000.00	88 880.00
产品包装	400.00	75.00	30 000.00	50.00	20 000.00	200.00	80 000.00
工厂管理	4.85	9 000.00	43 650.00	23 000.00	111 550.00	2 000.00	9 700.00
其他制造费用	30.00	2 000.00	60 000.00	3 000.00	90 000.00	2 000.00	60 000.00
合计			355 055.60		394 704.40		575 108.00

注:355 055.60 + 394 704.40 + 575 108.00 = 1 324 868 > 1 320 000 为四舍五入所致。特别要说明的是:传统成本计算方法按照"生产部门"归集的制造费用与作业成本计算法按照"作业类别"归集的制造费用数额并不一定一致,仅仅是为了对比方便,假设在归集口径不一致的情况下数据相等。

3. 计算单位产品成本(见表 3-8 所示)

表 3-8　　　　　　　　甲、乙、丙产品单位成本计算

单位:元

项目	甲产品	乙产品	丙产品
直接材料(单位作业)	360 000.00	600 000.00	96 000.00
直接人工(单位作业)	120 000.00	240 000.00	36 000.00
产品装配(产品作业)	34 280.00	51 420.00	34 280.00
材料采购(产品作业)	28 572.00	57 144.00	114 288.00
材料处理及设备折旧(批次作业)	95 652.00	28 695.60	95 652.00
生产准备(批次作业)	18 461.60	9 230.80	92 308.00
产品检验(批次作业)	44 440.00	26 664.00	88 880.00
产品包装(产品作业)	30 000.00	20 000.00	80 000.00
工厂管理(维持作业)	43 650.00	111 550.00	9 700.00
其他制造费用(维持作业)	60 000.00	90 000.00	60 000.00
总成本	835 055.60	1 234 704.40	707 108.00
产量	20 000.00	40 000.00	4 000.00
单位产品成本	41.75	30.87	176.78

通过对比"传统成本计算法"与"作业成本计算法"发现：在作业成本计算法下，丙产品的单位成本是传统成本计算法下的4倍，甲产品基本持平，而乙产品的单位成本则较低。究其原因在于，在传统成本计算法下，全部制造费用均按直接人工小时分配；但事实上，并非所有制造费用的成本动因均为直接人工小时，而且特殊化且少量生产的丙产品，在材料采购、生产准备、产品包装、材料处理及机器设备折旧等方面成本较高，这就造成作业成本计算法下丙产品所分配的制造费用大幅提高。传统成本计算法下，本应由丙产品承担的制造费用分摊到了乙产品头上，而导致以大量生产的标准化产品补贴少量生产的定制产品的现象，这样可能对公司造成下列不利的影响：

第一，对于标准化产品而言，可能会因为成本脱离实际而导致定价偏离实际，从而带来滞销；或是公司依据不准确的成本资料认为该产品的利润过低，从而做出减产或停产的决定。

第二，对于少量生产的特殊产品而言，传统的成本计算方式将使丙产品的制造费用分配过少而低估成本，如果因为丙产品在市场上无类似产品的价格可供参考，而以低估的成本为基础制定销售价格，则可能会因为定价过低而未能赚取应得的利润。

从以上例子中可以发现，如果间接制造费用分配不当，不但会影响期末存货的评估与销售成本的确定，而且可能导致决策错误、资源的使用规划不当，从而对企业的利润造成重大的影响。作业成本计算法相对传统成本计算方法而言，更能精确地把握成本与成本动因之间的关系，从而对间接成本做出较精密地分配，因此比传统成本制度更受青睐。

◤【业务操作】◢

传统成本计算法在分配产品的间接成本时，通常是以产量或与产量密切相关的数量指标（如直接人工工时、机器工时等）为基础进行分配的。但是，数量基础的指标并非所有成本项目的唯一动因，单一化的分配标准导致了成本分配的不准确。而作业成本计算法按照"作业"对成本进行了详细分类，为每一类作业所消耗的资源建立一个作业中心，依据因果关系对每类成本选取不同的成本动因，依据成本动因将各作业中心的成本分配给各产品，这就使得比传统成本计算法采用单一的数量化指标分配间接费用的方法更为细致，产品成本的计算更为精确。

由于直接材料、直接人工等直接成本与产品成本具有明确、直接的因果关系，传统成本计算法同样是将直接成本"直接追溯"到产品成本，这一点传统成本计算法与作业成本计算法并无不同，二者的差异仅在对"制造费用"等间接成本的分配上。因而，作业成本计算法基本计算程序的六个步骤中，有三个是核心步骤，即第三步确认作业类别和作业中心，第四步将资源成本分配到作业中心，第五步将各个作业中心的成本分配到成本对象，这三个步骤显得尤为重要。下面就作业成本计算的三个核心步骤结合企业实例做一简要介绍。

一、确认作业类别和作业中心

在作业成本计算法下，有必要确认在一个企业中不同作业层次所"驱动"的各项成本。例如，某些生产成本主要受到生产产品数量的影响，如直接材料、直接人工，而有些成本却受到生产线数量的影响，如生产经理的工资。在作业成本计算的实践中，通常按照作业水平的不同分为如下四个层次的作业：

1. 单位作业

单位作业是使单位产品受益的作业，此类作业是重复性的，即每生产一个单位的产品需要执行一次，而且各个单位所消耗的资源数量大致相同，消耗的资源总量与产品产量成比例变动。属于这一类作业的主要有：直接材料、直接人工、燃料动力和机器折旧费等。

2. 批次作业

批次作业是使一批产品受益的作业，是每生产一批产品执行一次的作业。其资源的消耗与产品生产批数成比例变动。属于这一类作业的主要有：机器准备成本、批检验成本、材料处理及设备折旧、订单处理成本等。

3. 产品作业

产品作业是使每种产品受益的作业，是为了维持某条特定生产线存在而发生的作业。其资源的消耗与产品项目成比例变动，它与产品产量和批数无关。属于这一类作业的主要有：顾客关系、为每种产品编制数控规划、材料清单、产品分类等成本。

4. 维持作业

维持作业是使某个机构或部门受益的作业，是为了维持某个生产企业的总体生产能力而执行的作业。这类作业与产品种类和产品数量无关，属于这类作业的主要有：工厂管理人员的薪酬、照明和热动力、厂房设备的折旧费、财产税、保险费等。

以上所述每一层次的各项作业活动所发生的成本，均可视为一个成本中心，也可以根据成本发生性质的不同，再细分为若干成本中心，每个成本中心内的作业活动同质性越高，准确性就越好。

二、资源成本分配到作业中心

根据作业成本计算法的基本原理可知，成本动因的选择极为重要，对此必须审慎考虑。一般而言，成本动因的选定应由企业的财务人员和业务人员组成的专门小组讨论后确定。一个企业成本动因的数量多少与企业生产经营过程的复杂程度密切相关。企业生产经营过程越复杂，其成本动因就越多。在高新技术蓬勃发展的今天，成本动因的数量也日趋增加。但是，并非所有的产品和劳务都耗用同样数量的作业量，而且它们的成本动因也各不相同。表 3-9 列举了上述四个层次的作业可能再细分的作业活动、作业中心及成本动因。

表 3-9　　　　　生产中常见的作业活动、作业中心及成本动因

项目	作业活动	作业中心	成本动因
单位作业	原料处理	验收、仓储等	原料数量
	机器运转	机器折旧等	机器小时
	质量检验	检验的人工成本等	产出数量
批次作业	采购订单处理	处理的人工成本等	采购次数
	机器调整	调整的人工成本等	调整次数
产品作业	产品设计	设计人员的薪酬等	直接人工小时
	样品制作	人工、原料等成本	样品件数
	质量检验	检验的人工成本	检验件数
维持作业	厂房使用	厂房的折旧、保险等	使用面积
	员工培训	培训的人员、场地等耗费	培训次数
	其他费用	电话费、水电费等	直接人工小时

三、将作业成本分配到成本对象

将各个作业中心的成本分配到最终产品（或劳务），将汇集于作业中心的制造费用按作业动因分配到各项产品，本步骤的目的在于计算各作业应分摊的成本。如果是将作业成本法与标准成本法配合使用，则必须先估计每种作业的总成本及成本动因的数量，以计算各作业成本的预计分配率，其公式为：

$$某作业中心的成本分配率 = \frac{该作业中心的可追溯成本}{该作业中心成本动因耗用总数}$$

$$某产品应分配的间接制造费用 = 该产品耗用的成本动因数量 \times 该作业中心成本分配率$$

以质量检验作业为例，其作业中心包括与检验相关的各项成本，成本动因为检验件数（或次数），则应先估计某段期间（例如一年）与质量检验相关成本的金额及检验个（次）数，计算质量检验作业成本的预计分配率，再将某批产品的实际检验个（次）数乘以预计分配率，即得该批产品应分配的质检成本。以上过程与传统成本计算法下简化的分批法思路基本相同，其差别在于分配的范围较小，仅限于制造费用的某一部分（某类作业活动的相关成本），因此需要多次分配才能将全部制造费用追溯至产品，该方法虽然比较烦琐，但成本的计算结果更为精确。

作业成本计算法如果是与实际成本制度配合使用，则将上述计算预计分配率的公式改为以实际成本除以实际成本动因数而得到成本动因的单位成本，再按某产品

实际耗用的成本动因数计算应承担的作业活动成本即可。

由于在作业成本计算法下，产品直接成本的处理仍与传统成本计算法相同，都是直接追溯至产品，只是间接制造费用的分配过程不同。所以经过上述间接制造费用的分配过程，可以将各批或各类产品的直接计入成本和各作业中心的动因追溯成本及不可追溯成本的分配额加以汇总，计算出该产品的总成本和单位成本。

■ 【拓展小结】 ■

作业成本计算法的工作流程如图 3-3 所示。

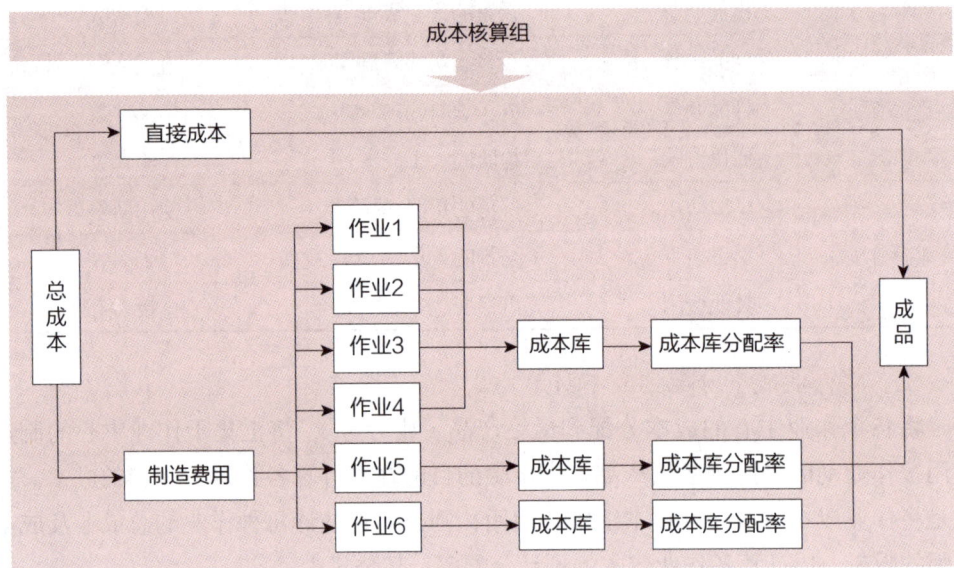

图 3-3   作业成本计算法的工作流程图

▌▌▌拓展篇 Ⅱ

——标准成本法及其应用

标准成本法是随着社会生产的不断发展以及管理科学的形成而逐渐产生并完善起来的。20 世纪初以来，西方发达国家在成本计算职能向成本控制发展方面取得了不少的成就，标准成本制度的产生和发展就是其中之一。它的产生与 1903 年美国著名的科学管理之父泰罗发表的《工厂管理》一书有着密切联系，该书提出产品的标准操作程序及时间定额，给标准成本制度提供了启示；1930 年美国会计师哈里逊研究发表了世界上第一部论述标准成本制度的专著《标准成本》，从此以后标准成本制度开始兴起并得到发展，而且从美国传入英、德、日本和瑞典等国家，这些国家相继执行了标准成本制度。从此，成本会计进入了一个全新的发展时期。

【理论概述】

标准成本法是根据标准成本来计算成本，能将成本计划、成本控制和成本分析有机地结合起来的一种成本计算方法。标准成本是在精确的调查、分析与技术测定的基础上，根据企业现已达到的技术水平所制定的企业在有效经营条件下生产某种产品所应发生的成本，是企业根据产品的各项标准消耗量（材料、工时等）及标准费用率事先计算出来的产品的标准成本，它是目标成本的一种。标准成本要体现企业的目标和要求，主要用于衡量产品制造过程的工作效率和控制成本。利用标准成本与实际成本的差异，可以分析差异产生的原因、评价经济业绩，采取相应的措施，控制费用的支出，逐渐达到标准成本的水平，从而可以不断减低产品的实际成本，提高生产效率。

"标准成本"一词在实际工作中有两种含义：

一种是指单位产品的标准成本，它是根据单位产品的标准消耗量和标准单价计算出来的，亦称为"成本标准"。

成本标准＝单位产品标准成本＝单位产品标准消耗量 × 标准单价

另一种是指实际产量的标准成本，是根据实际产品产量和单位产品成本标准计算出来的。

标准成本＝实际产量 × 单位产品标准成本

标准成本法的关键是标准成本的制定，标准成本是成本控制的目标和衡量实际成本的依据，所以标准成本的制定要遵循科学性、客观性、正常性和稳定性等特点。所谓科学性和客观性，就是标准成本要根据客观实际，用科学的方法进行制定。所谓正常性，就是标准成本要按正常条件制定，不考虑不能预测的异常变动。所谓稳定性，就是标准成本一经制定，不应随意变动，应保持其相对的稳定性。

标准成本法的核心是按标准成本记录和反映成本的形成过程和结果，并借以实现对成本的控制。标准成本法具有以下特点：

（1）标准成本法下只计算各种产品的标准成本，不计算各种产品的实际成本，"生产成本""库存商品""自制半成品"等账户的借贷方均按标准成本入账。

（2）实际成本与标准成本之间的差异，分别设置各种成本差异账户进行归集，以便对成本进行日常的控制和考核。期末将标准成本各种差异的余额进行结清。

（3）标准成本法下，制造费用分为固定制造费用和变动制造费用两部分，分别揭示其差异，便于根据可控和不可控明确差异的责任，寻求降低成本的途径。

标准成本法的一般成本核算程序是：

（1）制定单位产品的标准成本。采用标准成本法计算产品成本，财会部门首先应当会同采购部门、生产部门、技术部门、质量部门和其他有关经营管理部门在对企业生产经营的具体条件进行分析、研究和技术测定的基础上，采用科学的方法，按产品的成本项目制定各项标准成本。通常有直接材料标准成本、直接人工标准成本和制造费用标准成本。

（2）核算实际产量的标准成本以及实际成本脱离标准成本的差异。在各项生产耗费发生时，编制各种耗费分配表，分别反映其标准耗费、实际耗费以及实际耗费脱离标准耗费的差异，并分别核算汇总。

（3）标准成本在本月完工产品和月末在产品之间进行分配。将各项标准耗费记入相应的产品成本明细账，随着产品的完工，根据完工产品的实际产量和单位标准产品成本，核算并予以结转完工产品的成本。

（4）计算分析各项实际耗费脱离标准耗费的差异，每月月末根据各标准成本差异科目的余额编制成本差异汇总表，结转销售产品的实际成本（将各种成本差异余额转入"主营业务成本"，计入当期损益）。

【案例导入】

嘉瑞股份有限公司（以下简称"嘉瑞公司"）生产一种保健理疗设备，产品名称为艾薇理疗仪，该产品耗用 A、B、C、D 四种直接材料，财会部门根据企业生产工艺技术的特点和管理要求，按照标准成本记录和反映产品成本的形成过程和结果，以便形成对成本的日常控制和考核，借以实现对成本的控制，寻求降低成本的途径和办法。

【业务操作】

一、标准成本分类

标准成本的种类很多，主要有理想标准成本、正常标准成本和现行标准成本。

理想标准成本是指在现有技术、设备和经营管理达到最优状态下的目标成本水平。这时企业的全部生产要素都应达到最佳使用状态，不允许有任何浪费。这种标准成本由于条件苛刻，在实际工作中很难达到，所以只能作为考核时的参考指标。

正常标准成本是以正常的技术、设备和经营管理水平为基础制定的目标成本。在制定这种标准成本时，把生产经营活动中一般难以避免的损耗和低效率等情况也计算在内，是企业过去较长时间内所达到的平均水平，是经过努力可以达到的。但该标准成本只是根据过去的经验制定的，仅仅可以在工艺技术水平和管理有效性水平变化不大时持续使用，不需要经常修订，具有稳定性；大多数情况下该标准成本不能有效反映目前的实际水平，以此为目标成本可能会高估或者低估目前的生产水平，达不到有效成本控制的目的。

现行标准成本是在正常标准成本的基础上考虑到目前应该发生的价格、效率和生产经营能力利用程度等实际情况而制定的目标成本。在这些决定因素发生变化时，需要按照改变了的情况加以修订。这种标准成本是通过适当的努力能够达到，切实可行的标准成本，可以成为评价实际成本的依据。标准成本制度下的标准成本通常是指现行标准成本。

二、制定标准成本

标准成本通常是由会计部门会同采购、生产、技术、质量部门以及其他有关经营管理部门，在对企业生产经营的现状和具体条件进行分析、研究和技术测定的基础上制定的。标准成本的制定按成本项目进行，一般有直接材料标准成本、直接人工标准成本和制造费用标准成本。

（一）直接材料标准成本的制定

2021 年嘉瑞公司生产艾薇理疗仪，该产品耗用 A、B、C、D 四种直接材料，A 材料的标准消耗量为 16 千克，标准单价为 45 元；B 材料的标准消耗量为 10 千克，标准单价 25 元；C 材料的标准消耗量为 25 千克，标准单价为 30 元；D 材料的标准消耗量为 9 千克，标准单价为 50 元。直接材料的标准成本计算如表 3–10 所示。

表 3–10　　　　　嘉瑞公司艾薇理疗仪直接材料标准成本计算表

标准	A 材料	B 材料	C 材料	D 材料
数量标准(1)	16 千克	10 千克	25 千克	9 千克
价格标准(2)	45 元	25 元	30 元	50 元
标准成本(1)×(2)	720 元	250 元	750 元	450 元
单位产品直接材料标准成本	2 170 元			

直接材料标准成本是根据产品的各种材料耗用量标准和各种直接材料价格标准的乘积之和计算的，其计算公式如下：

直接材料标准成本＝直接材料耗用量标准 × 直接材料价格标准

直接材料标准成本的制定包括生产产品直接材料用量标准的制定和直接材料价格标准的制定。

直接材料用量标准，就是直接材料的标准消耗量，指在现有产品设计、工艺、技术条件和企业经营管理水平下生产单位产品所需的材料数量，即材料的消耗定额。直接材料用料标准是用统计方法、工业工程法或其他技术分析方法确定的。企业应为产品耗费不同的直接材料分别制定标准耗用量。

直接材料的价格标准，是预计下一年度实际需要支付的进料单位成本，通常它是采购部门根据供应单位的市价结合最佳采购批量和最佳运输方式等其他影响价格的因素预先确定各种材料的单价，包括票价格、运费、检验和正常损耗等成本，是取得材料的完全成本。

（二）直接人工标准成本的制定

2021 年嘉瑞公司 6 月份计划生产艾薇理疗仪，月标准总工时为 26 000 小时，月标准工资总额为 910 000 元，制造每件产品的直接人工的定额工时为 50 小时。其直接人工的标准成本计算如表 3-11 所示。

表 3-11   嘉瑞公司艾薇理疗仪直接人工标准成本计算表

项目	标准
月标准工资总额(1)	910 000 元
月标准总工时(2)	26 000 小时
工资率标准(3)=(1)÷(2)	35 元 / 小时
单位产品工时标准(4)	50 小时
直接人工标准成本(5)=(4)×(3)	1 750 元

直接人工标准成本的制定包括直接人工的工时标准的制定和工资率标准的制定。

直接人工工时标准指在现有生产技术条件下生产单位产品需要的标准工作时间（包括对产品直接加工所用时间、必要的间歇和停工时间以及不可避免的废品所耗费的工作时间）。如果产品生产工艺比较复杂，可现制定零件的工时标准，然后再制定部件和产品的工时标准。直接工时一般应根据生产和技术部门按产品经过的加工工序确定的标准工时为数量标准。

在不同的工资制度下，直接人工的工资率标准表现不同。在计件工资制下，直接人工的标准成本就是计件单价，它是在现有的生产技术水平下，生产单位产品所应支付的计件单价，标准工资率就是预定的每件产品支付的工资除以标准工时，或者是预定的小时工资。在计时工资制下，如果采用月工资，则需要根据月工资总额和可用工时总量来计算标准工资，一般根据人力资源部门提供的工资资料来计算。

计时工资制下，工资率标准的计算公式如下：

$$工资率标准 = \frac{标准工资总额}{标准总工时}$$

根据标准工时和标准工资率就能计算出直接人工标准成本。计算公式如下：

$$直接人工标准成本 = 工时标准 \times 工资率标准$$

（三）制造费用标准成本的制定

制造费用一般是按责任部门编制制造费用预算的形式进行的，并且分为固定制造费用和变动制造费用。

嘉瑞公司 2021 年 6 月份计划生产艾薇理疗仪，月标准总工时为 26 000 小时，当月变动制造费用预算总额为 546 000 元，固定制造费用预算总额 312 000 元，制造每件产品的直接人工的定额工时为 50 小时。其制造费用的标准成本如表 3–12 所示。

表 3–12　　　　　　　　　嘉瑞公司艾薇理疗仪制造费用标准成本计算表

项目	标准
月标准总工时（1）	26 000 小时
变动制造费用预算总额（2）	546 000 元
变动制造费用标准分配率（3）＝（2）÷（1）	21 元／小时
工时标准（4）	50 小时
变动制造费用标准成本（5）＝（4）×（3）	1 050 元
固定制造费用预算总额（6）	312 000 元
固定制造费用标准分配率（7）＝（6）÷（1）	12 元／小时
固定制造费用标准成本（8）＝（4）×（7）	600 元
制造费用标准成本（9）＝（5）＋（8）	1 650 元

1. 变动制造费用标准成本

变动制造费用的数量标准通常采用单位产品直接人工工时（或机器工时）标准。变动制造费用的价格标准是每一工时变动制造费用分配率，它根据变动制造费用预算和直接人工总工时计算求得。其计算公式为：

$$变动制造费用标准分配率 = \frac{变动制造费用预算总数}{标准总工时}$$

确定数量标准和价格标准之后即可计算得出变动制造费用标准成本。公式如下：

$$变动制造费用标准成本 = 单位产品直接人工的工时标准 \times 变动制造费用标准分配率$$

2. 固定制造费用标准成本

固定制造费用标准成本的制定与变动制造费用标准成本的制定基本相同，所不同的是固定制造费用的预算总额一旦按照某一生产产量确定下来，就不能随生产产量的变动而随意变动。计算公式如下：

$$固定制造费用标准分配率 = \frac{固定制造费用预算总额}{标准总工时}$$

$$固定制造费用标准成本 = 单位产品直接人工工时标准 \times 固定制造费用标准分配率$$

（四）单位产品标准成本的计算

将上述按成本项目确定的直接材料、直接人工和制造费用的标准成本按产品加以汇总，就可以计算出有关单位产品完整的标准成本。通常，以编制"标准成本卡"的形式反映单位产品标准成本的具体构成。标准成本卡的格式如表 3–13 所示。

表 3–13　　　　　　　　　　艾薇理疗仪单位产品标准成本卡

2021 年 6 月

成本项目		用量标准	价格标准	单位标准成本
直接材料	A	16 千克	45 元	720 元
	B	10 千克	25 元	250 元
	C	25 千克	30 元	750 元
	D	9 千克	50 元	450 元
	小计	…	…	2 170 元
直接人工		50 小时	35 元 / 小时	1 750 元
变动制造费用		50 小时	21 元 / 小时	1 050 元
固定制造费用		50 小时	12 元 / 小时	600 元
单位标准成本		…	…	5 570 元

三、计算分析标准成本差异

（一）标准成本差异的性质和内容

标准成本是一种目标成本，由于种种原因，产品的实际成本与标准成本往往不同，实际成本与标准成本之间的差额，称为标准成本差异，或称为成本差异。实际成本低于标准成本的差异为有利差异，反之为不利差异。企业对标准成本差异的计算分析，目的就是发现问题、找出原因和对策，消除不利差异，发展有利差异，实现对产品成本的有效控制。

标准成本差异发生的原因归纳起来有数量差异和价格差异两方面。计算时可按成本项目进一步分为：直接材料数量差异、直接材料价格差异、直接人工效率差异、直接人工工资率差异、变动制造费用耗费差异、变动制造费用效率差异、固定制造费用耗费差异、固定制造费用能量差异、固定制造费用闲置能量差异和固定制造费用效率差异。图 3–4 是标准成本差异分类构成图。

各种标准成本差异计算的通用模式是：

标准成本差异 = 实际成本 – 标准成本

实际成本 = 实际数量 × 实际价格

标准成本 = 标准数量 × 标准价格

标准成本差异 = 标准价格 ×（实际数量 – 标准数量）+
实际数量 ×（实际价格 – 标准价格）

（二）直接材料标准成本差异的计算和分析

直接材料实际成本与标准成本之间的差额是直接材料标准成本差异。该差异形

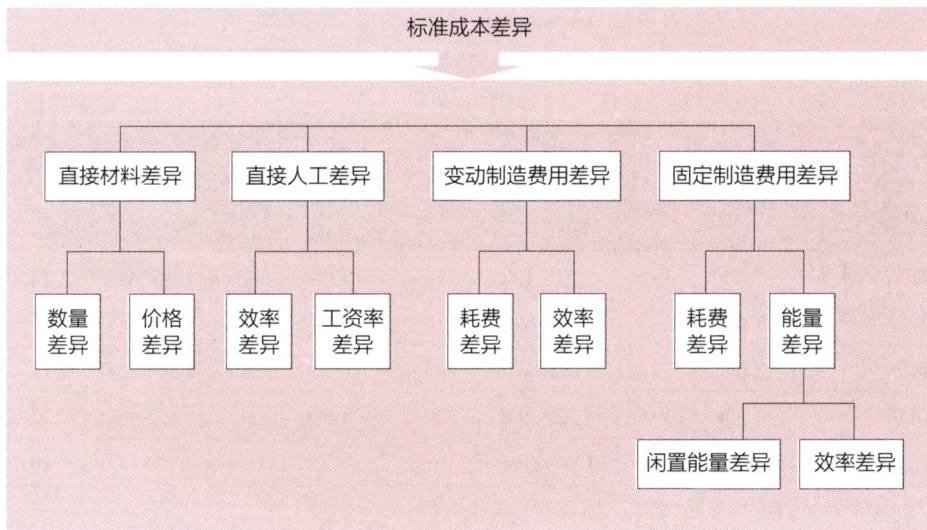

图 3-4　标准成本差异分类构成图

成的基本原因有两个：一是材料实际价格与标准价格之间的差异，简称价格差异；二是材料的实际用量与标准用量之间的差异，简称材料数量差异。其计算公式如下

　　直接材料成本差异 = 直接材料实际成本 − 直接材料标准成本

　　　　　　　　　　 = 实际价格 × 实际数量 − 标准价格 × 标准数量

　　直接材料数量差异 =（实际数量 − 标准数量）× 标准价格

　　直接材料价格差异 = 实际数量 ×（实际价格 − 标准价格）

　　需要说明的是，这里的材料差异分析是在产量不变情况下进行的，材料的实际用量和标准用量都是指在同一产量（实际产量）下的耗用量。

　　上述差异公式属于因素分析的连环替代分析，通常数量差异为第一因素，价格差异为第二因素。在实际运用中，如果计算结果是正数表示超支，为不利差异；若计算结果为负数表示节约，为有利差异。

　　直接材料数量差异是企业生产部门生产产品时材料消耗过程中形成的，反映了生产部门的成本控制业绩，一般情况下，该差异的责任方为生产部门。直接材料价格差异是在采购过程中形成的，应由采购部门负责对其作出说明，并需要进行具体分析和调查，才能明确真正原因和责任归属。

　　嘉瑞公司 2021 年 6 月预计生产艾薇理疗仪 520 件，单位产品各种直接材料的标准耗费和标准单价见表 3-13，假定月初无在产品，当月实际投产并全部完工 500 件产品，月末无在产品。A 材料实际耗费 8 200 千克，每千克 45.5 元；B 材料实际耗费 5 060 千克，每千克 27 元；C 材料实际耗费 12 530 千克，每千克 29 元；D 材料实际耗费 4 536 千克，每千克 49 元。根据上述公式，其直接材料标准成本差异计算见表 3-14、直接材料数量差异见表 3-15、直接材料价格差异见表 3-16。

表 3-14 直接材料实际成本和标准成本差异计算表

产品名称：艾薇理疗仪

投产数量：计划 520 件，实际 500 件　　　　2021 年 6 月　　　　　　　　金额单位：元

材料种类	计量单位	实际成本			标准成本				成本差异
		实际总耗用量	实际单价	金额	单位标准耗用量	标准总耗用量	标准单价	金额	
A 材料	千克	8 200	45.5	373 100	16	8 000	45	360 000	13 100
B 材料	千克	5 060	27	136 620	10	5 000	25	125 000	11 620
C 材料	千克	12 530	29	363 370	25	12 500	30	375 000	−11 630
D 材料	千克	4 536	49	222 264	9	4 500	50	225 000	−2 736
合计	—	—	—	1 095 354	—	—	—	1 085 000	10 354

注：直接材料标准总耗用量＝实际产量 × 单位标准耗用量

表 3-15 直接材料数量差异计算表

产品名称：艾薇理疗仪

投产数量：计划 520 件，实际 500 件　　　　2021 年 6 月　　　　　　　　金额单位：元

材料种类	计量单位	标准单价	实际		标准			数量差异
			实际总耗用量	金额	单位标准耗用量	标准总耗用量	金额	
A 材料	千克	45	8 200	369 000	16	8 000	360 000	9 000
B 材料	千克	25	5 060	126 500	10	5 000	125 000	1 500
C 材料	千克	30	12 530	375 900	25	12 500	375 000	900
D 材料	千克	50	4 536	226 800	9	4 500	225 000	1 800
合计	—	—	—	1 098 200	—	—	1 085 000	13 200

注：直接材料标准总耗用量＝实际产量 × 单位标准耗用量

表 3-16 直接材料价格差异计算表

产品名称：艾薇理疗仪

投产数量：计划 520 件，实际 500 件　　　　2021 年 6 月　　　　　　　　金额单位：元

材料种类	实际总耗用量	实际		标准		价格差异
		单价	金额	单价	金额	
A 材料	8 200 千克	45.5	373 100	45	369 000	4 100
B 材料	5 060 千克	27	136 620	25	126 500	10 120
C 材料	12 530 千克	29	363 370	30	375 900	−12 530
D 材料	4 536 千克	49	222 264	50	226 800	−4 536
合计	—	—	1 095 354	—	1 098 200	−2 846

上述计算结果表明，嘉瑞公司 2021 年 6 月份生产 500 件艾薇理疗仪的材料成本差异为实际比标准成本超支 10 354 元，为不利差异；而该差异是由材料数量差异超支 13 200 元与材料价格差异节约 2 846 元两者共同形成的。其中材料数量差异 A 材料超支 9 000 元，B 材料超支 1 500 元，C 材料超支 900 元，D 材料超支 1 800 元，合计超支 13 200；材料的价格差异 A 材料超支 4 100 元，B 材料超支 10 120 元，C 材料节约 12 530 元、D 材料节约 4 536 元，材料价格合计节约 2 846 元。材料的数量差异和价格差异应分别由生产单位和采购部门进一步寻找原因，落实责任，并提出改进意见。

（三）直接人工标准成本差异的计算与分析

直接人工标准成本差异是指直接人工的实际成本与标准成本之间的差额。该差异也分为"量差"和"价差"两部分。量差是指实际工时脱离标准工时而导致的成本差异，是实际工时脱离标准工时的差额与标准工资率的乘积，称为直接人工效率差异；价差是指实际工资率脱离标准工资率的差额与实际工时的乘积，称为直接人工工资率差异。其计算公式如下：

直接人工标准成本差异＝直接人工实际成本－直接人工标准成本

＝实际工时 × 实际工资率－标准工时 × 标准工资率

直接人工效率差异＝（实际工时－标准工时）× 标准工资率

直接人工工资率差异＝实际工时 ×（实际工资率－标准工资率）

如同直接材料成本差异额计算分析一样，这里的直接人工差异分析是在产量不变情况下进行的，直接人工的实际用量和标准用量都是指在同一产量（实际产量）下的耗费。

在实际工作中，应根据差异产生的具体原因，落实差异的责任归属。一般情况下，直接人工效率差异是由与生产活动相关的因素造成的，应由生产部门负责，但也可能有部分应由其他部门负责；工资率差异应由负责安排工人工作的劳动人事部门和生产部门负责。

嘉瑞公司 2021 年 6 月预计生产艾薇理疗仪 520 件，单位产品直接人工的标准耗费和标准单价见表 3-13；当月实际投产并完工产品 500 件，实际耗费工时 24 750 小时，单位产品耗用工时为 49.5 小时，实际工资率为 36 元 / 小时。根据上述公式，其直接人工标准成本差异计算见表 3-17、直接人工效率差异见表 3-18、直接人工工资率差异见表 3-19。

表 3-17　　　　　直接人工实际成本和标准成本差异计算表

产品名称：艾薇理疗仪

投产数量：计划 520 件，实际 500 件　　　2021 年 6 月　　　　金额单位：元

实际成本			标准成本				成本差异
实际总工时/小时	工资率	金额	单位标准工时/小时	标准总工时/小时	工资率	金额	
24 750	36	891 000	50	25 000	35	875 000	16 000

注：直接人工标准总工时 = 实际产量 × 单位标准工时

表 3-18　　　　　　　　　　　　直接人工效率差异计算表

产品名称：艾薇理疗仪

投产数量：计划 520 件，实际 500 件　　　2021 年 6 月　　　　　　　　　　金额单位：元

标准工资率	实际		标准			成本差异
	实际总工时 / 小时	金额	单位标准工时 / 小时	标准总工时 / 小时	金额	
35	24 750	866 250	50	25 000	875 000	−8 750

注：直接人工标准总工时 = 实际产量 × 单位标准工时

表 3-19　　　　　　　　　　　　直接人工工资率差异计算表

产品名称：艾薇理疗仪

投产数量：计划 520 件，实际 500 件　　　2021 年 6 月　　　　　　　　　　金额单位：元

实际总工时 / 小时	实际		标准		成本差异
	工资率	金额	工资率	金额	
24 750	36	891 000	35	866 250	24 750

　　上述计算结果表明：嘉瑞公司 2021 年 6 月份，生产 500 件艾薇理疗仪的直接人工成本差异实际比标准成本超支 16 000 元，为不利差异。该差异是由直接人工效率差异和直接人工工资率差异共同形成的。其中直接人工效率差异节约 8 750 元，为有利差异，企业生产部门应进一步牵头分析原因，挖掘生产潜力，提高效率；同时，直接人工工资率差异为超支 24 750 元，是直接人工成本差异形成的主要原因，应从人事、劳资以及生产部门分析原因，看是否与人事、工资制度调整有关，还是由于停工待料等非生产工时造成的，应进一步落实责任，调动有关责任方的积极性。

（四）变动制造费用标准成本差异的计算和分析

　　变动制造费用标准成本差异，是指实际变动制造费用与标准变动制造费用之间的差额。它也可以分解为"量差"和"价差"两部分。量差是指实际工时脱离标准工时按标准的小时费用率计算确定的金额，反映工作效率变化引起的费用节约或超支，故称为变动制造费用效率差异。价差是指变动制造费用的每工时实际费用分配率脱离标准费用分配率的差额，按实际工时计算的金额，反映耗费水平的高低，所以称为变动制造费用耗费差异。计算公式如下：

$$变动制造费用标准成本差异 = 变动制造费用实际成本 - 变动制造费用标准成本$$

$$= 实际工时 \times 实际变动制造费用分配率 - 标准工时 \times 变动制造费用标准分配率$$

$$变动制造费用效率差异 = (实际工时 - 标准工时) \times 变动制造费用标准分配率$$

$$\begin{array}{c}\text{变动制造费用}\\\text{耗费差异}\end{array} = \text{实际工时} \times \left(\begin{array}{c}\text{变动制造费用}\\\text{实际分配率}\end{array} - \begin{array}{c}\text{变动制造费用}\\\text{标准分配率}\end{array}\right)$$

　　嘉瑞公司 2021 年 6 月预计生产艾薇理疗仪 520 件，单位产品直接人工的标准工时耗费和变动制造费用标准分配率见表 3-13；当月实际投产并完工产品 500 件，实际耗费工时 24 750 小时，实际发生变动制造费用 539 550 元。根据上述公式，其变动制造费用标准成本差异计算见表 3-20、变动制造费用效率差异计算见表 3-21、变动制造费用耗费差异计算见表 3-22。

表 3-20　　　　　　　　　　变动制造费用标准成本差异计算表

产品名称：艾薇理疗仪

投产数量：计划 520 件，实际 500 件　　　　2021 年 6 月　　　　　　　　　金额单位：元

实际			标准				成本差异
实际总工时/小时	变动制造费用实际分配率	金额	单位标准工时/小时	标准总工时/小时	变动制造费用标准分配率	金额	
24 750	21.8	539 550	50	25 000	21	525 000	14 550

注：直接人工标准总工时 = 实际产量 × 单位标准工时

表 3-21　　　　　　　　　　变动制造费用效率差异计算表

产品名称：艾薇理疗仪

投产数量：计划 520 件，实际 500 件　　　　2021 年 6 月　　　　　　　　　金额单位：元

标准费用分配率	实际		标准			成本差异
	总工时/小时	金额	单位标准工时/小时	标准总工时/小时	金额	
21	24 750	519 750	50	25 000	525 000	−5 250

注：直接人工标准总工时 = 实际产量 × 单位标准工时

表 3-22　　　　　　　　　　变动制造费用耗费差异计算表

产品名称：艾薇理疗仪

投产数量：计划 520 件，实际 500 件　　　　2021 年 6 月　　　　　　　　　金额单位：元

实际总工时/小时	实际		标准		成本差异
	变动制造费用实际分配率	金额	变动制造费用标准分配率	金额	
24 750	21.8	539 550	21	519 750	19 800

　　上述计算结果表明：嘉瑞公司 2021 年 6 月份，生产 500 件艾薇理疗仪的实际变动制造费用比标准变动制造费用超支 14 550 元，为不利差异。该差异是由变动制造费用效率差异和变动制造费用耗费差异共同形成的。其中：变动制造费用效率差

异为 –5 250 元，是节约差异，为有利差异，它是由于实际工时脱离了标准，少用工时导致的费用节约，其原因的分析与前述直接人工效率差异相似；变动制造费用耗费差异为 19 800 元，是超支差异，为不利差异，它是由于每小时业务量引起的变动制造费用超过了标准引起的，耗费差异应结合部门经理的相应责任分析，部门经理有责任将变动制造费用控制在弹性运算之内。

（五）固定制造费用标准成本差异的计算和分析

固定制造费用标准成本差异是指固定制造费用实际成本脱离固定制造费用标准成本的差额。由于固定制造费用相对稳定，一般不随产量的变动而变动，产量的变动只会影响单位产品固定制造费用。就是说，实际产量与计划产量的差异会对单位产品应负担的制造费用发生影响。

固定制造费用的标准成本差异分析与前面各项变动成本差异分析不同，其分析方法有"二因素分析法"和"三因素分析法"两种。

1. 二因素分析法

二因素分析法，是把固定制造费用标准成本差异分为固定制造费用耗费差异和固定制造费用能量差异。

固定制造费用耗费差异是指固定制造费用实际金额与固定制造费用预算金额之间的差额。在考核时不考虑业务量的变动，以原来的预算数作为标准，实际超过预算数即为超支。

固定制造费用能量差异是固定制造费用预算与固定制造费用标准成本的差额，是指在固定预算不变的情况下，由于实际产量和计划产量不同而造成的差额，它反映实际产量标准工时未能达到生产能量而造成的损失，其差异与现有生产能力的利用程度有关。

二因素分析法计算公式如下：

$$\text{固定制造费用标准成本差异} = \text{固定制造费用实际成本} - \text{固定制造费用标准成本}$$

$$\text{固定制造费用耗费差异} = \text{固定制造费用实际成本} - \text{固定制造费用预算成本}$$

$$\text{固定制造费用能量差异} = \text{固定制造费用预算成本} - \text{固定制造费用标准成本}$$

$$= \text{固定制造费用标准分配率} \times \text{预算工时} - \text{固定制造费用标准分配率} \times \text{实际产量标准工时}$$

嘉瑞公司 2021 年 6 月预计生产艾薇理疗仪 520 件，由前面表 3–12 艾薇理疗仪制造费用标准成本表、表 3–13 艾薇理疗仪单位产品标准成本中可以获取艾薇理疗仪单位产品直接人工的标准工时耗费、固定制造费用预算成本和固定制造费用标准分配率；当月实际投产并完工艾薇理疗仪 500 件，实际耗费工时 24 750 小时，实际发生固定制造费用 326 500 元。根据上述公式，固定制造费用标准成本差异计算见表 3-23、固定制造费用耗费差异计算见表 3-24、固定制造费用能量差异计算见表 3-25。

表 3-23　　　　　　　　　固定制造费用标准成本差异计算表

产品名称：艾薇理疗仪

投产数量：计划 520 件，实际 500 件　　　　2021 年 6 月　　　　　　　　　　金额单位：元

固定制造费用实际成本	固定制造费用标准成本					成本差异
	单位标准工时/小时	标准总工时/小时	固定制造费用标准分配率	金额		
326 500	50	25 000	12	300 000		26 500

注：直接人工标准总工时 = 实际产量 × 单位标准工时

表 3-24　　　　　　　　　固定制造费用耗费差异计算表

产品名称：艾薇理疗仪

投产数量：计划 520 件，实际 500 件　　　　2021 年 6 月　　　　　　　　　　金额单位：元

固定制造费用实际成本	固定制造费用预算成本					成本差异
	单位标准工时/小时	预算总工时/小时	固定制造费用标准分配率	金额		
326 500	50	26 000	12	312 000		14 500

注：直接人工预算总工时 = 计划产量 × 单位标准工时

表 3-25　　　　　　　　　固定制造费用能量差异计算表

产品名称：艾薇理疗仪

投产数量：计划 520 件，实际 500 件　　　　2021 年 6 月　　　　　　　　　　金额单位：元

固定制造费用标准分配率	单位标准工时/小时	预算成本		标准成本		成本差异
		预算总工时/小时	金额	标准总工时/小时	金额	
12	50	26 000	312 000	25 000	300 000	12 000

注：直接人工标准总工时 = 实际产量 × 单位标准工时
　　直接人工预算总工时 = 计划产量 × 单位标准工时

　　上述计算结果表明：嘉瑞公司 2021 年 6 月份，生产 500 件艾薇理疗仪的实际固定制造费用比标准固定制造费用超支 26 500 元，为不利差异。该差异是由固定制造费用耗费差异 14 500 元、固定制造费用能量差异 12 000 元共同形成的。固定制造费用的构成比较复杂，因此，还应结合实际情况和具体项目的超支和节约进行深入分析。

2. 三因素分析法

三因素分析法同二因素分析法相比：相同的是固定制造费用耗费差异的计算完全一致；不同的是将二因素分析法中的"能量差异"进一步分解为两部分：一部分是实际工时未达到预算的生产能量而形成的闲置能量差异，另一部分是实际工时脱离标准工时而形成的效率差异。计算公式如下：

$$\begin{aligned}\text{固定制造费用闲置能量差异} &= \text{固定制造费用预算成本} - \text{实际工时} \times \text{固定制造费用标准分配率} \\ &= \text{预算工时} \times \text{固定制造费用标准分配率} - \text{实际工时} \times \text{固定制造费用标准分配率}\end{aligned}$$

$$\text{固定制造费用效率差异} = \text{实际工时} \times \text{固定制造费用标准分配率} - \text{实际产量标准工时} \times \text{固定制造费用标准分配率}$$

同样依据前述二因素法中列示的嘉瑞公司 2021 年 6 月份的生产数据资料，根据上面三因素法公式进行计算，固定制造费用闲置能量差异计算见表 3-26、固定制造费用效率差异计算见表 3-27。

表 3-26　　　　　　　　　　　固定制造费用闲置能量差异计算表

产品名称：艾薇理疗仪

投产数量：计划 520 件，实际 500 件　　　　2021 年 6 月　　　　　　　　　金额单位：元

固定制造费用标准分配率	单位标准工时/小时	计划产量		实际产量		成本差异
		预算总工时/小时	金额	实际总工时/小时	金额	
12	50	26 000	312 000	24 750	297 000	15 000

注：直接人工预算总工时 = 计划产量 × 单位标准工时

表 3-27　　　　　　　　　　　固定制造费用效率差异计算表

产品名称：艾薇理疗仪

投产数量：计划 520 件，实际 500 件　　　　2021 年 6 月　　　　　　　　　金额单位：元

固定制造费用标准分配率	单位标准工时/小时	实际产量		实际产量		成本差异
		实际总工时/小时	金额	标准总工时/小时	金额	
12	50	24 750	297 000	25 000	300 000	−3 000

注：直接人工标准总工时 = 实际产量 × 单位标准工时

表 3-26、表 3-27 计算结果表明：嘉瑞公司 2021 年 6 月份生产 500 件艾薇理疗仪的固定制造费用能量差异 12 000 元，是由固定制造费用闲置能力差异超支 15 000 元和固定制造费用效率差异节约 3 000 元共同形成。

（六）产品标准成本的计算

根据前述直接材料标准成本的计算、直接人工标准成本的计算、变动制造费用标准成本的计算和固定制造费用标准成本的计算，可以编制嘉瑞公司 2021 年 6 月

份 500 件艾薇理疗仪的标准成本计算单，如表 3–28 所示。

表 3–28　　　　　　　　　　　产品标准成本计算单

产品名称：艾薇理疗仪　　　　　2021 年 6 月　　　　　产量：500 件　　　　　单位：元

项目	直接材料	直接人工	变动制造费用	固定制造费用	合计
月初在产品成本	0	0	0	0	0
本月生产耗费	1 085 000	875 000	525 000	300 000	2 785 000
合计	1 085 000	875 000	525 000	300 000	2 785 000
完工产品成本	1 085 000	875 000	525 000	300 000	2 785 000
完工产品单位成本	2 170	1 750	1 050	600	5 570
月末在产品成本	0	0	0	0	0

四、标准成本下的会计账务处理

企业把标准成本纳入账簿体系不仅能够提高成本计算的质量和效率，使标准成本发挥更大的功效，而且还能简化记账程序。

（一）标准成本法下账务处理的特点

1. "生产成本""制造费用"和"库存商品"账户只登记标准成本

这些账户应用标准成本，无论借贷方均登记实际数量的标准成本，其余额也反映这些资产的标准成本。

2. 设置成本差异账户分别记录各种成本差异

在标准成本法下，需要加设如下各项标准成本差异账户："直接材料数量差异""直接材料价格差异""直接人工效率差异""直接人工工资率差异""变动制造费用效率差异""变动制造费用耗费差异""固定制造费用耗费差异""固定制造费用能量差异"。如果固定制造费用标准成本差异采用三因素分析法，其中"固定制造费用能量差异"账户可改设为"固定制造费用闲置能量差异"和"固定制造费用效率差异"两个账户。总之，差异账户的设置要同采用的成本差异分析方法相适应，为每一种成本差异设置一个账户。

在日常账户登记时，按标准成本数据记入"生产成本""制造费用""库存商品"账户，而将实际成本脱离标准成本的差异分别记入有关的差异账户。为便于考核，各成本差异账户还可以按责任部门设置明细账，分别记录各部门的成本差异。

3. 会计期末对成本差异进行结转

计算分析各种成本差异，每月月末将各种成本差异余额转入"主营业务成本"或"本年利润明细账"，计入当期损益。

（二）标准成本法下的会计账务处理

下面以上述嘉瑞公司 2021 年 6 月份生产艾薇理疗仪的数据资料为例，说明标准成本的账务处理程序。

（1）根据表 3-14~表 3-16 中计算的数据资料，对嘉瑞公司本月生产艾薇理疗仪的直接材料差异进行归集，并编制会计分录如下：

借：基本生产成本——艾薇理疗仪　　　　　　　　　　　　　1 085 000
　　直接材料数量差异　　　　　　　　　　　　　　　　　　　　 13 200
　贷：原材料　　　　　　　　　　　　　　　　　　　　　　　1095 354
　　直接材料价格差异　　　　　　　　　　　　　　　　　　　　　2 846

记入"基本生产成本"账户借方的是直接材料的标准成本，记入"原材料"账户贷方的是原材料的实际成本，两者差异是直接材料标准成本的数量差异和价格差异。数量差异为超支差异，因此记入该差异账户的借方；而价格差异为节约差异，所以记入该差异账户的贷方。但是如果企业的"原材料"按计划成本核算，那么材料成本差异另外单独核算，该分录只记录直接材料数量差异。

（2）根据表 3-17~表 3-19 中计算的数据资料，对嘉瑞公司本月生产艾薇理疗仪的直接人工差异进行归集，并编制会计分录如下：

借：基本生产成本——艾薇理疗仪　　　　　　　　　　　　　　875 000
　　直接材料人工工资率差异　　　　　　　　　　　　　　　　　24 750
　贷：应付职工薪酬　　　　　　　　　　　　　　　　　　　　　891 000
　　直接人工效率差异　　　　　　　　　　　　　　　　　　　　　8 750

记入"基本生产成本"账户借方的是直接人工的标准成本，记入"应付职工薪酬"账户贷方的是直接人工的实际成本，两者的差异是直接人工效率差异和直接人工工资率差异，直接人工效率差异是节约差异，所以记入该账户的贷方，直接人工工资率差异是超支，因此记入该账户的借方。

（3）根据表 3-20~表 3-22 中计算的数据资料，对嘉瑞公司本月生产艾薇理疗仪的变动制造费用差异进行归集，并编制会计分录如下：

借：制造费用　　　　　　　　　　　　　　　　　　　　　　　525 000
　　变动制造费用耗费差异　　　　　　　　　　　　　　　　　　19 800
　贷：原材料、应付职工薪酬等　　　　　　　　　　　　　　　　539 550
　　变动制造费用效率差异　　　　　　　　　　　　　　　　　　　5 250

记入"制造费用"账户借方的是变动制造费用的标准成本，记入原材料、应付职工薪酬等账户贷方的是变动制造费用的实际成本，两者的差异是变动制造费用效率差异和变动制造费用耗费差异，变动制造费用效率差异是节约差异，所以记入该账户的贷方，变动制造费用耗费差异是超支，因此记入该账户的借方。

（4）根据表 3-23、表 3-24、表 3-25、表 3-26 和表 3-27 中计算的数据资料，

对嘉瑞公司本月生产艾薇理疗仪的固定制造费用差异进行归集，并编制会计分录如下。

二因素分析方法下：

借：制造费用	300 000	
固定制造费用耗费差异	14 500	
固定制造费用能量差异	12 000	
贷：原材料、应付职工薪酬等		326 500

或者三因素分析法下：

借：制造费用	300 000	
固定制造费用耗费差异	14 500	
固定制造费用闲置能量差异	15 000	
贷：原材料、应付职工薪酬等		326 500
固定制造费用效率差异		3 000

原理同上。

（5）根据上述账务处理，按标准成本汇总并结转本月发生制造费用，编制分录如下：

借：基本生产成本——艾薇理疗仪	825 000	
贷：制造费用		825 000

（6）按标准成本结转本月完工的 500 件艾薇理疗仪的成本，编制分录如下：

借：库存商品——艾薇理疗仪	2 785 000	
贷：基本生产成本——艾薇理疗仪		2 785 000

其中：

$$\frac{500\text{ 件艾薇理疗仪}}{\text{标准成本}} = \frac{\text{直接材料}}{\text{标准成本}} + \frac{\text{直接人工}}{\text{标准成本}} + \frac{\text{制造费用}}{\text{标准成本}}$$

$$= 1\ 085\ 000 + 875\ 000 + (525\ 000 + 300\ 000)$$

$$= 2\ 785\ 000\ （元）$$

或者

$$500\text{ 件艾薇理疗仪标准成本} = \text{艾薇理疗仪单位产品标准成本} \times \text{实际产量}$$

$$= 5\ 570 \times 500 = 2\ 785\ 000\ （元）$$

（7）将全部标准成本差异转入本月"主营业务成本"账户。（固定制造费用假定按二因素分析法进行账务处理）。

借：主营业务成本	67 404
直接材料价格差异	2 846
直接人工效率差异	8 750
变动制造费用效率差异	5 250

贷：直接材料数量差异　　　　　　　　　　　　　　13 200

　　直接人工工资率差异　　　　　　　　　　　　　24 750

　　变动制造费用耗费差异　　　　　　　　　　　　19 800

　　固定制造费用耗费差异　　　　　　　　　　　　14 500

　　固定制造费用能量差异　　　　　　　　　　　　12 000

　　通过结转分录，月末各成本差异账户均无余额。将成本差异账户的余额全部转入"主营业务成本"账户，虽然账务处理比较简单，但如果差异较大，不仅使在产品和产成品成本严重脱离实际，而且也会对当月的利润影响加大，因此在成本差异不大时采用此法为宜；若存在的标准成本差异较大时，也可以按标准成本的比例在当月在产品、库存商品和销货成本（即主营业务成本）之间进行分配。

■ 【拓展小结】 ■

标准成本法的工作流程如图 3-5 所示。

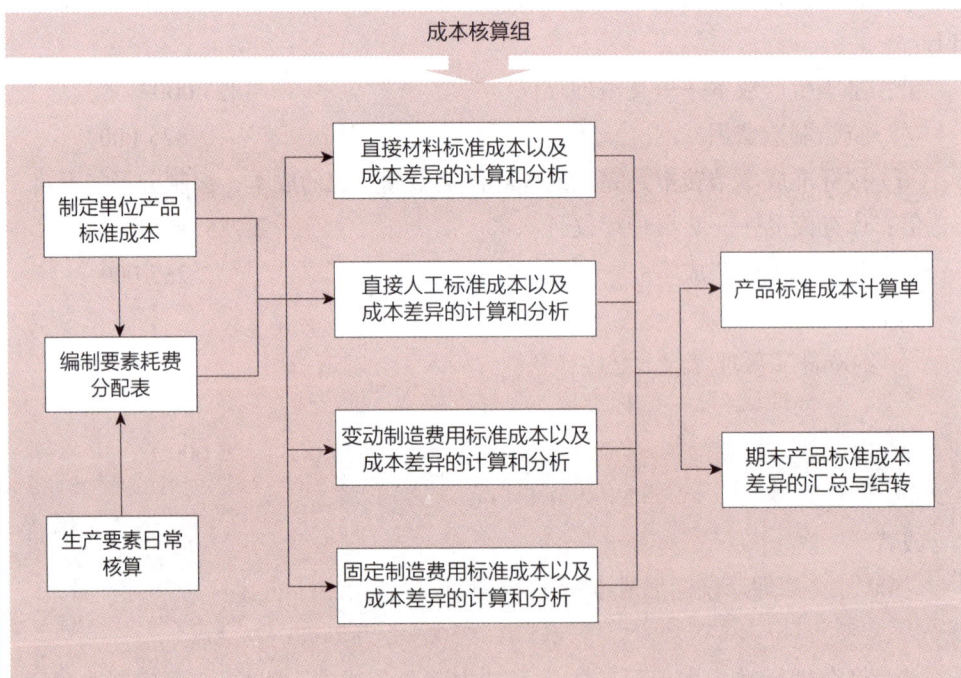

图 3-5　标准成本法的工作流程图

▌▌▌拓展篇 Ⅲ
——变动成本法及其应用

　　变动成本法的思想起源于 20 世纪 30 年代的美国，首篇专门论述直接成本的文章由美籍英国会计学家哈里斯撰写，刊载于 1936 年 1 月 15 日的《成本会计学会会刊》，文章追溯了 1934 年哈里斯在杜威·阿尔末化学公司设计"直接标准成本制造计划"时所发现的问题，当时公司销售量上升、收益反而下降的现象引起了哈里斯的关注，他发现问题的根源在于采用传统的完全成本法。据此资料，哈里斯对比新旧两种方法对营业利润的不同影响，揭示了直接成本法的优点。但是，当时并未受到社会上的应有关注，在实际工作中也很少被企业采用。

　　第二次世界大战后随着企业环境的改变，竞争的加剧，决策意识的增长，人们逐渐认识到传统的完全成本法提供的会计信息越来越不能满足企业内部管理的需要，必须重新认识变动成本法，充分发挥其积极作用。20 世纪 50 年代末，由于企业广泛实行预算管理、决策分析和预算控制，强烈要求会计部门提供与此相适应的成本资料，美国的一些会计师和经理又重新研究并开始在实务中试行变动成本法，从此，变动成本法开始受到人们的普遍重视。目前，变动成本法已经广泛应用于美国、日本、加拿大、澳大利亚和西欧各国的企业内部管理中，成为服务于企业管理的一种成本分析方法。变动成本法能够在成本—业务量—利润之间建立明确、直接的联系，为规划和控制企业的生产经营活动提供合理、准确的信息。同时，变动成本法可以较好地与标准成本法、弹性预算和责任会计等相结合，在企业计划、控制和日常经营活动中发挥积极的作用。

▌【理论概述】◤

　　变动成本法是相对传统的完全成本法而言的，又称为直接成本法或者边际成本法，是指在组织常规的产品成本计算过程中，以成本性态分析为前提，首先将成本按照成本性态分为变动成本和固定成本两大类，只将变动生产成本作为产品成本的构成内容，而将固定生产成本及非生产成本作为期间成本直接抵减当期损益的成本计算方法。

　　变动成本法的理论依据：在变动成本法下，产品成本是指在产品生产过程中发生的，与产品产量密切相关的，随产量的变动而变动的成本。据此，只有直接材料、直接人工和变动制造费用是在产品生产过程中发生的并随产量的变动而变动的成本，构成产品成本。固定制造费用是为企业提供一定的经营条件而发生的，它与产品产量的关系并不密切，在一定范围内，产量的变动与固定制造费用数额的多少无关；相反，固定制造费用与会计期间的关系更为密切，不同时期的经营条件不同，相应的固定制造费用的数额就有所不同。因此，固定制造费用不应计入产品成本，而应归属于会计期间，计入期间成本。

变动成本法具有以下主要特点：

（1）变动成本法以成本性态分析为基础，将成本区分为变动成本和固定成本。

（2）存货资产只包括直接生产成本（直接材料、直接人工和变动制造费用）。

（3）间接成本（包括固定性制造费用）全部视为期间费用，在当期收入中抵减。

（4）成本信息主要服务于企业内部管理。由于现行的企业会计准则和税收制度仍然要求以完全成本计算法为基础确定利润和对外报告，变动成本法并不能完全取代完全成本法。完全成本法适用于财务会计，主要对外提供会计信息；而变动成本法适用于成本管理和控制，主要对内提供决策信息，在一定程度上不严格受企业会计准则的约束。

完全成本法又称制造成本法，是指将所有的成本先按照经济用途区分为生产成本（制造成本）和非生产成本（非制造成本）两大类，然后将生产成本全部计入产品成本，非生产成本列为期间费用直接抵减当期损益的成本计算方法。前面案例篇所讲的产品成本核算的基本方法就是传统的完全成本法的成本计算，首先将成本按照经济用途分类，将一定时期内发生的所有生产耗费归属为产品成本，包括直接材料、直接人工和全部制造费用，其中制造费用不分变动制造费用和固定制造费用，而是全部计入产品成本，随产品的销售而得到补偿；未销售前不影响当期利润，作为存货记入资产负债表。将发生的非生产领域的耗费归为期间费用，称为非生产成本，包括销售费用、管理费用和财务费用，该部分费用和产品生产没有直接关系，不计入产品成本，直接计入当期损益。

变动成本法与传统的完全成本法的主要区别就在于对固定生产成本（固定制造费用）的处理方法不同，前者作为期间费用处理；后者作为产品成本的一部分，固定制造费用归属于产品，是产品成本的一部分。由此造成两种成本计算方法的产品成本组成不同，存货计价内容不同，当期的销售成本不同，从而使得两种方法得到的利润有时也会出现差异。

【案例导入】

华盛实业股份有限公司（以下简称"华盛公司"）生产一款工业专用 0.75 kW 的直流电机，2021 年是企业正式投产第 3 年，财会部门根据企业生产工艺的特点、管理的要求，严格按照企业会计准则有关规定，采用完全成本法计算相关成本资料，对外提供财务信息；同时，为了更好地进行成本管理和控制，内部也采用变动成本法计算产品成本，提供更为相关的内部成本信息。

▰【业务操作】▰

一、进行成本性态分析，划分变动成本和固定成本

变动成本法首先要求进行成本性态分析，通常是由会计部门会同采购、生产、技术、质量部门以及其他有关经营管理部门，在对企业生产经营的现状和具体条件进行分析、研究和技术测定的基础上，把全部成本划分为变动成本和固定成本两大部分。尤其是要把属于混合性质的制造费用按生产量分解为变动性制造费用和固定性制造费用两部分。

2021 年华盛公司全月生产 0.75 kW 的直流电机 8 000 台，当期销售 6 000 台，期末存货量 2 000 台，每台售价 500 元。下面以成本性态分析为基础，将生产经营活动中发生的成本区分为变动成本和固定成本，有关的业务量和成本资料见表 3-29。

表 3-29　　　　　　　　　　　华盛公司 2021 年产品生产经营数据

数量单位：件　　　　　　　　　　　　　　　　　　　　　　　　　　金额单位：元

存货及单价		成本项目	变动性	固定性	合计
期初存货量	0	直接材料	1 200 000		1 200 000
本期投产完工量	8 000	直接人工	600 000		600 000
本期销售量	6 000	制造费用	200 000	120 000	320 000
期末存货量	2 000	销售费用	60 000	80 000	140 000
销售单价	500	管理费用	80 000	120 000	200 000
		财务费用	0	60 000	60 000
总计	—		2 140 000	380 000	2 520 000

从表 3-29 中可以看出：在变动成本法下，华盛公司 2021 年首先把全部成本划分为变动性成本和固定性成本两大类。与业务量有关的变动性成本总额为 2 140 000 元，和业务量无关的固定性成本总额为 380 000 元。

如果按照传统的完全成本法计算产品成本，首先需要把全部成本按其发生的领域或经济用途分为生产成本和非生产成本，凡是在生产领域中为生产产品发生的成本就归于生产成本，凡是由于组织日常销售或进行日常行政管理而发生在流通和服务领域的成本则归属于非生产成本。表 3-29 中，按照完全成本法计算，属于生产成本的共计 2 120 000 元（1 200 000 + 600 000 + 320 000），非生产成本共计 400 000 元（140 000 + 200 000 + 60 000）。

二、确定产品成本及期间成本的构成内容

变动成本法下，产品成本只包括变动生产成本，固定生产成本和非生产成本则全部作为期间成本处理。

在完全成本法下，产品成本包括全部的生产成本，只有非生产成本才作为期间

成本处理。

变动成本法相对于完全成本法的区别可以通过列表的方式反映，见表 3-30。

表 3-30　　　变动成本法与完全成本法应用前提条件和成本构成内容的区别

标志		变动成本法	完全成本法
应用的前提条件		以成本性态为前提：将全部成本(费用)分为变动成本固定成本两大类	以成本按经济用途分类为前提：将全部成本(费用)分为生产成本和非生产成本
成本的构成内容	产品成本	变动生产成本 $\begin{cases} 直接材料 \\ 直接人工 \\ 变动制造费用 \end{cases}$	变动生产成本 $\begin{cases} 直接材料 \\ 直接人工 \\ 制造费用 \end{cases}$
	期间成本	变动非生产成本 $\begin{cases} 变动性销售费用 \\ 变动性管理费用 \\ 变动性财务费用 \end{cases}$ 固定成本 $\begin{cases} 固定生产成本(固定制造费用) \\ 固定性销售费用 \\ 固定性管理费用 \\ 固定性财务费用 \end{cases}$	非生产成本 $\begin{cases} 销售费用 \\ 管理费用 \\ 财务费用 \end{cases}$

依据表 3-29 的资料分别按变动成本法和完全成本法计算华盛公司 2021 年的产品成本和期间成本见表 3-31。

表 3-31　　　　　华盛公司 2021 年产品成本和期间成本计算表

金额单位：元

成本	项目	变动成本		完全成本法	
		总金额	单位金额	总金额	单位金额
产品成本(产量 8 000 件)	直接材料	1 200 000	150	1 200 000	150
	直接人工	600 000	75	600 000	75
	变动性制造费用	200 000	25	—	—
	制造费用	—	—	320 000	40
	合计	2 000 000	250	2 120 000	265
期间成本	固定生产成本	120 000	—		
	销售费用	140 000		140 000	
	管理费用	200 000		200 000	
	财务费用	60 000		60 000	
	合计	520 000	—	400 000	—

　　计算结果表明，变动成本法下确定的产品总成本为 2 000 000 元，单位成本 250 元，期间成本为 520 000 元。

　　若按照完全成本法计算的产品总成本为 2 120 000 元，单位成本 265 元，期间成本为 400 000 元。

　　两种产品成本计算方法相比较：① 变动成本法下的产品总成本 2 000 000 元比完全成本法下的产品总成本 2 120 000 元低 120 000 元，相应地变动成本法下的单位产品成本 250 元 / 件也比完全成本法下的单位成本 265 元 / 件低 15 元 / 件；② 变动成本法下的期间成本 520 000 元比完全成本法下的期间成本 400 000 要高 120 000 元。

　　从上述分析可以看出：变动成本法确定的产品总成本和单位成本要比完全成本法下的相应成本金额低，而变动成本法下确定的期间成本却高于完全成本法。这种差异来自两种成本计算方法对固定型制造费用的不同处理方法，而它们共同的期间成本是销售费用、管理费用和财务费用。

三、计算存货成本和销货成本

　　变动成本法下，不论在产品、产成品还是已经售出产品，其成本组成内容中制造费用部分只包含变动性制造费用，期末存货的计价中制造费用也仅包括变动性制造费用，而固定性制造费用作为固定成本，在发生当期直接抵减当期损益。即：

在产品、产成品存货价值 = 直接材料 + 直接人工 + 变动性制造费用
= 变动成本

　　完全成本法下，不论在产品、产成品还是已经售出产品，其成本组成内容中制造费用部分既包括变动性制造费用也包括固定性制造费用，期末存货计价相应也包括变动制造费用和固定制造费用。即：

在产品、产成品存货价值 = 制造成本 = 直接材料 + 直接人工 + 制造费用
= 直接材料 + 直接人工 + 变动制造的费用 +
固定制造费用
= 变动成本 + 固定制造费用

　　当期末存货不为零时，在变动成本法下，由于固定生产成本被作为期间成本计入当期损益，便不可能转化期末存货成本或当期销货成本；而在完全成本法下，固定生产成本被计入产品成本，并要在存货和销货之间进行分配，使得一部分固定生产成本被期末存货吸收递延到下期，另一部分固定生产成本随着产品售出结转为销货成本被计入当期损益，这就导致两种方法下所计算的期末存货成本以及当期销货成本的不同。

　　依据表 3-29 中的相关资料，2021 年华盛公司全年生产 0.75 kW 的直流电机 8 000 台，当期销售 6 000 台，期末存货量 2 000 台，有关的业务量和成本资料见表 3-32。

表 3–32　　　　　华盛公司 2021 年产品销货成本和存货成本计算分析表

金额单位：元

序号	项目	变动成本法	完全成本法	差额
①	期初存货成本	0	0	0
②	本期产品成本	2 000 000	2 120 000	−120 000
③=①+②	可供销售产品成本合计	2 000 000	2 120 000	−120 000
④	单位产品成本	250	265	−15
⑤	期末存货量 / 台	2 000	2 000	0
⑥=④×⑤	期末存货成本	500 000	530 000	−30 000
⑦=③−⑥	本期销货成本	1 500 000	1 590 000	−90 000

变动成本法下期末存货成本全部由变动生产成本构成，金额为 500 000 元；同理，销货成本也全部由变动生产成本组成，金额为 1 500 000 元。

完全成本法下，期末存货成本为 530 000 元，除了包括 500 000 元的变动生产成本，还包括 30 000 元（15×2 000）固定生产成本，从而导致了完全成本法下的期末存货成本比变动成本法下的存货成本高 30 000 元；同理，完全成本法下的本期销货成本中包括 1 500 000 元的变动生产成本和 90 000 元（15×6 000）固定生产成本，由此导致以完全成本法计算的销货成本比变动成本法下计算的销货成本高 90 000 元。

总之，两种成本计算方法的差异，是因为变动成本法下 120 000 元的固定生产成本全部计入了当期的期间成本；而完全成本法下，120 000 元的固定生产成本计入了产品成本，其中 30 000 元计入了期末存货成本，90 000 元销售后结转为当期销货成本。

四、计算营业利润

由于在变动成本法和完全成本法下，产品成本、期间成本、存货成本和销货成本的构成内容不同，营业利润的计量程序和计算结果也出现不同。

变动成本法下，营业利润是按贡献式损益确定程序进行计量；完全成本法下，则必须按照会计准则规定的传统式损益确定程序计量营业利润。

贡献式损益确定程序是指在变动成本法的损益计量过程中，基于成本性态分析，首先将成本划分为变动成本和固定成本，将销售收入减去变动成本（包括变动性销售费用和管理费用），得出企业的边际贡献，然后由边际贡献再减去固定成本（包括固定性销售费用、固定性管理费用和固定性制造费用），从而得出企业的息税前利润，即营业利润。

变动成本法下营业利润应按照下列步骤和公式计算：

1. 计算边际贡献总额

边际贡献总额 = 营业收入总额 – 变动成本总额

　　　　　　 = 销售单价 × 销售量 – 单位变动成本 × 销售量

　　　　　　 =（销售单价 – 单位变动成本）× 销售量

2. 计算当期营业利润

　　　　　　　营业利润 = 边际贡献总额 – 固定成本总额

其中：

　变动成本 = 本期销货成本（已销产品的变动生产成本）+ 变动非生产成本

　　　　　 = 单位变动生产成本 × 销售量 + 单位变动非生产成本 × 销售量

　　　　　 = 单位变动成本 × 销售量

固定成本 = 固定生产成本 + 固定非生产成本

沿用前述表 3–29 ~ 表 3–31 的相关资料，按贡献式损益确定程序计算华盛公司 2021 年当期营业利润：

变动成本总额 = 本期销货成本 + 变动非生产成本

　　　　　　 = 1 500 000 +（60 000 + 80 000）= 1 640 000（元）

营业收入总额 = 销售单价 × 销售量 = 500 × 6 000 = 3 000 000（元）

固定成本总额 = 120 000 + 80 000 + 120 000 + 60 000 = 380 000（元）

边际贡献总额 = 营业收入总额 – 变动成本总额

　　　　　　 = 3 000 000 – 1 640 000 = 1 360 000（元）

营业利润 = 边际贡献总额 – 固定成本总额

　　　　 = 1 360 000 – 380 000 = 980 000（元）

在完全成本法的传统式损益确定程序下，营业利润应按下列步骤和公式计算：

1. 计算营业毛利总额

营业毛利 = 营业收入总额 – 营业成本总额

2. 计算当期营业利润

营业利润 = 营业毛利总额 – 期间费用（包括全部销售费用、

　　　　　 管理费用和财务费用）

其中：

营业收入 = 销售单价 × 销售量

营业成本 = 本期销货成本（完全生产成本）

　　　　 = 期初存货成本 + 本期发生的生产成本 – 期末存货成本

期间费用 = 非生产成本 = 销售费用 + 管理费用 + 财务费用

仍然沿用前述表 3–29 ~ 表 3–31 的相关资料，按传统的完全成本法损益确定程序计算华盛公司 2021 年当期营业利润：

营业收入总额 = 销售单价 × 销售量 = 500 × 6 000 = 3 000 000（元）

营业成本总额 = 本期销货成本（完全生产成本）= 1 590 000（元）

期间费用 = 非生产成本 = 销售费用 + 管理费用 + 财务费用

　　　　 = 140 000 + 200 000 + 60 000 = 400 000（元）

营业毛利 = 营业收入总额 – 营业成本总额 = 3 000 000 – 1 590 000

　　　　 = 1 410 000（元）

营业利润 = 营业毛利总额 – 期间费用

　　　　 = 1 410 000 – 400 000 = 1 010 000（元）

从上面营业利润的计算结果可以看出：在华盛公司 2021 年无期初存货，当期生产产品 8 000 件，销售产品 6 000 件，期末库存 2 000 件的情况下，根据前述表 3-29 ~ 表 3-31 的相关资料，分别采用变动成本法和完全成本法计算营业利润，变动成本法下的营业利润 980 000 元比完全成本法下的营业利润 1 010 000 元少 30 000 元。其根本区别在于：在期初存货为 0，即不考虑期初存货的情况下，两种方法下期末存货计价不同，变动成本法下期末存货不包含固定制造费用，其金额为 500 000 元；而完全成本法下期末存货包含 30 000 元 [120 000 × (2 000 ÷ 8 000)] 的固定制造费用，其金额为 530 000 元。

总之，在期初没有存货情况下，当期为生产产品所发生的所有生产成本和非生产成本，除期末存货之外均计入当期损益，在收入不变的情况下，两种方法下营业利润的差额，也就是期末存货的差额，即变动成本法期末存货比完全成本法下少 30 000 元的固定制造费用，那么计入当期损益抵减营业利润的总成本就比完全成本法高 30 000 元，导致变动成本法计算出的营业利润比完全成本法少 30 000 元。

如果从一个动态的角度观察分析一个企业较长时期内分别按变动成本法和完全成本法确定的营业利润有时会出现差异。其基本规律如下：

（1）如果在完全成本法下期末存货包含的固定生产成本大于期初存货包含的固定生产成本，则完全成本法下的营业利润大于变动成本法下的营业利润，差额就是期末存货中的固定生产成本与期初存货中的固定生产成本之差。

（2）如果在完全成本法下期末存货包含的固定生产成本等于期初存货包含的固定生产成本，则两种方法下计算出来的营业利润相等。

（3）如果在完全成本法下期末存货包含的固定生产成本小于期初存货包含的固定生产成本，则完全成本法下计算出来的营业利润小于变动成本法下的营业利润，差额即为期末存货中的固定生产成本小于期初存货中固定生产成本的金额。

五、编制利润表

由于变动成本法下损益的确定程序与完全成本法不同，使得他们所使用的利润表格式存在一定的差别，变动成本法使用贡献式利润表，完全成本法使用传统式利润表。

以前述华盛公司 2021 年的相关经营资料分别按两种方法编制利润表，见表 3-33。

表 3-33　　　　　　　　　　两种成本法的利润表格式

金额单位：万元

| 贡献式利润表 | | | | 传统式利润表（完全成本法） | |
标准式		变通式			
营业收入	3 000 000	营业收入	3 000 000	营业收入	3 000 000
减：变动成本		减：变动生产成本	1 500 000	减：营业成本	
变动生产成本	1 500 000	生产阶段边际贡献	1 500 000	期初存货成本	0
变动销售费用	60 000	减：变动非生产成本	140 000	本期生产成本	2 120 000
变动管理费用	80 000	销售阶段边际贡献	1 360 000	可供销售产品成本	2 120 000
变动成本合计	1 640 000	减：固定成本		期末存货成本	530 000
边际贡献总额	1 360 000	固定生产成本	120 000	营业成本合计	1 590 000
减：固定成本		固定销售费用	80 000	营业毛利	1 410 000
固定生产成本	120 000	固定管理费用	120 000	减：期间费用	
固定销售成本	80 000	固定财务费用	60 000	销售费用	140 000
固定管理费用	120 000	固定成本合计	380 000	管理费用	200 000
固定财务费用	60 000			财务费用	60 000
固定成本合计	380 000			期间费用合计	400 000
营业利润	980 000	营业利润	980 000	营业利润	1 010 000

（一）变动成本法的两种贡献式利润表格式的异同

（1）对销售费用、管理费用的补偿顺序不同。在标准式利润表中，属于混合成本的销售费用和管理费用是按其性态分别处理的。其中，变动部分作为变动成本的一个组成部分，在计算边际贡献前扣除，固定部分则在边际贡献后扣除；在变通式利润表中，按销售量计算的变动生产成本与变动性非生产成本分开了，这样可以分别计算出生产阶段和销售阶段的边际贡献。

（2）尽管非生产成本在贡献式利润表中被扣除的位置不同，但它们都属于期间成本的性质。

（3）两种格式，都能够反映"边际贡献"这个中间指标。

（4）两种格式，计算出来的当期营业利润都相同。

（二）贡献式利润表和传统式利润表格式上的异同

（1）两种利润表中的营业收入相同。

（2）本期发生的销售费用、管理费用和财务费用都被全额记入当期的利润表，但在记入两种利润表的位置和补偿的途径方面存在形式上的区别。

（3）两种成本法的利润表所提供的中间指标不同。贡献式利润表的中间指标是"边际贡献"；传统式利润表的中间指标是"营业毛利"指标，这两个指标的意义和作用是完全不一样的。

六、对完全成本法和变动成本法的评价

（一）对完全成本法的评价

典型的完全成本法形成于 19 世纪，它是适应企业内部事后将间接成本分配给各种产品，反映生产产品发生的全部资金耗费，确定产品实际成本和损益，满足对外提供报表的需要而产生的。

完全成本法的优点：

1. 刺激企业加速发展生产的积极性

按照完全成本法，产量越大，则单位固定成本就越低，从而整个单位产品成本也随之减低，超额利润也越大，在客观上会刺激生产的发展。

2. 符合传统的成本概念，有利于企业编制对外报表

完全成本法得到公认会计准则的认可和支持，它提供的信息能够揭示外界公认的成本与产品在质的方面的归属关系，因而能广泛地被外界接受，便于企业编制对外财务报表，是财务会计核算中确定企业盈亏的重要依据。

完全成本法的缺点：

1. 固定生产成本的分配具有主观随意性

完全成本法将固定性生产成本（固定制造费用）计入产品成本，由于固定性生产成本需要先将当期发生的成本费用进行归集后再进行分配，由于分配标准的多样性，不少分配标准与固定生产成本的发生缺乏严格的因果关系，选择何种分配标准也具有一定程度的主观性，这些都会影响产品成本计算的准确性。

2. 不利于管理层理解当期损益

在完全成本法下，只要增加产量，就可以降低单位产品负担的固定性生产成本（固定制造费用），进而降低单位产品成本。按照完全成本法下成本计算方法确定的利润受到存货变动的影响，即使每年销售量相同，利润也可能明显不同，甚至出现销售多而利润少，销售少反而利润多的不合理现象，因此，很多时候完全成本法所确定的营业利润难以被管理层理解。

3. 完全成本法下确定的营业利润不能客观地评价管理人员的业绩

如按照完全成本法确定利润，企业为了完成或超额完成当年的利润目标，通过增加产量也可以实现利润的增长，因为产品成本中的固定生产成本，随着期末存货结转到下一个年度，从而减少了本年的成本费用。所以完全成本法是一种"重生产、轻销售"的成本计算方法，与企业的经营原则相矛盾，会对企业的销售业绩产生错误评价，严重抹杀销售部门扩大产品销售业绩的积极性。

（二）变动成本法的评价

解决完全成本法带来的不合理现象的办法就是放弃将固定生产成本在存货和销售之间的分配，让固定生产成本作为期间成本，全部在当年计入当期损益，即产生了变动成本法的思想。

变动成本法的优点：

1. 促使企业管理当局注重市场销售，防止企业盲目生产

变动成本法能够如实地反映利润和销售量之间的正常关系，使利润真正成为反映企业经营状况的晴雨表，有助于企业管理者重视市场销售，研究市场动态、扩展销路、实现以销定产，防止因盲目生产带来的产品大量积压，提高企业的经济效益。

2. 可以提供有用的成本信息，便于进行科学的成本分析

按变动成本法计算的单位产品成本，不包括固定生产成本，使得产品成本不受固定成本和产量的影响，这便于成本预测和成本控制采用更为科学的方法。

一般情况下，产销量的变化和成本控制工作的好坏，是引起成本总额升降的两个主要因素。变动成本法产品的单位成本只包括变动生产成本，而单位变动成本和固定成本总额一般不受产销量变动的影响，其金额的变动往往是成本控制工作的原因引起的，这样就把产销量变动引起的成本升降同成本控制工作好坏导致的成本升降区分开来，有利于进行科学的成本分析。

3. 有利于企业正确地进行短期决策和加强成本管理和控制

企业的短期决策一般不同于长期决策，这种决策一般不考虑生产经营能力的因素，它最关心的是成本、产量、销售量和营业利润之间的依存关系，而变动成本计算法正好可提供这些信息。

由变动成本法提供的成本信息，有利于采用科学的成本控制方法。一般固定成本的发生和产量之间没有直接的因果关系，其成本控制应以总额控制为目标，一般采用固定预算控制；而变动成本总额随产量的变动而变动，其成本控制的方向应该是单位成本的消耗，一般通过制定标准成本和弹性预算来控制。

4. 便于企业正确进行不同期间和不同部门的业绩评价

首先，变动成本法便于正确评价不同期间的经营业绩。完全成本法下，如果本期的生产能力得不到充分利用，单位成本就随产量的下降而上升，当其中部分产品转入下期销售时，这种损失还会部分转嫁到下期，从而减少下期利润；反之，则会增加下期的利润。这使得盈亏不能科学反映当期的工作成果。而变动成本法下，由于单位产品成本只包括变动成本，而固定生产和非生产成本都计入当期损益，就不会出现这种反常情况。

其次，变动成本法下成本的核算分别提供了变动生产成本、固定生产成本、变动非生产成本和固定非生产成本，这便于确定成本的责任归属，分清各部门的经济

责任。通常，变动生产成本的高低，可以反映出生产部门和采购部门的工作业绩；固定生产成本的发生和生产过程没有直接的联系，而应由管理部门负责；变动的非生产成本通常应由负责销售工作的部门承担；固定非生产成本则应由管理部门负责。

5. 简化成本计算，避免固定成本分摊中的主观随意性

变动成本法把固定成本列为期间成本，从贡献毛利总额中一次扣除，这样就大大简化了将固定生产成本计入产品成本时的成本分摊工作，从而减少了有分摊标准的多样性带来的主观随意性，简化了成本核算，增加了成本信息的客观性和可靠性。

变动成本法的缺点：

1. 成本计算观念不符合财务会计报告的要求

按照各国财务会计准则要求，产品成本是指生产过程中发生的全部成本，应该包括固定性制造费用，因为无论成本是变动的还是固定的，都是生产过程中企业资源的耗费，都是存货成本的构成部分。因此对会计要素的确认、计量和报告，按照企业会计准则的规定，只能采用完全成本法。

2. 不能适应长期决策的需要

变动成本法建立在成本性态分析的基础上，以相关范围内固定成本和单位变动成本固定不变为前提条件，这在短期内是成立的；但成本性态受许多因素影响，不可能长期不变。从长期来看，企业生产能力的增加、减少以及生产经营规模的扩大或缩小，必然会打破相关范围的假定，变动成本和固定成本不可能长期保持不变，这样就会导致变动成本法提供的资料不能满足长期决策的需要。

3. 变动成本法会影响有关方面的利益

从长期看，完全成本法和变动成本法计算的各期利润之和是一样的。产销不均衡对企业而言是一种常见的现象，而目前国内外的财务会计都采用完全成本法，如果从完全成本法改为变动成本法，就要将存货中的固定制造费用剔除，作为当期费用处理，减少当期利润，使得变动成本法下的利润不同于完全成本法下计算出的当期利润，进而影响到征税机关的所得税收入和投资者的股利收入。

【拓展小结】

变动成本法的工作流程如图 3-6 所示。

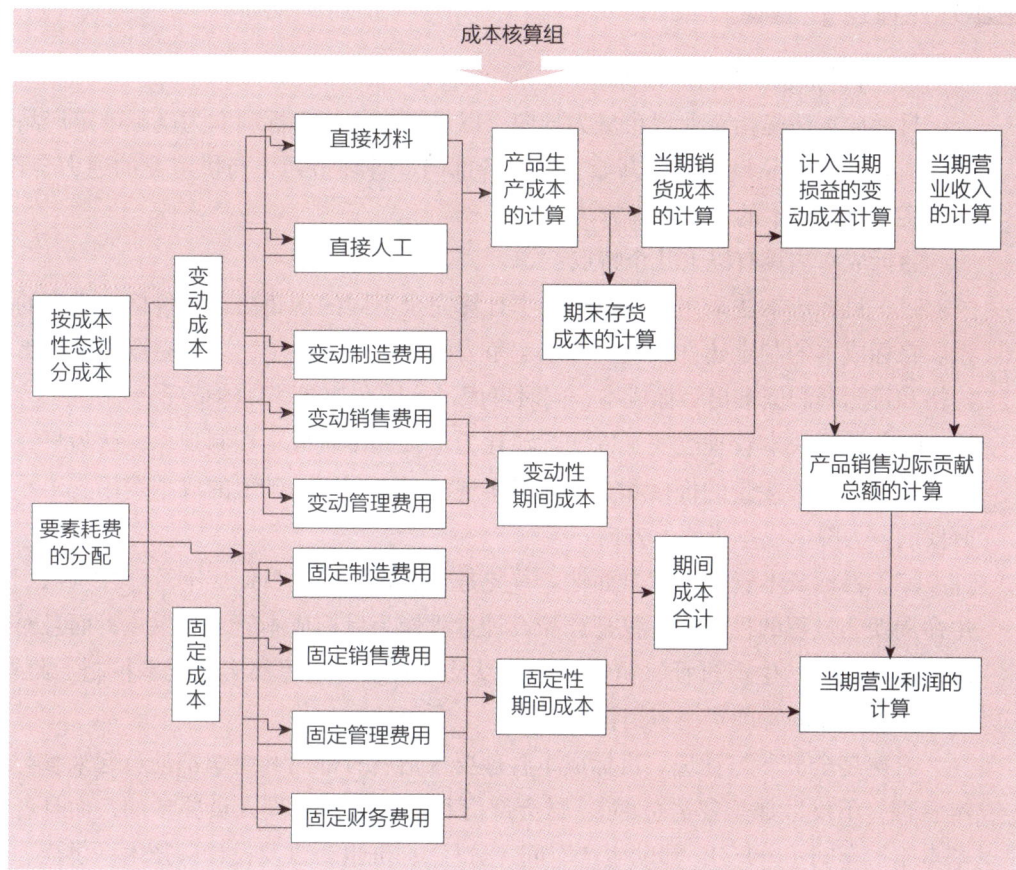

图 3-6　变动成本法的工作流程图

拓展篇Ⅳ
——目标成本法及其应用

以高质量的产品和服务满足消费者的需求，向员工提供良好的工作环境，实现财务上的成功以及社会价值等，这些都是企业的经营目标。从长远看，财务上的成功取决于企业能否有足够的利润供其发展、再投资，进而实现资金持续、高效、良性循环。如果市场上仅有少量的竞争者，同时需求旺盛且大于供给，企业可以轻易地根据其成本确定价格，以获取足够的利润；然而，随着竞争的加剧以及供给者逐渐加入该行业，供给超出了需求，市场本身的力量在价格决定中愈发起到关键作用。企业必须对成本进行管理，以便在现行的市价下维持适度的利润水平，同时实现企业特定的市场战略。

■【理论概述】◣◢

一、目标成本法的基本原理

目标成本法是指企业以市场为导向，以目标售价和目标利润为基础确定产品的目标成本，从产品设计阶段开始，通过各部门、各环节乃至与供应商的通力合作，共同实现目标成本的成本管理方法。

目标成本法具有以下几个特点：

（1）目标成本法采用了与以往成本计算完全不同的视角去审视价格与成本的关系。目标成本的制定建立在极具市场竞争力的售价基础之上，以具有竞争性的市场价格和目标利润倒推出目标成本，同时考虑了品质和功能等具体情况。

（2）目标成本管理改变了以实际消耗为基础的传统成本控制观念，认为只有建立在消费者能够接受的价格和企业能够实现的目标利润基础上的成本费用支出才是必要的，为降低成本指明了方向。

（3）目标成本管理具有全面性。首先是全过程管理。目标成本管理强调对产品生命周期全过程的控制。不仅把产品设计过程作为目标成本管理的重点，而且对产品的供应过程、生产过程、销售过程，以及售后服务过程都实施成本控制。此外，还要控制企业的管理费用和销售费用等。

其次是全员参与管理。目标成本管理要求把所有部门和组织都动员起来参与成本管理，不仅厂部（公司总部）、财会部门和专职成本管理人员要参加，而且各个基本生产车间（分厂）、辅助生产车间（分厂）、班组，以及设计、技术、供应、销售、总务、后勤等部门也要参与。在各职能部门和生产环节，建立起成本责任中心，做到对各自责任范围内的耗费进行控制，以实现全面的成本控制。

目标成本管理必须依靠企业的全体员工共同进行，从厂长经理、各级管理人员、技术人员到一线工人，只有每位员工都重视关心成本，让每个员工在明确责任的基础上积极主动控制自己的成本和费用，才能使目标收到预期效果，这也要求企业关注员工成长，以人为本，凝心聚力，不断提高员工协同高效完成有关指标和任务的能力。此外，目标成本控制还十分注重与外部供应商的协调配合，促进有关方面参与企业的成本管理。

（4）目标成本控制具有预见性和科学性。目标成本控制改变了以事后控制为基础的传统成本控制观念，将事前控制、事中控制和事后控制有机结合起来，具有预见性；同时，目标成本控制是以客观数据为基础，选择合理的控制方法，采取切实可行的手段进行的成本控制，具有科学性。

（5）责、权、利相结合的日常控制。目标成本管理是一种激励型的管理，它以成本目标来统一人们的行为机制，把目标的确定、实施、实现的过程与责、权、利的划分结合起来，以责任为压力，以利益为驱动，以权限为条件，促使人们齐心协力去实现成本降低、效益提高的目标。

二、目标成本实施的一般步骤

（一）日本企业目标成本的实施方法

日本各企业在实施目标成本的过程中，虽然方法、形态各异，但都有一个共同的过程，这个过程可以抽象概括为：设定目标成本—分解—达成—判定是否达到目标—再设定—再分解—再达成……这是一个多重循环的"挤压"式降低成本的方法，每次循环都是对成本的一次"挤压"。通过各种相应的措施，逐层逐次不断"挤压"来达到降低成本的目的，指导目标实现。

（二）我国企业目标成本的实施步骤

我国企业在长期推行目标成本的实践中总结概括出的基本步骤如下：

1. 以市场为导向，生产制造出满足顾客需要的产品，逐渐创造企业品牌和核心竞争力

2. 制定目标成本

首先，根据市场情况确定具有竞争性的市场价格；其次，根据企业的总体规划和奋斗目标确定目标利润；最后，根据市场价格和目标利润，倒推出目标成本。

3. 分解目标成本

进行目标成本管理和控制，需要将目标成本分解为小目标，落实到各职能部门、各个车间、各班组，以至每个员工，这样对目标成本进行层层分解，建立起完善的经济责任制，实现全员、全过程的成本控制。

此外，从时间上看，目标成本还可以按照时间序列或期间进行分解，分解后形成一个用时间单位或期间表示的目标体系，主要有年度目标成本、季度目标成本，以及月度目标成本等。

4. 实施目标成本

在降低成本的措施中，以推行"成本工程""价值工程"，进行技术改造与革新为中心，加之采取强化管理、开源节流等各项节约降耗措施，围绕目标，层层降低成本。

5. 考核、评价目标成本的执行情况

对目标成本的实施情况建立有效的激励约束机制，奖惩挂钩，促进目标成本的实现。

产品实际销售后，追踪调查客户满意度和市场反映情况，将所有反馈信息收集起来，用于产品的财务目标和非财务目标完成情况的考核；同时，经过与企业目标生产情况的比较分析，对目标成本的执行过程进行考核与评价，可以查明实际成本与目标成本之间的差异，并借以说明目标成本的可行性和先进性，以及企业经营管理水平和技术发展的趋势。

　　目标成本控制是一个动态的不断发展的成本控制方法，当一个目标达到后，必然面临着一个新目标的制定、分解、落实、执行，以及考核与评价，如此不断循环，使成本控制不断进步和完善，因此成本管理和控制对任何一个企业来说，都是经营管理的重要主题。

【案例导入】

　　恒祥股份有限公司（以下简称"恒祥公司"）是一家生产洗衣机的企业，主要生产甲型洗衣机、乙型洗衣机、丙型洗衣机三个系列的产品。由于现行洗衣机市场竞争激烈，为了更好地进行成本管理和控制，提高企业的经济效益，决定在全公司范围内实施目标成本管理制度，在满足消费者需求的宗旨下，努力降低产品成本。

【业务操作】

一、制定目标成本

　　目标成本的制定是目标成本控制的起点和核心，目标成本制定的合理性和科学性直接影响到目标成本控制的有效性。企业高层管理人员应根据大量、准确、及时的市场调研信息和情报进行认真的研究分析，结合企业的实际情况，采用以下方法制定目标成本：

1. 公式法

　　公式法是根据目标成本的计算公式确定目标成本的方法，一般用于新产品目标成本的制定。由于消费者可以接受的价格及销售数量不可能预测得十分准确，所以公式法制定目标成本时，应把目标成本和产品的设计成本联系起来，用目标成本校正设计成本，用设计成本调整目标成本。

$$目标成本 = \frac{有竞争能力的市场价格}{目前的销售价格} \times 实际成本$$

2. 对比法

　　对比法是指根据本企业与先进企业成本水平的比较，来确定目标成本的方法，主要适用于老产品。对比标准可以是国内外同种产品的先进成本水平或历史最好水平，也可以是按平均先进水平制定的标准成本、定额成本。

3. 回归法

　　回归法也称回归分析法，适用于系列产品目标成本的确定。系列产品中各规格产品的成本与某种功能特性或技术参数有一定的线性关系，根据线性关系，可以预测出新产品的成本，然后根据功能设计予以修正，就可以确定目标成本。

　　回归法的基本原理是：在 $y = a + bx$ 中，只要计算确定单位变动成本 b 和固定成

本 a，则在一定业务量 x 下的目标成本 y 就可以确定。a 和 b 的计算公式如下：

$$\begin{cases} a = \bar{y} - b \cdot \bar{x} \\ b = \dfrac{\sum x_i y_i - \bar{x} \sum y_i}{\sum x_i^2 - \bar{x} \sum x_i} \end{cases}$$

4. 倒算法

倒算法是指以产品销售收入减去产品销售税金及附加和目标利润来制定目标成本的方法。其公式如下：

$$目标成本 = 产品预计销售收入 - 税金 - 目标利润$$

$$单位产品目标成本 = 产品预计单价 \times (1 - 产品税率) - \frac{目标利润}{预计销售数量}$$

目前，实践中采用的方法主要是倒算法，下面主要用倒算法来说明目标成本的测定。

上述倒算法的公式推导中，产品的预计销售收入一般是根据竞争性的市场价格和预计的销售量来决定的，通过搜集国内外同类产品的各种市场信息和比价资料来制定。

税率通常是指消费税税率、城市维护建设税和教育费附加的比率，这一比率可以通过计算得出。

目标利润的确定一般采用以下三种方式：①用国内外同行业的和本企业同种或同类产品销售利润率乘以产品的预计销售收入求得；②用国内外和本企业同种或同类产品的成本利润率乘以目标成本求得；③可以根据企业上年度已经实现的利润，结合计划年度的奋斗目标直接制定出目标成本。

2021 年恒祥公司生产甲型洗衣机、乙型洗衣机、丙型洗衣机三个系列的产品，面对竞争日趋激烈的洗衣机市场，2021 年年初，通过对大量、及时的情报资料的研究分析，公司管理层预计 2021 年的洗衣机市场价格相比 2020 年会有大幅的下跌，为了稳定已有的市场占有份额，对本企业销售的三个洗衣机系列实施相应的降价营销策略，同时根据企业的利润目标，制定了相应的目标成本（暂不考虑相关税金）。

（1）确定市场价格。根据对市场情况的研究分析，预计在销售量不变的情况下，洗衣机的市场价格会下跌 15%，2021 年预计销售资料如表 3–34 所示。

（2）确定目标利润。2020 年恒祥公司实现利润总额为 2 107 万元，根据目前的市场行情和公司的战略规划以及近期经营目标，公司高层领导和管理部门共同研究决定 2021 年要确保利润总额不低于 2020 年的利润总额，2021 年目标利润定为 2 120 万元。

表 3-34　　　　　　　　　　恒祥公司 2020—2021 年销售资料

类型	2020 年		2021 年	
	销售量/台	销售额/万元	销售量/台	销售额/万元
甲型洗衣机	18 000	8 100	18 000	6 885
乙型洗衣机	13 000	4 680	13 000	3 978
丙型洗衣机	12 000	3 960	12 000	3 366
合计		16 740		14 229

（3）确定目标成本。采用倒算法来计算目标成本，为了便于分析，本例中暂不考虑相关税金，所以目标成本的计算公式可以简化为：

$$目标成本 = 产品预计销售收入 - 目标利润$$

$$单位产品目标成本 = 产品预计单价 - \frac{目标利润}{预计销售数量}$$

恒祥公司 2021 年的目标总成本为：

$$目标总成本 = 14\ 229 - 2\ 120 = 12\ 109（万元）$$

二、分解目标成本

分解目标成本是指以制定的目标成本为基础，把企业的目标成本采用一定的方式，科学合理地划分、分解为一个个小目标，下达到各职能部门、生产车间和生产班组及每个员工，明确他们各自所承担的成本责任，建立成本责任分工体系。

恒祥公司实行目标成本之前都是按部门来归集成本和费用的，这就为目标成本的分解创造了条件。为将成本控制在目标之内，2021 年各项目标成本和费用都是以 2020 年的部门成本费用为基础，考虑到目标年度各项因素的变化而制定的，即生产成本在 2020 年的基础上直接材料减少 20%，直接人工减少 10%，制造费用减少 15%；期间费用在 2020 年的基础上管理费用减少 16%，销售费用和财务费用分别减少 10%。具体资料见表 3-35。

表 3-35　　　　　　　　　　恒祥公司 2020—2021 年成本资料

金额单位：万元

项目	2020 年	2021 年	项目	2020 年	2021 年
生产成本：			期间费用：		
直接材料	8 370	6 696	管理费用	1 633	1 371.55
直接人工	1 841	1 656.90	销售费用	204	183.60
制造费用	2 511	2 134.35	财务费用	74	66.60

（一）直接材料目标成本分解

从表 3-35 可知，恒祥公司 2020 年直接材料成本为 8 370 万元，假设 2021 年生产的产品种类与 2020 年相同，并且销量相同，则按 20% 的比例降低后，2021 年的直接材料成本为 6 696 万元，直接材料目标成本分解如表 3-36 所示。

表 3-36　　　　　　　　　　直接材料目标成本分解

单位：万元

类型	2020 年	2021 年
甲型洗衣机	4 050	3 240
乙型洗衣机	2 340	1 872
丙型洗衣机	1 980	1 584
合计	8 370	6 696

具体在材料成本的降低过程中，并非每种材料成本都要在 2020 年的基础上减少 20%，只要总体上达到此减幅即可，因为构成同一产品的各种材料都是从不同的供应商处采购的，必然有的材料降价空间大，有的材料降价空间小。在总目标不变的前提下，不同材料的降价幅度可由采购部门自行掌握，这符合责权利相结合的原则，可以调动采购部门完成材料目标成本的积极性和创造性。采购部门必须想方设法将材料的采购成本控制在目标之内。

（二）直接人工目标成本的分解

由于工资项目具有相对刚性的特点，恒祥公司 2021 年直接人工总目标成本在 2020 年的基础上减少的相对幅度小于直接材料和制造费用，减少幅度为 10%。通过提高劳动效率降低单位产品的生产工时来降低人工费用。即由 2020 年的 1 841 万元减少到 2021 年的 1 656.9 万元。直接人工目标成本分解见表 3-37。

表 3-37　　　　　　　　　　直接人工目标成本分解

单位：万元

类型	2020 年	2021 年
甲型洗衣机	891	801.90
乙型洗衣机	515	463.50
丙型洗衣机	435	391.50
合计	1 841	1 656.90

（三）制造费用目标成本的分解

恒祥公司 2021 年制造费用目标成本在 2020 年的基础上下降 15%，即 2020 年制造费用为 2 511 万元，2021 年制造费用的目标成本为 2 134.35 万元。制造费用目标成本分解见表 3-38。

表 3-38　　　　　　　　　　　　　　制造费用目标成本分解

单位：万元

车间	2020 年	2021 年
注塑车间	904	768.40
钣金车间	854	725.90
组装车间	502	426.70
包装车间	251	213.35
合计	2 511	2 134.35

在保证实现制造费用目标总额的基础上，上述各个车间有权将各自的制造费用目标成本分解至各班组和个人，形成班组和个人的目标和责任，并制定出保障目标实施的措施。

（四）期间费用目标成本的分解

期间费用目标成本的分解见表 3-39。

表 3-39　　　　　　　　　　　　　　目标期间费用分解

单位：万元

部门	管理费用		销售费用		财务费用	
	2020 年	2021 年	2020 年	2021 年	2020 年	2021 年
市场开发部	49	41.16	204	183.60		
仓储部	131	110.04				
采购供应部	196	164.64				
计划生产部	310	260.40				
产品研发部	278	233.52				
技术质检部	245	205.80				
办公室	163	136.92				
人事劳资部	139	116.76				
财务部	122	102.31			74	66.60
合计	1 633	1 371.55	204	183.60	74	66.60

恒祥公司的期间费用有管理费用、销售费用和财务费用三种。期间费用在日常核算中是按照部门归集的，哪个部门受益，费用就归集到哪个部门，对于不能直接分清受益对象的费用或多个部门共同受益的期间费用，则归集到有权控制该项费用的部门。期间费用在 2020 年的基础上管理费用减少了 16%，销售费用和财务费用分别减少了 10%。

三、实施目标成本

实施目标成本是指在制定目标成本以及分解目标成本的基础上，对成本形成的全过程进行有效的执行和监控。

在产品设计阶段，运用价值工程、成本分析等方法，寻求最佳设计方案；在产品生产过程中，进行严格控制，用最低的成本达到顾客需要的功能和要求；在产品销售和售后服务阶段，在充分满足顾客要求的情况下，把费用降至最低。

（一）直接材料成本控制

1. 产品研发设计过程的目标成本控制

恒祥公司研发部对原来三个型号的洗衣机产品相应进行了一些改进：

（1）原来每台洗衣机所用的电机由日本某公司供应，通过进口取得，价格为350元/台。随着国内电机生产技术的快速发展，国内电机的品质得到了极大提高，高品质的国内电机足以满足洗衣机的使用功能。由此，设计人员认为进口的电机可以由国内先进的电机厂商提供，价格为160元/台，三个型号的洗衣机所用电机是同一规格型号，这样每台洗衣机可节约材料成本190元。

（2）三个型号的洗衣机所用的轴承配件也是通过日本某公司供货取得的，组装每台洗衣机需用2套轴承，研发人员认为洗衣机与别的机器设备相比转速相对较慢，现在国产的高品质轴承也足以承载洗衣机的使用功能，甲型洗衣机原来所用轴承的进口价格为180元/套，若改用国产轴承，价格为115元/套，这样甲型洗衣机每台可节约材料成本130元；同样，乙型洗衣机原来所用的进口轴承价格为150元/套，丙型洗衣机原来所用的进口轴承价格135元/套，改用国产轴承，乙型洗衣机所需国产轴承价格110元/套，丙型洗衣机所需国产轴承价格为98元/套，这样每台乙型洗衣机可节约材料成本80元，每台丙型洗衣机可节约材料成本74元。

三个型号洗衣机产品的组装配件电机和轴承由原先的进口采购改为国内采购，可以使得甲型洗衣机每台降低材料成本320元，乙型洗衣机每台降低材料成本270元，丙型洗衣机每台降低材料成本264元。2021年生产单位产品更换配件成本降低额如表3-40所示。

表3-40　　　　　2021年生产单位产品更换配件成本降低额

单位：元

类型	更换电机	更换轴承	合计
甲型洗衣机	190	130	320
乙型洗衣机	190	80	270
丙型洗衣机	190	74	264

2. 材料采购目标成本控制

恒祥公司将材料成本降低目标通过和供应商谈判，将一部分材料尤其是传感器和控制板部件的成本降低目标通过谈判向供应商挤压，供应商又将其材料成本目标向它的供应商挤压，使材料采购成本沿着供应链向后挤压，最终使得材料采购成本降低额如下：甲型洗衣机降低 112.85 元 / 台，乙型洗衣机降低 73.3 元 / 台，丙型洗衣机降低 53 元 / 台。

3. 生产过程中的材料成本控制

恒祥公司为了强化企业的内部管理，制定了严格的奖惩措施，并通过学习和宣传，提高了员工的团队观念和勤俭节约意识；同时通过技能培训提高了班组工人的操作技能，员工的成本节约意识体现在生产过程中的点点滴滴。公司的产品生产废品率大幅减少，从而节约了原材料成本；对生产过程中大量使用的螺栓、螺钉小零件，以及电线等原材料严格规范定额耗用量，避免了不必要的浪费，也使得原材料成本得到了一定的降低。每台洗衣机减少废品和浪费的成本降低额如下：甲型洗衣机降低 17.15 元 / 台，乙型洗衣机降低 16.7 元 / 台，丙型洗衣机降低 13 元 / 台。

总之，通过价值工程、采购管理和生产管理，使直接材料成本总额降低 1 674 万元。如表 3-41 所示，其中：

甲型洗衣机材料成本降低额约为 810 万元 [（320＋112.85＋17.15）× 18 000]；

乙型洗衣机材料成本降低额约为 468 万元 [（270＋73.3＋16.7）× 13 000]；

丙型洗衣机材料成本降低额约为 396 万元 [（264＋53＋13）× 12 000]。

表 3-41　　　　　　　　　　　　2021 年直接材料目标成本降低额

金额单位：元

类型	产量/台	设计阶段		采购过程		生产过程		总计
		单位	合计	单位	合计	单位	合计	
甲型洗衣机	18 000	320	5 760 000	112.85	2 031 300	17.15	308 700	8 100 000
乙型洗衣机	13 000	270	3 510 000	73.3	952 900	16.7	217 100	4 680 000
丙型洗衣机	12 000	264	3 168 000	53	636 000	13	156 000	3 960 000
总计			12 438 000		3 620 200		681 800	16 740 000

（二）直接人工成本控制

为了完成直接人工成本的控制目标，恒祥公司高层领导通过多次会议研究决定，主要从提高劳动效率方面来节约和降低人工成本：一方面，加强生产现场管理工作，杜绝人员闲散，切实提高设备的有效作业率；同时，由生产计划部门牵头组织班组生产工人业余时间进行专业技能培训，提高生产技能和劳动效率。通过提高劳动效率使得生产甲型洗衣机、乙型洗衣机、丙型洗衣机的单位产品生产工时分别从 2020 年的 20.20 小时、16.17 小时、14.8 小时降低为 18.18 小时、14.55 小时和 13.32 小时（即目标工时）。然后将此目标工时落实给生产计划部门，生产计划部门又将此目标工时分解到产品制造的每一道工序和每一个车间。车间再将目标任务分解到班组和每个员工。

具体资料如表 3–42 所示。

表 3–42　　　　　　　　　2021 年单位产品直接人工成本控制

类型	2020 年			2021 年			降低额 / 元
	实际工时 / 小时	实际工资率	工资总额 / 元	目标工时 / 小时	目标工资率	工资总额 / 元	
甲型洗衣机	20.20	24.5	495.00	18.18	24.5	445.50	49.50
乙型洗衣机	16.17	24.5	396.16	14.55	24.5	356.54	39.62
丙型洗衣机	14.80	24.5	362.50	13.32	24.5	326.25	36.25

总之，通过强化现场管理和专业技能培训，提高劳动效率，使得生产单位产品工时降低，从而节约直接人工成本。如表 3–43 所示，其中：

甲型洗衣机人工成本降低额约为 89.1 万元（$49.5 \times 18\,000$）；

乙型洗衣机人工成本降低额约为 51.506 万元（$39.62 \times 13\,000$）；

丙型洗衣机人工成本降低额约为 43.5 万元（$36.25 \times 12\,000$）；

直接人工成本降低总额：$89.1 + 51.506 + 43.5 = 184.106$（万元）。

表 3–43　　　　　　　　　2021 年直接人工目标成本降低额

类型	产量 / 台	单位降低额 / 元	合计 / 元
甲型洗衣机	18 000	49.50	891 000
乙型洗衣机	13 000	39.62	515 060
丙型洗衣机	12 000	36.25	435 000
总计			1 841 060

（三）制造费用的控制

恒祥公司制造费用中耗费比较大的是机物料的耗用、低值易耗品摊销、厂房租金和电费。

过去车间日常机物料的领用比较宽松，没用严格的领用审批制度，致使车间工作人员无成本节约意识，机物料消耗浪费严重。公司决定严格机物料的领用审批制度，每个车间指定专人经办，每次填制领用单，经生产计划部门有关领导审核签字盖章后，仓库方可发放相关物料。采取此项办法使得机物料的消耗得到大幅节约，2021 年各个车间的一般机物料消耗比 2020 年降低了 68.56 万元。

　　同样，恒祥公司过去低值易耗品的申购和使用也常常处于失控状态，尤其是一线各个生产车间没有站在公司全局的角度考虑成本和效益问题，而是站在各自部门的范围内盲目申购生产用小型工具，并且损坏和丢失现象严重。为了节约成本、降低耗费，公司决定每个车间部门设一名兼职的资产管理员，资产管理员在业务上由财务部的一名副主管指导，负责登记低值易耗品数量式明细账和日常实物监管，并且每季度要盘点一次，发现账实不符的，资产管理员要及时查明原因后上报公司资产管理部和分管领导，根据相关制度规定，进行必要的奖惩。这样，车间的相关工作人员提高了认识，注重严格遵守车间低值易耗品的申购和使用制度，使得2021年各个车间的此项耗费拟比2020年节约了123.55万元。

　　恒祥公司装配车间的厂房是租赁的，公司行政部门通过对当地租赁市场进行深入详细的调查，结合最近的经济行情、地理位置、交通情况等，发现公司的租金偏高，经与出租方多次协商和谈判，使租金有所降低，与2020年相比，2021年租金降低33万元。

　　过去公司生产和生活用电都是公司自己的发电机发电，发电用的柴油是外购的，柴油价格不断上涨，发电机由于每年都要大修三次左右，每次都要花费5万元左右的修理费，有三名机修工专门负责发电机的日常运行和维护，加上发电机的折旧，每发一千瓦时电的成本1.2元，而供电公司的每千瓦时工业用电只有0.79元，公司决定无论生产还是生活用电，一般情况下外购供电公司的电，只有停电时才为自行发电，三名专职机修工全部变为兼职，同时也减少了发电机的磨损和修理费用，这样，使得公司的电费2021年比2020年减少132.43万元。

　　制造费用中的其他项目也有小部分的降低，使得2021年制造费用总额比2020年降低了19.47万元。

　　总之，如表3-44所示，恒祥公司2021年制造费用降低377.01万元，实现了该项成本的控制目标。

表 3-44　　　　　　　　　　2021 年制造费用目标成本降低额

金额：元

项目	制造费用目标成本降低额
机物料耗用	685 600
低值易耗品摊销	1 235 500
厂房租金	330 000
电费	1 324 300
其他	194 700
合计	3 770 100

（四）期间费用的控制

恒祥公司一直以来把各个职能部门作为成本中心来归集期间费用，这非常有利于将目标值按部门分解和落实。

公司根据年初制定的《2021年生产经营管理办法》，对广告费、利息、业务招待费、售后服务费用，以及差旅费等实行了重点监控；公司党政联席会议决定、财务部牵头制定了业务招待费的管理细则，明确杜绝了公司各级领导和管理层以业务招待为名，用公款吃喝的现象；人力资源部门和财务部门共同制定了合理可行的差旅费报销标准，通过调查、分析和讨论，确定了不同目的地、不同级别人员的交通费、住宿费和补贴标准；市场开发部对广告效益进行了评估，控制了不必要的广告费支出；同时，公司着眼于长远发展战略，为增加客户的满意度，进一步加强和完善售后服务，增加了售后服务的费用预算；主管财务部门的总会计师和高层领导对公司的资本结构和资产负债情况进行了分析，决定寻求最佳债务来源和结构，努力降低资金成本。

实际的运营结果是：2021年管理费用比2020年降低了16%，降低额为261.45万元，销售费用和财务费用降低了10%，销售费用降低了20.41万元，财务费用降低了7.4万元，期间费用的降低额完成了目标。2021年期间费用目标成本降低额如表3-45所示。

表3-45　　　　　　　　　　　2021年期间费用目标成本降低额

金额：元

项目	期间费用目标成本降低额
管理费用	2 614 500
销售费用	204 100
财务费用	74 000
合计	2 892 600

四、考核目标成本的执行情况

目标成本指标分解到各个职能部门、车间、班组和个人之后，必须以考核促进落实。目标成本的考核作为事后分析和控制，可以查明实际成本与目标成本的差异，并借以说明目标成本的现实性和先进性，以及企业经营管理水平和技术发展的趋势。通过目标成本的考核和评价，可以查明影响成本水平的主观和客观因素，并确定对成本变动的影响程度，从而揭露矛盾，抓住关键，采取措施，使企业不断总结经验，改进工作，制定新的目标成本，保证目标成本的先进性和可行性。

恒祥公司2021年目标成本完成情况如表3-46所示。

表 3-46　　　　　　　　　　恒祥公司 2021 年目标成本完成情况表

金额：元

项目	2020 年实际成本	2021 年目标成本	2021 年实际成本	2021 年计划成本降低额	2021 年实际成本降低额
生产成本					
直接材料	83 700 000	66 960 000	66 960 000	16 740 000	16 740 000
直接人工	18 410 000	16 569 000	16 568 940	1 841 000	1 841 060
制造费用	25 110 000	21 340 000	21 339 900	3 770 000	3 770 100
生产成本合计	127 220 000	104 869 000	104 868 840	22 351 000	22 351 160
期间费用					
管理费用	16 330 000	13 715 500	13 715 500	2 614 500	2 614 500
销售费用	2 040 000	1 836 000	1 835 900	204 000	204 100
财务费用	740 000	666 000	666 000	74 000	74 000
期间费用合计	19 110 000	16 217 500	16 217 400	2 892 500	2 892 600
总计	146 330 000	121 086 500	121 086 240	25 243 500	25 243 760

从表 3-46 可以看出，恒祥公司 2021 年经过公司上下各级领导、各个部门和全体员工的共同努力，狠抓制度的制定和落实，圆满完成了公司期初制定的目标成本。

恒祥公司根据年初制定的奖惩挂钩的激励约束制度，把成本降低指标结合其他经济、技术指标的完成情况实施年终绩效考核，对完成好的部门和人员实施经济上奖励和精神上的鼓励表扬；对没有完成目标成本指标的部门和人员，也要结合其他经济和技术指标完成情况深入分析原因，尤其是由主观懈怠造成企业损失的，要实施有效的惩戒措施，做到奖罚分明，激发大家为企业目标共同奋斗的积极性。

目标成本控制是一个动态的不断发展的成本管理和控制方法，随着新的一年的到来，必然在过去一年的基础上制定新的目标成本，然后分解目标成本，进一步实施目标成本以及考核与评价，循环往复。

■【拓展小结】■

目标成本法的工作流程如图 3-7 所示。

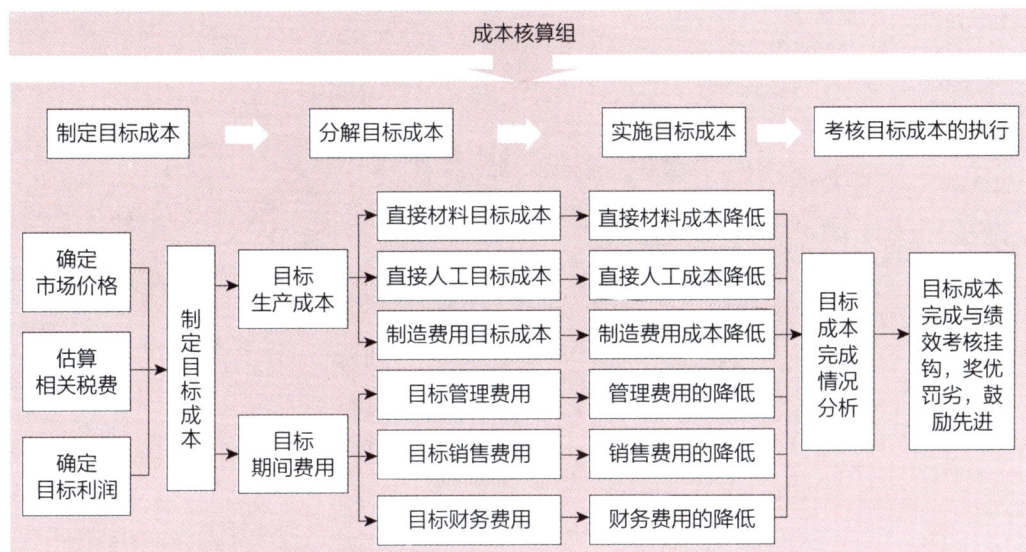

图 3-7　目标成本法的工作流程图

蒋小芸，山西省财政税务专科学校会计学院副教授。自 2001 年起，在山西长运会计师事务所任咨询部主任。自 2009 年起，在山西正大有限公司任财务顾问。曾编著《成本会计学》，主编《企业成本核算》《成本核算》《股份制企业会计》，参编《成本会计》《财务会计》等多部教材，共计 120 万字，发表过多篇科研及教改论文。2008—2012 年主持国家职业教育会计专业教学资源库"成本计算与分析"课程建设，已通过验收，并继续负责该课程的转型升级工作。参与省级科研课题"潜力产品企业再创业研究"。主持的"成本核算"被评为省级精品资源共享课程。带队参加全省会计知识及会计技能竞赛，获会计知识竞赛团体第一、会计技能竞赛个人第一，获得优秀教练标兵称号。

防伪查询说明

用户购书后刮开封底防伪涂层，利用手机微信等软件扫描二维码，会跳转至防伪查询网页，获得所购图书详细信息。也可将防伪二维码下的 20 位密码按从左到右、从上到下的顺序发送短信至 106695881280，免费查询所购图书真伪。

反盗版短信举报

编辑短信"JB，图书名称，出版社，购买地点"发送至 10669588128

防伪客服电话

（010）58582300

资源服务提示

欢迎访问职业教育数字化学习中心——"智慧职教"（http://www.icve.com.cn），以前未在本网站注册的用户，请先注册。用户登录后，在首页或"课程"频道搜索本书对应课程"成本核算与管控"进行在线学习。

欢迎加入高教社高职会计研讨资源服务 QQ 群：675544928

数智化财经

业财一体信息化　财务数字化

业财务一体化设计　财务大数据分析

业务财务信息分析　　企业内部控制　会计制度设计　企业财务分析　　财务机器人应用

EXCEL 财务应用　ERP 沙盘　初级会计实务　企业财务会计　管理会计实务　财务决策

ERP 财务业务一体化　　　　企业财务会计　　　　出纳业务操作　行业会计比较　会计英语

会计信息系统应用　采购　　　　　　企业财务管理　成本核算与管理

业务财务共享服务

纳税基础　　　　税费计算与申报　　　　　审计基础

金税财务应用　　纳税实务　税务会计　税收筹划　　财经法规与职业道德　政府会计　审计实务

数智化财经

会计信息管理　大数据与会计　大数据与财务管理

财税大数据应用　大数据与审计

金融

保险实务　　金融法律法规　金融服务礼仪　金融服务营销

个人理财　商业银行综合柜台业务　商业银行会计

证券投资实务　国际金融　　审计实务　政府会计

智能审计　区块链金融

专业基础课

中国会计文化　中国金融文化　　会计基础　管理会计基础

金融基础　金融科技概论　　财政与金融　财经基本技能

Python 财务基础　　财务大数据基础

高等职业教育财经类专业群

岗课赛训

基础会计实训	财务会计实训
成本会计实训	出纳岗位实训
审计综合实训	税务会计实训
管理会计实训	会计综合实训
数字金融业务实训	会计信息化实验

岗课赛证

智能财税	金税财务应用
财务共享服务	业财一体信息化应用
财务数字化应用	数字化管理会计
智能估值	智能审计
财务机器人应用	